Matthias Grenzer   Pedro K. Iwashita

(organizadores)

TEOLOGIA E CULTURA

A fé cristã no mundo atual

Dados Internacionais de Catalogação na Publicação (CIP)

(Câmara Brasileira do Livro, SP, Brasil)

Teologia e cultura : a fé cristã no mundo atual / Matthias Grenzer e
Pedro K. Iwashita [organizadores]. – São Paulo : Paulinas, 2012. –
(Coleção teologia na Universidade)

ISBN 978-85-356-3385-6

1. Fé 2. Religião e cultura 3. Teologia - Estudo e ensino 4. Vida
cristã I. Grenzer, Matthias. II. Iwashita, Pedro. III. Série.

12-14047   CDD-230

Índice para catálogo sistemático:

1. Teologia e cultura : Cristianismo   230

1ª edição – 2012

Direção-geral: Bernadete Boff

Conselho editorial: Dr. Afonso M. L. Soares
Dr. Antonio Francisco Lelo
Me. Luzia M. de Oliveira Sena
Dra. Maria Alexandre de Oliveira
Dr. Matthias Grenzer
Dra. Vera Ivanise Bombonatto

Editores responsáveis: Vera Ivanise Bombonatto e
Afonso M. L. Soares
Assistente de edição: Anoar Jarbas Provenzi
Copidesque: Anoar Jarbas Provenzi
Revisão: Sandra Sinzato
Assistente de arte: Ana Karina Rodrigues Caetano
Gerente de produção: Felício Calegaro Neto
Projeto gráfico: Manuel Rebelato Miramontes

Nenhuma parte desta obra poderá ser reproduzida ou transmitida
por qualquer forma e/ou quaisquer meios (eletrônico ou mecânico,
incluindo fotocópia e gravação) ou arquivada em qualquer sistema ou
banco de dados sem permissão escrita da Editora. Direitos reservados.

Paulinas
Rua Dona Inácia Uchoa, 62
04110-020 – São Paulo – SP (Brasil)
Tel.: (11) 2125-3500
http://www.paulinas.org.br – editora@paulinas.com.br
Telemarketing e SAC: 0800-7010081
© Pia Sociedade Filhas de São Paulo – São Paulo, 2012

Sumário

Apresentação da coleção

AFONSO MARIA LIGORIO SOARES 5

Introdução 9

PARTE I
ELEMENTOS DA FÉ CRISTÃ NA CULTURA ATUAL

I.   A fé: fundamento e direção das buscas humanas

JOÃO DÉCIO PASSOS 19

II. Fé cristã e autonomia de pensamento: a tensão salutar entre teólogos
e Magistério universal da Igreja Católica

EDELCIO OTTAVIANI 38

III. O nascimento da fé cristã em terra brasileira: um olhar
para o período colonial

NEY DE SOUZA 55

PARTE II
O SER HUMANO À LUZ DA FÉ CRISTÃ

IV. Quem é Deus? Conceitos e imagens

PEDRO K. IWASHITA 73

V.   Como uma criança amamentada sobre sua mãe:
leitura e interpretação do Salmo 131

MATTHIAS GRENZER 86

VI. O Apocalipse de João como chave de leitura da realidade

GILVAN LEITE DE ARAUJO 98

VII. Espiritualidade de comunhão

MARIA FREIRE DA SILVA 114

VIII. A eterna questão do mal e do sofrimento

JOSÉ ROBERTO ABREU DE MATTOS 137

IX. Celebrar o mistério: a pessoa enquanto *homo celebrans*
GABRIEL FRADE 147

PARTE III
A SOCIEDADE À LUZ DA FÉ CRISTÃ

X. O ideal da convivência humana à luz da fé cristã
AGENOR BRIGHENTI 159

XI. A Igreja no mundo urbano: preocupações e desafios
TARCÍSIO JUSTINO LORO 176

XII. O problema do desenvolvimento econômico na moderna doutrina social católica
ANTONIO CARLOS ALVES DOS SANTOS.....................................189

XIII. Esperança e justiça em um mundo de violência
LUIZ ALEXANDRE SOLANO ROSSI..204

XIV. Busca de justiça e paz
MAURO NEGRO.. 217

XV. Pastoral da Igreja: necessária ou supérflua?
SÉRGIO CONRADO 231

Autores...245

Apresentação da coleção

Com este novo livro, *Teologia e Cultura*, organizado pelos professores Matthias Grenzer e Pedro Iwashita, damos continuidade à coleção *Teologia na Universidade*. Nós a concebemos para atender a um público muito particular: jovens universitários que, muito provavelmente, estão tendo seu primeiro contato – e quem dera não fosse também o derradeiro – com uma área de conhecimento que talvez nem soubessem da existência: a área de estudos teológicos. Além dos cursos regulares de teologia e de iniciativas mais pastorais assumidas em várias igrejas ou comunidades religiosas, muitas universidades comunitárias oferecem a todos os seus estudantes uma ou mais disciplinas de caráter ético-teológico, entendendo com isso oferecer ao futuro profissional uma formação integral, adequada ao que se espera de todo cidadão: competência técnica, princípios éticos e uma saudável espiritualidade, independentemente de seu credo religioso.

Pensando especialmente nesse público universitário, Paulinas Editora convidou um grupo de professores e professoras com experiência no ensino introdutório de teologia – em sua maioria, docentes da Pontifícia Universidade Católica de São Paulo (PUC-SP) – e conceberam juntos a presente coleção.

Teologia na Universidade visa produzir coletâneas de estudos que explicitem as relações entre a teologia e as áreas de conhecimento que agregam os cursos de graduação das universidades, a serem realizados pelos docentes das disciplinas teológicas e afins – que podem ser chamadas, dependendo da instituição de ensino em que sejam oferecidas, de *Introdução ao Pensamento Teológico*, *Introdução à Teologia*, *Antropologia Teológica*, *Cultura Religiosa* e/ou similares. Nosso escopo foi contar com a parceria de pesquisadores das áreas em questão (direito, saúde, ciências sociais, filosofia, biologia, comunicação, artes etc.).

Diferencial importante dos livros desta coleção é seu caráter interdisciplinar. Entendemos ser indispensável que o diálogo entre a teologia e outras ciências em torno de grandes áreas de conhecimento seja um exercício teológico que vá da *teologia e...* até a *teologia da...* Em outros termos, pretendemos ir do diálogo entre as epistemes à construção de parâmetros epistemológicos de teologias específicas (teologia da saúde; teologia do direito; teologia da ciência etc.).

Por isso, foram escolhidos como objetivos da coleção os seguintes:

- Sistematizar conhecimentos acumulados na prática docente de teologia.

- Produzir subsídios para a docência inculturada nas diversas áreas.

- Promover o intercâmbio entre profissionais de diversas universidades e das diversas unidades dessas.

- Aprofundar os estudos teológicos dentro das universidades afirmando e publicizando suas especificidade com o público universitário.

- Divulgar as competências teológicas específicas no diálogo interdisciplinar na universidade.

- Promover intercâmbios entre as várias universidades confessionais, comunitárias e congêneres.

Para que tal fosse factível, pensamos em organizar a coleção de forma a possibilitar a elaboração de cada volume por um grupo de pesquisadores, a partir de temáticas delimitadas em função das áreas de conhecimento, contando com coordenadores e com articulistas reconhecidos em suas respectivas linhas de atuação. Essas temáticas podem ser multiplicadas no decorrer do tempo a fim de contemplar esferas específicas de conhecimento.

O intuito de estabelecer o diálogo entre a *teologia e outros saberes* exige uma estruturação que contemple os critérios da organicidade, da coerência e da clareza para cada tema produzido. Nesse sentido, decidimos seguir, na medida do possível, uma estruturação dos volumes que contemplasse:

- *O aspecto histórico e epistemológico*, que responde pelas distinções e pelo diálogo entre as áreas.

- *O aspecto teológico*, que busca expor os fundamentos teológicos do tema, relacionando *teologia e...* e ensaiando uma *teologia da...*

- *O aspecto ético*, que visa expor as implicações práticas da teologia em termos de aplicação dos conhecimentos na vida social, pessoal e profissional do estudante.

Esperamos, portanto, cobrir uma área de publicações nem sempre suficientemente subsidiada com estudos que coadunem a informação precisa com a acessibilidade didática. É claro que nenhum texto dispensará o trabalho criativo e instigador do docente em sala de aula, mas será, com certeza, um seguro apoio para o bom sucesso dessa missão.

Enfim, esta coleção foi concebida também com espírito de homenagem a todos aqueles docentes que empenharam e aos que continuam empenhando sua vida na difícil arte do ensino teológico para o público mais amplo da academia e de nossas instituições de ensino superior. De modo muito especial, temos aqui presentes os docentes da disciplina de *Introdução ao Pensamento Teológico* na PUC-SP, onde essa coleção começou a ser gestada.

Afonso Maria Ligorio Soares
Livre-docente em Teologia pela PUC-SP

Introdução

Pessoas e grupos sociais acumulam conhecimentos. Criam costumes e adotam determinados comportamentos. Surgem, dessa forma, as *culturas*. Umas são bem recentes, outras, centenárias ou até milenares. Há compatibilidades, mas também divergências entre as diversas *propostas culturais*. Diante dos contrastes e das contradições, não tão poucas vezes violentas, é importante que cada *cultura* se mantenha aberta ao diálogo, a fim de ganhar a oportunidade de se renovar, justamente por ser enriquecida por algo que antes desconhecia ou por algo que já existia nela, porém, sem estar em evidência.

A palavra *cultura* indica uma realidade complexa. Ao usar uma imagem, pode ser dito que a *cultura* é como o ar que respiramos, seja ele puro ou poluído. Ou, com palavras mais abstratas: a *cultura* é o ambiente construído pelo ser humano e dentro do qual ele existe, algo que há de favorecer o esforço de quem busca sua sobrevivência e sua convivência com os demais. Não obstante, a *cultura* é algo dinâmico, constantemente reconstruída pelas reflexões individuais e coletivas que buscam atribuir um sentido à realidade como um todo e à existência de cada um, para que algo mais bem definido e consensual possa nortear e estruturar a resposta dada ao presente da vida.

Em meio às *culturas*, fazendo parte delas ou não, existe a *fé cristã*. Esta nasceu, por excelência, da escuta da *Palavra de Deus*. Historicamente verificável, pessoas e comunidades relatam a experiência misteriosa de Deus ter se comunicado a elas, a fim de revelar-se às suas criaturas e assim favorecê-las. Por consequência, a Palavra de Deus escutada se tornou e continua a se tornar um convite ao ouvinte, no sentido de este último pôr sua *fé* no que ouviu. Nasce, assim, uma relação entre Deus e quem está atento à palavra dele. Mais ainda: os cristãos creem que a *Palavra de Deus* se encarnou na pessoa de *Jesus de Nazaré*. É este o mistério que é celebrado na festa de Natal. O estudo crítico da *Palavra de Deus* e da *fé* depositada nela, por sua vez, chama-se *teologia*.

Enfim, a *fé cristã* ganhou espaço neste mundo, tornando-se um *patrimônio cultural da humanidade*. Os que ouvem a *Palavra de Deus* e creem nela afirmam que a *fé* é o caminho de salvação. Contudo, também para quem não crê em Deus surge uma interessante oportunidade. O *cristianismo*, pois, há dois mil anos, é um espaço onde ocorre, de forma constante, a acolhida de um determinado modelo de convivência, o qual quer garantir, a todos, uma sobrevivência digna em liberdade. Insiste-se, pois, entre os *cristãos* fiéis à *Palavra de Deus*, no "amor ao próximo", em especial, ao mais necessitado, sendo que tal insistência é motivada pelo "amor ao Deus" que se revelou como quem ama suas criaturas, sempre disposto a erguer quem caiu. Além disso, na *fé cristã*, o modelo da convivência amorosa não é avaliado como utopia, no sentido de ser algo irreal, sem que haja um lugar para tal realidade. Pelo contrário: em vez de se tratar de uma proposta meramente teórica, a *fé cristã* – onde acolhe, da forma autêntica, a *Palavra de Deus* – é uma prática testada, por gerações e gerações, em meio às mais diversas *culturas* e épocas.

Aparece justamente aqui a questão da possível *contribuição da fé cristã no mundo atual*. Quer dizer: o que a *fé cristã* – seja como fé vivida, seja como ideário – oferece à pessoa e à sociedade enquanto estas se sentem desafiadas a enfrentarem a vida e a lutarem pela sobrevivência, cultivando o desejo de que sua liberdade e dignidade sejam respeitadas? O livro *Teologia e Cultura* se caracteriza, centralmente, pelo diálogo entre os dados provenientes da tradição cristã – assim como são aceitos e vividos pelos cristãos na dimensão eclesial da fé – e a cultura da pós-modernidade nos moldes da sociedade brasileira.

O avanço na reflexão aqui proposta ocorre em forma de três passos. Na *primeira parte do livro*, formada por três estudos, busca-se a contribuição existente ou possível da fé cristã enquanto se olha para o pensamento e a história do ser humano.

João Décio Passos – A fé: fundamento e direção das buscas humanas – procura investigar a fé como dinâmica inerente à vida humana antes mesmo de situá-la em um horizonte estritamente teológico: como dom e resposta exercidos numa relação direta com a Revelação de Deus, no contexto específico de uma tradição religiosa, particularmente no interior da tradição judaico-cristã, afirmando que o ser humano é, antes de tudo, um ser crente, pois fé, do latim *fides*, significa, antes do significado religioso, "fidelidade", "lealdade", ligada fundamentalmente a uma atitude humana, que pode ser objeto de estudo da filosofia ou da psicologia. A abordagem antropológica adota como eixo o dinamismo da fé como inerente ao ser humano. Com isso, busca-se expor os fundamentos para uma teologia da fé, o que significa, ao mesmo tempo, tocar nos fundamentos da própria teologia enquanto discurso feito a partir da fé.

Edelcio Serafim Ottaviani – Fé cristã e autonomia de pensamento: a tensão salutar entre teólogos e Magistério universal da Igreja Católica – parte do ponto de vista filosófico, apoiado no pensamento de Michel Foucault, procurando entender as relações de poder existentes na sociedade contemporânea e seus mecanismos de dominação para tornar os indivíduos bons, dóceis e úteis aos próprios interesses, definido por Foucault como poder pastoral, poder esse exercido em diferentes domínios da vida do cidadão, o que não contribui para a constituição de sujeitos autônomos, capazes de responder por suas escolhas e configurando-se como sujeitos éticos em vez de assujeitados, caracterizados por uma dependência individual e completados discursos e das instituições. O trabalho do teólogo, que tem como referências obrigatórias a Sagrada Escritura, a Tradição e o Magistério da Igreja, não é entendido como assujeitamento, mas como atividade reflexiva, que se dá na fidelidade à Palavra revelada, mas também pela atenção aos pensadores, aos místicos e aos pronunciamentos magisteriais, à autoridade, de modo que a vocação do teólogo é de uma tensão constante, pois a sua vocação deve ser pautada na fé no Deus que gera e pontencializa a vida, sendo, portanto, chamado a intensificar a sua vida de fé e a unir sempre a pesquisa científica e a oração. Este é o plano anunciado por São Paulo à comunidade dos Gálatas: "Foi para a liberdade que Cristo nos libertou" (Gl 5,1), em que não pode haver assujeitamentos, e as pessoas devem ser capazes de uma radical transformação e de autopastoreio.

Ney de Souza – O nascimento da fé cristã em terra brasileira: um olhar para o período colonial – busca as raízes da teologia católica no Brasil. O discurso sobre Deus é um dos elementos de grande importância na formação da sociedade colonial brasileira e de seus desdobramentos para a atualidade. Sociedade que em seu processo de continuidade herdará as alianças realizadas no passado. No Brasil, neste início do século XXI, constata-se uma profusão de elementos religiosos que modelam o imaginário e influenciam o comportamento dos fiéis e da população em geral. A grande maioria destes fatores que determina a ação das pessoas tem origem na fé cristã. Daí a importância de revisitar os primórdios da colonização e buscar os conceitos doutrinais que levaram à elaboração da teologia colonial. Assim, compreender-se--á melhor o tempo presente e, conscientemente, será possível assumir posturas de continuidade ou descontinuidade com o passado. A teologia colonial foi uma reprodução da cultura lusitana. A formação católica da sociedade brasileira é realizada dentro de uma inspiração e tradição teológica medieval, tendo por base a noção de Cristandade. Reino temporal e reino espiritual eram apresentados como instituições que deveriam permanecer unidas. Durante este período, pode-se afirmar que toda a construção da teologia católica se faz a partir da cultura lusitana, considerada uma verdadeira expressão da própria instituição católica.

Na *segunda parte do livro*, formada por seis estudos, são apresentadas reflexões teológicas que visam à pessoa enquanto indivíduo que busca a felicidade e o sentido da vida.

Pedro K. Iwashita – Quem é Deus? Conceitos e imagens – procura responder à questão sobre a existência e as principais características de Deus, pergunta essa que ecoa através dos séculos de maneira sempre nova e atual, pois nenhuma tentativa de resposta consegue abarcar todo o mistério que envolve a figura de Deus, que está no centro da teologia e no imaginário das pessoas. Muitas das questões teológicas mais fundamentais dizem respeito ao modo como Deus é representado e descrito. Aqui, trata-se do Deus cristão, do Deus da Bíblia, e por isso esse estudo é sobre Deus como o conhecemos no cristianismo, mas que tem suas raízes no judaísmo. As reflexões de Israel sobre a identidade do seu Deus único dentro de um monoteísmo, crença em um só Deus, que se situava em um plano de oposição ao politeísmo, crença em muitos deuses. Além disso, buscam-se as raízes antropológicas e psicológicas da fé em Deus, e nesse sentido foi muito importante a descoberta por parte da moderna psicologia, da imagem de Deus, como imagem arquetípica presente no inconsciente coletivo. A fim de que a fé em Deus não seja mera projeção dos nossos desejos e imagens presentes na psique, é preciso que essa imagem seja constantemente confrontada com os dados da Revelação consignados nas Sagradas Escrituras.

Matthias Grenzer – Como uma criança amamentada sobre sua mãe. Leitura e interpretação do Salmo 131 – propõe um diálogo tríplice sobre as esperanças cultivadas por nós. No primeiro momento, insiste-se na tarefa de dialogar com a história da vida da gente, sendo esta capaz de nos aproximar ao provável sentido da vida. O segundo diálogo brota do encontro com a tradição judaico-cristã, a partir de um estudo literário-histórico e teológico do Salmo 131, poema que, provavelmente, revela a oração de uma mulher israelita. O terceiro diálogo surge de forma simultânea, quando os ouvintes-leitores do Salmo 131, hoje em dia, permitem que as esperanças cultivadas nesta oração bíblica se façam presentes em suas discussões e em seu cultivo de determinados desejos.

Gilvan Leite de Araujo – O Apocalipse de João como chave de leitura da realidade – apresenta as principais características da Apocalíptica Judaica e da Apocalíptica Cristã. Com isso, o Apocalipse de João pode ser entendido como chave de leitura da realidade atual. No passado, pois, a Literatura Apocalíptica procurou responder às perguntas da existência humana, que transcendem o tempo e o espaço. Como viver em um mundo dominado pelo mal? Deus se preocupa conosco? Existe ou existirá justiça sobre a terra? O que acontece quando morremos? A tais perguntas a Apocalíptica procura responder de modo vigoroso e poético. De um modo especial, o Apocalipse de João insiste na fé no crucificado, que se tornou o ressuscitado. Para ver a realidade, o Apocalipse nos convida a tirar o véu e enxergar a vida com o olhar de Jesus, a fim de sairmos da falsa realidade dos impérios deste mundo e implantarmos uma nova realidade.

Maria Freire da Silva – Espiritualidade de comunhão – pesquisa sobre a espiritualidade cristã, que se caracteriza como experiência do Deus Trindade, que se revelou na história através de Jesus Cristo. Espiritualidade é experiência de Deus, de um

Deus pessoal, revelado em plenitude na pessoa de Jesus Cristo. É uma experiência que abrange a totalidade do ser humano, que é um ser relacional, e, como tal, um ser aberto ao outro, ao Outro por excelência que é Deus, em quem ele encontra a plena realização. Através dessa relação chega-se à comunhão, à união mística. A mística é a etapa do caminho espiritual em que Deus invade a pessoa, toca nas profundezas do seu ser e a transforma, o que não implica a evasão da própria responsabilidade no cumprimento da missão, mas, ao contrário, conduz à doação generosa e desinteressada no serviço aos outros. Uma espiritualidade de comunhão projeta novas relações entre os seres humanos: mulher e homem, e desses com o cosmo, o meio ambiente, construindo uma confiança mútua e o respeito ao diferente.

José Roberto Abreu de Mattos – A eterna questão do mal e do sofrimento – estuda os conceitos do bem e do mal, que moveram muitos estudiosos no século XI, estando entre eles os que nutriam um entusiasmo lógico para solucionar contradições inerentes a essas concepções. Para Santo Agostinho, que fundamenta a ideia do bem e do mal segundo a doutrina cristã, necessário se faz retornar às raízes do problema para superar o dualismo tal como era a convicção gnóstica da existência de dois princípios distintos e absolutos: o bem e o mal. Questão essa que, a despeito da distância histórica que nos separa da época de Santo Agostinho, repercute ainda na concepção do bem e do mal no mundo contemporâneo. Para Santo Agostinho, a criação divina é revelada pela Escritura como um bem em si mesmo, do qual a existência humana é exemplo primaz. No evento da criação, não há menção de dois princípios, como queriam fazer crer os maniqueístas. Refutando a interpretação dualista, Santo Agostinho evoca o bem como verdade eterna passível de intelecção. O mal é definido *a posteriori* como negação ou a privação temporária do bem e nisto consiste seu aspecto existencial, mas não ontológico, porque o mal nega a existência, a essência, em suma, nega Deus. E o homem age mal quando usa mal seu livre-arbítrio, que é a possibilidade sempre presente de escolha. Somos tanto mais livres quanto mais amamos as coisas incorruptíveis, como quando preferimos o espírito à matéria ou a virtude aos vícios. É nessa perspectiva que o sofrimento humano pode ser ressignificado, para que, dentre as experiências que geram dor e sofrimento, os homens possam saber, não da origem do mal e do sofrimento que atormentam a vida humana, mas da possibilidade do amor sempre presente.

Gabriel Frade – Celebrar o mistério enquanto "homo celebrans" – aborda a liturgia a partir da categoria antropológica universal da festa. Partindo desse dado, busca mostrar como elementos de uma categoria universalmente aceita possam servir como agentes facilitadores para uma compreensão ulterior da celebração litúrgica. Diante da fragmentação da cultura contemporânea, a festa é um valor humano que ainda resiste ao estilhaçamento do indivíduo, parecendo manter o homem em sua dimensão irredutível de pessoa, e, na esfera do religioso, implica a abertura do ser humano para o transcendente.

Na *terceira parte do livro*, seis reflexões teológicas visam à pessoa enquanto um ser socialmente engajado.

Agenor Brighenti – O ideal da convivência humana à luz da fé cristã – procura demonstrar que, com o mistério da Encarnação, o cristianismo propõe a seus seguidores serem verdadeiramente humanos, humanos em plenitude, resumida na missão de Jesus de Nazaré: "Eu vim para que todos tenham vida e a tenham em abundância" (João 10,10). Assim, para o Papa João Paulo II, "o ser humano é o caminho da Igreja" (*Redemptor Hominis* 13; *Centesismus Annus* 53) na sua ação evangelizadora. O humano aqui é valorizado e resgatado à luz do mistério da Encarnação do Verbo, pois Jesus de Nazaré é "verdadeiramente homem e verdadeiramente Deus", de forma que "o plenamente humano é divino e o divino é o autenticamente humano". No Emanuel, Deus se "humanizou" e, com sua ressurreição, o ser humano, embora sempre permaneça criatura, foi "cristificado", divinizado. Nisso está a base da construção de uma sociedade fundamentada no amor, na solidariedade, na partilha e na convivência.

Tarcísio Justino Loro – A Igreja no mundo urbano: preocupações e desafios – procura refletir sobre a presença da Igreja, dos cristãos no mundo urbano do Brasil, que sofreu profundas mudanças culturais nas últimas décadas, entre elas o rompimento do paradigma hegemônico católico. No solo brasileiro, especialmente nos grandes centros urbanos, convivem numerosas religiões "novas". Procura-se aqui percorrer um caminho para responder a algumas questões relacionadas com essa problemática: quais são os principais desafios da Igreja Católica na sociedade brasileira em transformação? Como compreender a Igreja diante das novas emergências religiosas?

Antonio Carlos Alves dos Santos – O problema do desenvolvimento econômico na moderna doutrina social católica – mostra alguns aspectos do pensamento social da Igreja. Com o Papa João XXIII, o problema do desenvolvimento entrou na lista de preocupações da Igreja, incorporando o consenso existente na época entre os economistas sobre o papel fundamental da industrialização no processo de desenvolvimento econômico, porém com uma diferença que foi a preocupação com a justiça social, nem sempre presente na literatura econômica daquele período. O Concílio Vaticano II, na *Gaudium et Spes*, reconhece que a atividade econômica é regulada "pelas leis e métodos próprios", mas que deve ser exercida "dentro dos limites da ordem moral" (GS, 90). A referência à ordem moral está presente em outros documentos do ensinamento social da Igreja, em que se defende que o desenvolvimento é uma questão fundamental moral, porque não se trata simplesmente do desenvolvimento econômico ou material, mas do desenvolvimento integral do homem e de um desenvolvimento solidário da humanidade, ou seja, não se trata do desenvolvimento de um caso individual, de um país isolado, mas de um processo em que se reflete a interdependência entre as nações, o que requer a cooperação e o comportamento fraterno e solidário entre as nações.

Luiz Alexandre Solano Rossi – Esperança e justiça em um mundo de violência – mostra que num mundo de violências deve prevalecer o compromisso com outras pessoas, o colocar-se ombro a ombro, a confiança, a compaixão, a solidariedade, o carinho num mundo de medos e de infernos que se multiplicam e que acabam tornando-se em fatores suicidas. Existe algo que esquecemos porque é demasiadamente óbvio: compaixão, carinho, solidariedade, confiança, elementos que se apresentam a partir da proximidade e pela presença imediata de outro ser humano. A proximidade nos humaniza e é capaz de expulsar o inferno da violência que nos constrange ao individualismo mórbido. A presença de outro ser humano, fraco, vulnerável e precisando de auxílio é capaz de nos libertar e trazer alívio para a maioria dos nossos medos. Descobrimos nossa própria humanidade afirmando a plena humanidade dos outros.

Mauro Negro – Busca de justiça e paz – reflete sobre a busca de caminhos e respostas para o tema da justiça e da paz. Frequentemente, justiça é associada à ideia de revanche, vingança, acerto de contas ou coisas semelhantes. Porém, uma coisa é certa: justiça e paz não são resultados de impressões ou reações – elas são caminhos de conquista constante, o que as torna, no seu conjunto, um problema de fundo na experiência humana: algo não secundário, mas fundamental, que exige uma resposta baseada não apenas na cidadania, nos valores políticos, mas também na fé. Segundo a Bíblia, Deus é o eixo em torno do qual tudo deve girar, e o retorno a essa ordem original é a justiça que gera a paz. O paradigma da justiça e da paz é Deus. A justiça vem da Aliança que Deus estabeleceu com o seu povo. Ele faz a justiça e é nele que esta justiça pode ser construída. Para o Antigo Testamento, há uma fonte segura de justiça: Deus, que, através dos seus mandamentos, resgata os valores do Divino impressos no ser humano, que, seguindo os mandamentos, encontra sua felicidade, o sentido de sua existência, enfim, encontra a Paz. Mas não existe uma só fórmula para chegar à paz. Ela é fruto de escolhas e decisões feitas constantemente pela pessoa livre e racional. A paz é fruto da justiça. No cristianismo, a referência e o fundamento para a justiça e a paz passaram a ser a pessoa de Jesus Cristo e sua missão.

Por fim, *Sérgio Conrado – Pastoral da Igreja: necessária ou supérflua? –* procura deixar claro que a pastoral não é optativa, pois é intrínseca à Igreja, mediação para responder às diferentes demandas religiosas nos diferentes tempos. É afirmada a premente necessidade da pastoral eclesial, proveniente da própria missão de Cristo delegada à Igreja. A verdadeira questão está em como fazer com que as pessoas se deixem tocar pela mensagem da Boa-Nova de Jesus, que é justiça, solidariedade, comunhão e salvação do homem e da mulher na sua integridade. Procura-se dar aqui algumas indicações teológico-pastorais para que, de modo objetivo e amplo, se possa entender que a pastoral, isto é, o agir da Igreja, é inerente ao seu ser. Pastoral remete à imagem do Pastor, dos pastores que, em nome de Deus, estão à frente do povo, que é pastoreado por Deus através de pessoas escolhidas por ele. A imagem mais dramática em toda a história salvífica é a imagem de um povo sem pastor ou submetido à exploração de um mau pastor. Em Cristo, temos o Pastor que dá a sua vida pelas ovelhas. E o pastoreio realizado pelos homens escolhidos por Deus é avaliado pela fidelidade ao pastoreio do Senhor. A pastoral eclesial é a continuação da ação do Mestre Jesus Cristo, o Bom Pastor.

É um desafio apresentar importantes fundamentos da *fé cristã*, *teologicamente* refletidos, a fim de que esta última possa dialogar com os *outros saberes* e enriquecer a *cultura* no *mundo atual*. Todavia, todos os membros da grande comunidade formada por docentes e discentes da PUC-SP e das demais PUC's no Brasil e no mundo participam deste diálogo. Que esta conversa ganhe, portanto, cada vez mais qualidade, beneficiando as pessoas, a sociedade brasileira e a humanidade como um todo.

Matthias Grenzer
Pedro K. Iwashita

PARTE I

Elementos da fé cristã na cultura atual

CAPÍTULO I

A fé:
fundamento e direção
das buscas humanas

João Décio Passos

*A fé deve permanecer como o maior
exercício de minha liberdade.*
Adolphe Gesché

Não sem razão, a fé está, quase sempre, associada à opção religiosa, ficando situada como polo oposto ao ateísmo, ao agnosticismo e ao ceticismo, ou, ainda, como atitude oposta à atitude racional e científica. Essas oposições têm suas referências histórico-culturais e fazem parte das grandes questões teológicas, filosóficas e políticas dispostas na longa temporalidade da história ocidental. E sobre elas não faltaram bons tratados escritos por eminentes autores. Também é verdade, constituem questões abertas no contexto da sociedade secularizada e tecnológica. Perguntas pela coerência, pelo sentido e até pela utilidade da fé continuam sendo feitas em nossos dias, quando o mundo vai sendo desencantado pelas ciências e, ao mesmo tempo, oferecendo espaço para as mais diversas manifestações religiosas. Crer ou não crer? Qual o significado da fé no mundo tecnocientífico? Terá a fé uma relação direta com as manifestações religiosas atuais? Questões como essas demonstram a relevância da temática da fé para a compreensão da sociedade e da cultura atual, se pretendemos ir além das aparências ou da redução da fé à emoção individual.

O propósito que nos move nessa reflexão é investigar a fé como dinâmica inerente à vida humana, antes mesmo de situá-la em um horizonte estritamente teológico: como dom e resposta exercidos numa relação direta com a Revelação de Deus, no contexto específico de uma tradição religiosa, particularmente no interior da tradição judaico-cristã. Queremos afirmar que o ser humano é, antes de tudo, um ser crente. A palavra *fé* é tradução de *fides*, do latim, que significa fidelidade, lealdade. Embora o termo tenha adquirido conotações especificamente religiosas no âmbito da formação da cultura latino-cristã, ele se refere fundamentalmente a uma atitude humana, mas, antes de tudo, à própria condição humana.

Com efeito, a fé pode ser vista como ato individual que envolve o psiquismo humano e ser objeto de estudo da psicologia. Pode ainda ser vista como um modo de interpretar o mundo que se configura culturalmente e se tornar objeto de estudo das ciências sociais. Também ao filósofo interessa estudar a fé, na medida em que se mostra como uma operação do espírito humano no mundo. A abordagem antropológica adota como eixo o dinamismo da fé inerente ao ser humano e em boa medida dialoga com outras abordagens.

Queremos, desse modo, expor os fundamentos para uma teologia da fé, o que significa, ao mesmo tempo, tocar nos fundamentos da própria teologia enquanto discurso feito a partir da fé. O ser humano que crê é o ponto de partida para se falar de Deus, sabendo que é através do humano que Deus se revela e, no caso do cristianismo, o dado fundamental da Palavra se faz homem. E a fé na revelação de Deus exige, por sua vez, discernimento da palavra que a testemunha e comunica, de forma que as perguntas sobre o significado da fé, sobre o conteúdo que se crê e o modo coerente de vivenciar o que se acredita se tornam básicas para a reflexão teológica. Mas, certamente, a pergunta mais radical de todas é sobre o sujeito que crê, aquele que mostra antes de tudo uma abertura para além da matéria bruta, para além dos determinismos da espécie e oferece a si mesmo, ao mundo e aos outros uma imaterialidade criadora capaz de refazer o mundo e a si próprio como significado e valor. Esse é o reino da liberdade criadora e responsável que constitui o ser humano.

A presente reflexão pretende ser, portanto, uma aproximação antropológica da fé e articula-se a partir de dois conceitos distintos e correlacionados: a atitude de fé e o ato de fé. O primeiro diz respeito à fé inerente ao ser humano sem a qual não seria possível entender a natureza e a ação humanas que *transcendem de... e transitam para...* A atitude de fé é o dinamismo que move a natureza espiritual e criadora do ser humano. O segundo conceito, ato de fé, designa a adesão consciente do sujeito crente a um objeto de fé, acolhido pela liberdade, pela convicção e decisão humana como bom e verdadeiro pelo conteúdo que oferece. Embora o ato de fé possa ser entendido como as apostas conscientes e explícitas que faz o ser humano, ele adquire sua expressão plena nas opções religiosas. É quando a adesão livre, a convicção na mensagem e a adesão adquirem uma incondicionalidade tal na vida do sujeito crente que se torna o centro articulador de suas faculdades, o eixo de suas visões do real e o fundamento de sua contingência existencial.

1. A fé como constitutivo antropológico e atitude social

A atitude de fé constitui o ser humano e perpassa todas as suas ações. Antes do ato consciente e livre de fé, o ser humano crê em suas possibilidades e na estabilidade do mundo em que vive; crê também no outro, na palavra do outro com quem se comunica, embora não verifique necessariamente a veracidade das afirmações comunicadas. A crença na palavra do outro é que permite construir a própria comunicação como ato portador de verdade de um sujeito para outro. Esse *auditus fidei* antropológico acontece nas comunicações realizadas das mídias mais arcaicas às mais modernas e instaura o ciclo construtivo da verdade ou destrutivo da mentira. A palavra que advém de outrem transmite informações a respeito de realidades não vistas e nem verificadas necessariamente por quem a recebe. E, sem essa fé fundamental na palavra comunicada, todo discurso cairia no ceticismo ou na estagnação da dúvida. Isso permite afirmar que o ser humano vive entre realidades presentes que verifica e realidades ausentes que crê. A palavra possui a força de comunicar coisas presentes e ausentes; convoca o ouvinte a crer, interpretar e responder com um sim ou com um não ao conteúdo que lhe é comunicado.

Com efeito, essa fé inerente ao humano e subjacente às suas ações constitui uma atitude fundamental que sustenta e move suas buscas e construções e garante a regularidade da vida imersa na ordem cósmica e social. Nesse sentido, podemos dizer que todos os seres humanos têm fé. É da natureza humana, sempre aberta para a sua completude, avançar para uma determinada direção estabelecida como necessária e boa, apesar de ser essa uma realidade ainda por vir. Sem nenhuma certeza do amanhã o ser humano se faz projeto: busca dar à luz a si mesmo, construir o mundo e avançar para melhores condições de existência. Os projetos e as ações humanos resultam por completos das apostas no futuro possível. É a partir desse horizonte utópico, objeto somente de fé e de esperança, que os ideais são projetados e se tornam realidade.

a) O real e suas dimensões

Com frequência são identificadas como *a realidade* somente as coisas que estão ao alcance dos sentidos humanos e como irreais aquelas que escapam dos mesmos. O real e, por conseguinte, o verdadeiro estariam circunscritos ao imediatamente verificável por uma de nossas capacidades de captar o mundo material, ao menos em uma de suas dimensões: volume, extensão, cor, movimento, som, odor. As ciências modernas se dedicam obviamente a expor a lógica interna dessas dimensões: as causas, as composição, as relações e os efeitos. É desse mundo, e somente dele, que a razão científica pode ocupar-se e dizer o que ele é, ainda que use como mediação os instrumentos formais da racionalidade teórica que, por natureza, não são empíricos, caso da lógica e da matemática.

Com efeito, a cultura moderna cada vez mais hegemônica, edificada sobre os resultados das ciências e treinada na visão científica, tem operado, já há tempo, com essa identificação: *real = ciência = mundo empírico*. Para essa visão, o real está limitado ao verificável pelos sentidos e confirmado pelas ciências. O que escapa da explicação das ciências não constitui verdade e só pode ser expressão da fantasia, do sonho ou da superstição. Evidentemente, trata-se de uma visão que, embora tenha adeptos significativos em quantidade e qualidade e ganhe espaço nas sociedades modernas, está longe de ser a única, mesmo entre aqueles que se dedicam à investigação científica de um modo geral. A razão pré-moderna, ou seja, as explicações sobre o mundo construídas antes das chamadas ciências modernas, bem como a cultura que até então predominava, não via a realidade dessa maneira. Ao contrário, incluía como constitutivo da realidade sua dimensão metafísica, seja em nome da estrita razão especulativa, seja em nome de um Ser transcendente. Também é verdade, em plena racionalidade científica muitos pensadores exigiram uma definição de realidade que fosse além do mundo empírico, e muitos cientistas, sem prejuízo de seus métodos, continuaram afirmando a existência de um mundo transcendente como origem e fim últimos do mundo empírico. Há que afirmar ainda que, paralelo aos domínios crescentes da visão estritamente científica da realidade (cientificismo), sobreviveram e sobrevivem com expressiva força visões religiosas e antropológicas que trazem para dentro do real dimensões transcendentes e com elas lidam de algum modo e em algum momento.

De fato, é preciso considerar que a ciência é hoje indispensável não somente para explicar a realidade, mas antes de tudo para o funcionamento das coisas que usamos no nosso dia a dia. A sociedade moderna funciona em todos os seus aspectos a partir dos resultados das tecnociências. O que vivemos e o que somos dependem quase que totalmente daquilo que as descobertas científicas, transformadas em tecnologias, vão oferecendo como meios de sobrevivência e de convivência humana. O mundo urbanizado é resultado das ciências modernas e sem elas não seria possível sequer a sobrevivência da humanidade no número que atingiu atualmente em âmbito planetário.

A sociedade moderna é cada vez mais treinada para usar os resultados das tecnologias como uma segunda natureza que funciona por si mesma e dispensa interrogações: basta como real aquilo que o corpo sinta como bem-estar instantâneo. Os objetos imediatos de uso compõem o real como totalidade significativa que dispensa ir além de suas eficácias, mesmo que constituam resultados de uma grande máquina invisível e inacessível aos domínios cognoscitivos de cada usuário. Contudo, não obstante essa hegemonia prática, as ciências não esgotam em suas explicações e em suas eficácias as dimensões da realidade. Ao contrário, possuem pressupostos e finalidades que antecedem e transcendem o domínio lógico e técnico de seus objetos. Antes da interrogação e da explicação científica, existe a aposta na capacidade e na possibilidade do conhecimento. Existem também os interesses de indivíduos ou grupos em conhecerem certas coisas e excluírem outras. As buscas e os resultados das ciências não são puros e nem neutros. Ao contrário, são construções carregadas de valores, ou seja, de fins cridos como necessários e bons para a humanidade ou para parte dela, quando não para alguns indivíduos. As ciências não podem, portanto, ratificar a afirmação de que o real é tão somente o mundo empírico verificável por métodos racionalmente controláveis. No mínimo terão que afirmar a existência do fato e da interpretação, o dado empírico e o dado valorativo, o verificável e o desejado. Em suma, o real e feito de materialidade e de imaterialidade. Essa complexidade da realidade exige do ser humano múltiplas interpretações para que seja fiel àquilo que constitui a totalidade e a profundidade das coisas, para além das aparências imediatas e para o antes e o depois do domínio tecnocientífico de objetos empíricos particulares.

b) O ser humano inacabado e aberto para...

Portanto, a realidade experimentada e explicada pelo ser humano é irredutível a uma única dimensão e, por conseguinte, a uma única visão e explicação. A consciência de tempo e espaço que define ontologicamente o ser humano confere-lhe características de abertura, transcendência e infinitude irredutíveis ao aqui e ao agora da factualidade física e biológica. O ser humano não se confina nas determinações da estrita necessidade e quer sempre mais. A cada necessidade satisfeita, abre-se para uma nova busca. Pela memória o humano é, simultaneamente, presente e passado, pelo desejo é presente e futuro. A situação presente é apenas um momento de concretização do que já foi e abertura para o que pode vir. Por sua vez, as experiências tópicas são expressões de aquém e de além reproduzidas pelos indivíduos e grupos em um determinado local experimentado pelos sentidos. Cada espaço concreto e delimitado é um sistema de objetos carregado de sentido que remete para tempos e espaços ausentes de outrora ou de alhures, o que faz com que o imediatamente experimentado pelos sentidos constitua apenas um aspecto superficial da realidade que revela dimensões mais profundas. O espaço vivenciado é uma forma de domínio da natureza bruta, de reconstrução que potencializa suas dádivas e domina suas ameaças. A materialidade palpável construída como espaço de vida e de convivência é formatada pelo espírito que deseja ser mais, ir além da necessidade na busca da vida feliz. O tempo e o espaço humanos são indissociavelmente domínio e aposta, conquista e sonho, razão e paixão, fato e valor. Essa transcendência constitutiva do ser humano, explica Karl Rahner, está lançada em uma dinâmica de infinitude: a cada conquista ou definição concluída pelo homem um horizonte irredutível se retira para mais distante como ponto inalcançável, como abertura para a amplidão sem fim e chamado irresistível a novas buscas.[1]

Por conseguinte, o que pode ser definido como naturalmente humano não possui contornos definidos; é abertura para a criação permanente e para a novidade incessante, quando o biologicamente herdado e o socialmente adquirido formam um todo complexo e aberto em busca permanente de acabamento. Se a natureza pode ser reduzida em si mesma a fórmulas explicativas capazes de expor e dominar suas leis (ciências naturais), o humano transcende essa possibilidade e se mostra como incontornável, do ponto de vista das possibilidades de cada pessoa: sempre única e irrepetível. Enquanto nos animais comuns as leis da espécie se reproduzem em cada representante, no animal humano cada indivíduo pode fazer-se único e tornar-se, para além das leis da espécie, um tipo *sui generis* e surpreender em genialidade e em criatividade para o bem ou para o mal. A individualidade humana é a insubordinação às regras fixas e a abertura para possibilidades infindas. Para além do fato imediato, o humano se define como inédito inapreensível, como porvir em construção e, por conseguinte, como uma meta a ser conquistada a partir de opções valorativas.[2]

Como inacabamento e construção permanentes, o humano é trânsito e transcendência, o que faz com que toda definição sobre ele careça de exatidão e de completude. As definições humanas, ainda que necessárias e por mais adequadas que sejam, esbarrarão sempre no mistério do novo que explode incessantemente do reino da liberdade de onde tudo pode surpreender, transgredir e criar. A individualidade humana, síntese complexa de biologia e liberdade, de materialidade e espiritualidade, é uma recusa às generalizações científicas rígidas e a todas as formas de determinismos que venham preestabelecer rumos e regras fixas. O humano é aquilo que é, aquilo que foi e aquilo que pode ser. Biologicamente é determinação e indeterminação. Socialmente é regra e transgressão. Psicologicamente é necessidade e desejo. Espiritualmente é fato e valor. O porvir define o humano tanto quanto o passado, a insatisfação tanto quanto a satisfação, a imaterialidade tanto quanto a materialidade.

Falar do humano é falar do passado, do presente e do futuro como dimensões que o constituem indissociavelmente. A ciência da vida estuda a história natural, ou seja, o passado que se mostra no presente após as eras evolutivas que moldaram os gêneros e as espécies atuais em suas formas de viver: são explicações do presente a partir do passado. As ciências da terra fazem o mesmo. As ciências humanas são necessariamente diferentes. Elas têm que avançar para todas as temporalidades que

---

[1]   Cf. *Curso fundamental da fé*, p. 46.

[2]   Cf. FERRY; VINCENT, *O que é o ser humano?*, pp. 15-28.

A fé

constituem o humano, incluindo o futuro aberto para onde direcionam os desejos, as vontades, as criações e os valores que projetam o humano para o que *deve ser*, para além de seu ser imediato estabelecido. A natureza humana sintetiza em si o paradoxo da abertura sempre incompleta para além de todos os imediatos que nela se manifestam ou que possam ser conquistados no decorrer da existência. É a presença que manifesta a ausência: herança do que já foi e esperança do que virá, necessidade satisfeita e desejo em busca de satisfação, exterioridade visível e interioridade invisível, certeza e aposta.

c) O humano como aposta

Na busca de si mesmo e do mundo para si mesmo, o ser humano lida com a necessidade e com o desejo, com o que conquista e estabelece como bom e com o que busca como ideal. O mundo construído é resultado do que foi traçado como bom, resultado da aposta, da convicção, da decisão e da ação. A busca do mundo bom para si mesmo é que move todas as ações humanas e constrói a cultura de um modo geral, mesmo quando se trata de um ideal equivocado que pode voltar-se contra a sua própria vida. Na existência humana, as certezas reais são, na verdade, mínimas; resumem-se basicamente à certeza do existir e do morrer. Os projetos e as ações executados só podem ser pautados em apostas: a fé na realização do ideal projetado como bom, desprovido, porém, de qualquer certeza. Sem a aposta no futuro, o ser humano sucumbiria na inércia do imediato e na estagnação de si mesmo. É a fé que o move na busca do novo para si e para o mundo. A Carta aos Hebreus define a fé como "um modo de já possuir aquilo que se espera, um meio de conhecer realidades que não se veem" (Hb 11,1) e exemplifica, em seguida, como a fé moveu as vidas dos antepassados da tradição hebraica. A certeza que acreditamos ter não é mais que um estado de espírito outorgado pela fé que nos move na direção do futuro na esperança de realizá-lo. E todas as faculdades humanas parecem mover-se a partir da fé: a busca do conhecimento pela inteligência, a busca da satisfação pelo desejo e a busca da realização pela vontade. São movimentos do espírito humano na busca do irrealizado, da sustentação e da construção da própria vida. A fé se mostra como a razão mais profunda que move o ser humano em todas as direções, convicção que transforma a esperança em ação transformadora.

Portanto, no princípio de tudo o que é especificamente humano está a fé. Antes de todas as operações da razão, do desejo e da vontade reside a força do ideal transformado em convicção e buscado pela fé na realização possível. Antes e durante a ciência reside a fé na possibilidade de conhecer. Antes e durante todas as ações está a aposta nas realizações. Antes e durante a realização do desejo encontra-se a aposta na maior satisfação. É do ponto zero da fé que tudo se renova incessantemente nas operações humanas, na busca do novo conhecimento, da nova satisfação e das novas realizações. A fé constitui, nesse sentido, motor permanente que move o ser humano para além do imediato e para além de si mesmo, porém paradoxalmente na busca de si mesmo: daquilo que lhe ofereça plenitude agora e sempre.

d) A fé vivenciada

O ser humano crê nas possibilidades que ele próprio projeta como necessárias e benéficas para si mesmo, para o mundo e para os outros. A busca do ainda não conquistado o move durante toda a existência. O futuro é promessa intuída imediatamente pela abertura do espírito para o *ser-mais* ou pela força de alguma palavra acolhida como verdade. Em todos os casos, o futuro é boa-nova que se oferece como possibilidade e pela fé vai sendo apossado e transformado em realidade presente. A promessa de realização da felicidade norteia as buscas humanas em todas as direções mediadas pelas capacidades humanas de pensar, desejar querer e agir. A fé dispensa, desse modo, o conhecimento das causas e os cálculos de probabilidade. Ela é pressuposto das ações espontâneas e das ações planejadas; é motor que faz o humano construir a si mesmo e o mundo ininterruptamente. A ordem do mundo foi sempre crida e experimentada como estável e segura. No passado, nas sociedades tradicionais, acreditava-se na regularidade da ordem natural como resultada do comando direto dos seres sobrenaturais. Nas sociedades modernas, a ordem social, embora construída pelas tecnociências, permanece objeto de confiança dos cidadãos; uma espécie de máquina que funciona regularmente e dispensa o conhecimento de causas, as dúvidas e as interrogações. Os especialistas garantem o bom funcionamento das estruturas, das instituições, das máquinas e dos serviços. Cremos em princípio no funcionamento regular de todas as coisas e na bondade de suas ofertas. A sociedade moderna constitui um sistema abstrato que esconde as causas e os sujeitos responsáveis por suas regularidades. A fé continua sendo o princípio da vida dos modernos. Cremos na qualidade dos produtos que comemos e usamos, na competência dos técnicos que comandam as máquinas e na qualidade dos produtos que adquirimos.[3]

De fato, a sociedade atual organiza-se e se reproduz a partir de discursos de confiança: imagens e palavras que dizem a verdade e oferecem felicidade em suas ofertas de produtos sempre renovados, mais eficientes e belos. As imagens bem desenhadas dos produtos e as cenas publicitárias comunicam verdades por suas simples aparências, a beleza se torna sinônimo de autenticidade e de verdade. Na cultura de consumo a estética assume lugar fundamental como linguagem verdadeira, na qual se pode crer, pela qual se pode decidir e agir. As imagens e os discursos são testemunhos fidedignos da realidade, ou seja, da verdade e da bondade capazes de oferecer felicidade a quem a elas se entregar como fiel consumidor. O consumo é um ato de fé

---

[3] Cf. GIDDENS, *As consequências da modernidade*, pp. 83-113.

no testemunho dado pela publicidade. Trata-se de um ato de fé em uma mensagem sempre operada com estímulos aos sentidos, mensagem persuasiva que captura o desejo e faz querer, convence a vontade e faz decidir.[4]

A telemídia veicula um discurso carregado de autoridade que dispensa verificação; é autoridade por si mesma, palavra distante que se faz próxima, ausência que se materializa no presente nas telas cada vez mais sofisticada. E a velocidade das informações sequer concede tempo para dúvidas e questionamentos. Só resta crer na verdade oferecida. O sujeito que está veiculando a mensagem é um anônimo distante, porém portador de boas-novas de felicidade às quais posso ter acesso direto; a verdade crida pode ser apossada imediatamente e realizar o que promete.

A sociedade atual tem pouco lugar para dúvidas. E não se trata de uma manipulação planejada para os cidadãos-consumidores de produtos, ideias e valores. Trata-se, na verdade, de um sistema que exige confiança de seus membros para que possa funcionar sob os aspectos mercadológicos, políticos e tecnológicos. Uma suposta dúvida coletiva que atentasse contra sua regularidade e eficácia poderia levar esse sistema ao colapso. A confiança é uma atitude social que possibilita o funcionamento da sociedade atual, uma virtude dos sujeitos encaixados no grande sistema e usuários de seus efeitos eficazes.

2. A fé como ato de convicção, adesão e decisão

Já vimos que a fé é inerente à vida e às ações humanas de um modo geral. Sem crer nas possibilidades de realização do futuro e confiar no funcionamento da sociedade, a vida individual e a social se tornariam inviáveis. O ser humano se reduziria à estagnação e ao desespero, e a sociedade seria paralisada em seu dinamismo estrutural. Contudo, podemos distinguir uma fé vivenciada espontaneamente no seio de uma sociedade e uma fé vivenciada como opção consciente, como escolha livre e responsável (ato de fé). Certamente, é no ato de fé que essa atitude fundamental de escolha, decisão e ação que constitui o ser humano se mostra de modo explícito e com todo o seu vigor, como distinto das ações propriamente racionais e como um modo consciente e livre de viver e conduzir a vida em uma determinada direção. Antes de ser objetivada e pensada, a fé é experimentada como dado imediato do ser-agir humano que se abre para além de si mesmo e se entrega a uma verdade que busca como bem necessário.[5] Embora o ato de fé tenha a mesma dinâmica que caracteriza essa atitude espontânea de fé, ele está situado conceitualmente no âmbito da fé professada em termos teológicos, ou seja, como adesão a um sentido fundamental

---

[4] Cf. LIPOVETSKY, *A felicidade paradoxal*, pp. 333-370.

[5] Cf. RAHNER, *Curso fundamental da fé*, pp. 50-54.

da realidade, sentido que nos norteia incondicionalmente e unifica nossas ações em uma direção fundamental.

a) O ato de fé

Portanto, da abertura humana irredutível se chega ao mistério que funda a realidade e se pode chegar a Deus, acolhido pela liberdade humana como sentido e valor de sua existência. A finitude humana lançada sem cessar à infinitude encontra seu ponto de descaso e sentido no Infinito Absoluto. Santo Agostinho formulou de modo afetivo essa dinâmica do ser humano: "Criastes-nos para vós e nosso coração vive inquieto, enquanto não repousa em vós".[6]

A fé religiosa é um ato de assentimento, decisão e ação. Começa na aposta, passa pela convicção e pela decisão e é concluído na ação. Como ato fundamental, a fé incorpora em sua dinâmica todos os demais atos particulares, incluindo o próprio ato de razão executado com eficácia metodológica pelas ciências. De fato, todas as ciências são atos racionais estruturados a partir de certezas metodológicas (previsão, verificação e generalização). Permanece, obviamente, a pergunta pela neutralidade do ato científico, direcionado para um objeto evidente. Os pressupostos e as apostas subjacentes ao ato científico, bem como sua relatividade metodológica e teórica, apontam para opções não científicas e para valores adotados como bons, a começar os valores metodológicos e teóricos escolhidos já antes da própria investigação. Ao menos enquanto ação metodologicamente controlada, a ciência orienta-se pelo princípio racional da lógica e da certeza da verificação correta e da demonstração coerente.[7] A dialética entre a fé e a razão faz parte da história do Ocidente, como dois polos que se alternam na busca da hegemonia pela verdade. Contudo, nos últimos tempos parece se impor mais o paralelismo irreconciliável que a oposição. Os atos de fé se recolhem em esferas distantes dos atos de razão, seja como exercício das intimidades religiosas, seja como reprodução de sectarismos eclesiais. Embora sejam distintos, o ato de fé e o ato de razão não se opõem necessariamente e podem dialogar como esforços do mesmo *homo sapiens* de os explicar e dar rumo à realidade. Por ora foquemos na distinção.

O ato de fé possui um dinamismo que consiste em avançar para um objeto inevidente, diferentemente do ato racional ou científico que se apropria do evidente e imediato.[8] No ato racional perguntamos ao objeto o seu significado específico (causa, estrutura e funcionamento) na busca de sua lógica interna a fim de concluir suas regularidades. Esse ato restrito necessariamente a um objeto e a certas regras

---

[6] *Confissões*, Livro I, Cap. 1.

[7] Cf. JAPIASSU, *Ciências*, pp. 51-154.

[8] Cf. MORENTE, *Fundamentos de filosofia*, p. 153.

A fé

metodológicas não dispensa outro ato, que consiste na aposta em coisas inevidentes tais como: autoridade do método e das teorias adotadas, crença em minha capacidade de conhecer, aposta na bondade do exercício da ciência. Nesse sentido, a tradição científica ou a própria comunidade científica se mostra como uma palavra de autoridade carregada que exige não somente convencimento racional, mas também adesão de fé. O cientista com seus atos racionais confia na ciência, na capacidade de conhecer e no testemunho de seus mestres. E, em muitos casos, o ato racional reveste-se de tal certeza que se torna um verdadeiro dogma: uma verdade fixa e imutável que se impõe absolutamente sem deixar espaço para dúvidas e questionamentos. Nesse caso, tratar-se-ia de uma fé cega ou mais corretamente de uma crença supersticiosa, uma vez que a fé autêntica se mostra como dinâmica de busca sempre aberta às novas perguntas. Mas o ato de razão está necessariamente vinculado à busca da elucidação de objetos evidentes, ou seja, acessíveis do ponto de vista da experiência (conhecimento espontâneo) do ponto de vista lógico (ciências formais) ou do ponto de vista empírico (ciências empíricas ou factuais).

No ato de fé, diferentemente, temos um assentimento do intelecto a algo inevidente e para o qual decide nossa vontade, tendo em vista a autoridade de quem no-lo revela ou comunica.[9] Trata-se, portanto, de um ato fundado no testemunho de uma palavra não imediata a qual aderimos como verdade. Pode ser a palavra de uma tradição recebida da família, da cultura ou da religião ou uma palavra que recebemos de uma pessoa que consideramos de confiança. A atitude espontânea de fé que embasa todo comportamento humano não pergunta necessariamente pela verdade que se acredita. O ato de fé, por sua vez, busca conhecer o que se acredita, mesmo que se trate de um conhecimento reproduzido espontaneamente pela força de uma tradição. Já não basta crer simplesmente, mas crer com conhecimento do que se crê. É preciso conhecer as razões do que se crê, "saber em quem (se) colocou fé", como explica o autor paulino (2Tm 1,12). A autoridade da palavra ou de quem a transmite é que faz com que o ato de fé seja professado como opção livre. As tradições religiosas reproduzem essa dinâmica em suas doutrinas, cultos e regras de vida. O crente religioso professa fé em uma palavra recebida como verdade pela força da tradição na qual se insere, pela autoridade de quem anuncia ou pela persuasão da própria palavra anunciada. Em todos os casos, ocorre uma adesão que exige convicção e decisão a uma determinada mensagem acolhida como verdade.

Portanto, a afirmação comum de que é "preciso ver para crer" não poderia ser mais incorreta. O que vemos não pode ser objeto de fé, mas unicamente de verificação e de conclusão inevitável. A figura de Tomé verificando a chaga no corpo do ressuscitado reproduz emblematicamente os que duvidam da autoridade de uma

---

[9]   Cf. MORENTE, *Fundamentos de filosofia*, p. 155.

palavra e exigem prova. E o evangelista João explica em que consiste a fé: "Felizes os que acreditam sem ter visto" (Jo 20,29). O ato de fé, ao contrário da verificação, precisamente por ocupar-se do inevidente e inverificável pelos nossos sentidos, será sempre uma opção livre; um ato de profunda liberdade que acolhe e decide por algo que julga necessário e bom e, por conseguinte, razoável. O território da fé será, por essa razão, lugar da dúvida, da pluralidade e da diversidade, uma vez que exige a adesão por algo que não pode ser demonstrado imediatamente e, muito menos, imposto como verdade. No ato racional não há espaço para a liberdade, uma vez que a verdade comunicada se mostra evidente e impositiva. No ato de fé, ao contrário, cremos porque somos livres. Apostamos, discernimos e aderimos como decisão livre de nossa vontade e de nosso intelecto por algo que consideramos um valor para nós.

b) A fé religiosa

As atitudes de fé que definem nossas existências individual e social, embora sejam expressões de nossa condição de seres abertos e transcendentes, transitivos e lançados ao futuro, não exigem uma adesão livre e orientadora de nossa vida. Diferentemente dessa fé antropológica, a fé religiosa em nome da autoridade de uma palavra dita (Revelada) expõe seus objetos de adesão (Deus e seu projeto), afirma uma adesão (convicção e decisão) e orienta livremente a existência para o que é crido como verdade (vivência da fé). Desse modo, como ato livre, a fé permitirá sempre o *sim* e o *não*, a certeza e a dúvida, e exigirá a conversão permanente para uma direção e uma meta propostas. Também, por essa razão, haverá sempre o crente e o cético, o mais seguro e o mais inseguro daquilo que se crê. A fé é processo, e não aquisição definitiva de uma verdade estável, por mais convicta e madura que possa ser. É jogo de aproximação e afastamento de seu objeto; busca de entrega e de aprofundamento, caminho inconcluso na direção daquilo que foi apostado como verdadeiro e bom. A cada ação particular o ato fundamental de fé pode ser reforçado ou enfraquecido, reafirmado ou redirecionado. Também, em cada fase da existência as adesões de fé necessitam de renovação e de aprofundamento, tendo em vista as novas condições existências que se configuram, as problemáticas interpostas e as próprias interrogações que formulamos sobre a realidade. A fé insere-se, assim, em um círculo hermenêutico em movimento permanente com a realidade (fé-realidade), sendo que um polo interpreta o outro continuamente e faz com que a vida seja lida e relida pela fé e vice-versa. À medida que assumida livre e conscientemente como eixo de nossa existência, a fé movimenta-se nesse ciclo como princípio orientador das alegrias e tristezas, das dúvidas e certezas inerentes à vida humana, assim como dos projetos e ações que realizamos no dia a dia.

Por essa razão, as instituições que socializam e objetivam os conteúdos de uma tradição de fé em cânones fixos, ainda que concretizem em suas dinâmicas uma lei histórica e social que transforma os carismas em instituições, jamais poderão apossar-se da essência dinâmica da fé. Essa será sempre um ato decorrente da liberdade humana individual e da abertura do humano para além de si mesmo, um dom pessoal e comunitário anterior a toda regra estabelecida, uma aposta radical que fundamenta e possibilita as ações particulares. As instituições religiosas se edificam como garantidoras da fé professada socialmente; são testemunhas que transmitem as verdades cridas de geração em geração e, por isso mesmo, se legitimam como palavra autorizada da fé para os membros da comunidade crente. Cada indivíduo professa inevitavelmente sua fé no seio de uma comunidade e dentro dessa a vivencia ao longo de sua vida pelo processo de socialização. Indivíduo crente e comunidade de fé interagem criativa e criticamente, formando um conjunto identitário que permite distinguir, sem separar, a fé vivenciada pessoalmente como ato de decisão livre de cada fiel e a fé como tradição objetivada em códigos e regras. Por essa razão, a teologia clássica distinguia *fides qua creditur* (a fé pela qual se crê) de *fides quae creditur* (a fé que é crida). Com efeito, no seio de uma tradição de fé socialmente estruturada, cada membro interioriza essa mesma fé no processo de vivência comunitária, em termos sociológicos, pelo processo regular de socialização. A educação da fé visa precisamente transmitir a cada membro da comunidade aquilo que o grupo preserva como verdade. A fé depende da pregação, entra pelo ouvido, explica São Paulo (Rm 10,14-19). Cada membro é envolvido em um processo de assimilação da fé objetiva, as doutrinas e as regras de vida, por meio de ensino e de vivência, numa palavra de adesão à fé. Os momentos rituais de inserção dos membros na comunidade pretendem envolver cada fiel em situações de opção e decisão livre por aquilo que acredita em processo de conversão contínua, de busca de coerência com suas próprias adesões. Portanto, a vida de fé envolve, nas opções e decisões, apostas que exigem discernimentos racionais e existenciais, modos de pensar e de viver que caracterizam a existência em todos os seus momentos e aspectos. Ter fé não consiste, jamais, em compreender e repetir certas doutrinas ou até mesmo praticar mecanicamente certas regras disciplinares, mas, antes de tudo, em um modo de vida que articula todas as dimensões do ser humano em todos os momentos de sua existência.

3. A fé como adesão e discernimento

No ato de fé, cremos sempre em algo: em um conteúdo proposto e recebido objetivamente. Nesse sentido, as dimensões subjetivas e objetivas da fé são dimensões de um mesmo processo. A fé religiosa se distingue da fé antropológica, na medida em que explicita o conteúdo do que é crido: expõe na forma de narrações, de doutrinas, de dogmas e de normas conteúdos específicos a uma tradição. Nesse ponto, as religiões arcaicas e as religiões reveladas estão de acordo: há um conteúdo a ser crido. Contudo, nas religiões reveladas esse conteúdo reveste-se de uma autoridade, ao afirmar que Deus falou na história e deixou os testemunhos de sua palavra e de seus gestos a serem comunicados e vivenciados como projeto de salvação. E há membros que, de algum modo autorizado, são transmissores dessa palavra de salvação. Há também textos que codificam o que foi revelado no passado e que são apresentados como verdade para o presente. Portanto, no âmbito da fé revelada fazemos adesão a conteúdos objetivos, desde então acolhidos como verdade, e fazemos discernimentos sobre os mesmo conteúdos, na medida em que se referem a conteúdos codificados em épocas passadas: significados do passado interpretados no presente para serem vivenciados como mensagem compreensível e salvífica. Por essa razão, a fé revelada exigirá sempre adesão a conteúdos objetivos (corpo doutrinal) e discernimento racional dos mesmos conteúdos (estudo). O jogo tenso e criativo entre a fé e a razão escreveu de diferentes maneiras a história da tradição judaico-cristã e fez com que nascessem não somente os textos bíblicos, mas também a tradição interpretativa dos mesmos e a própria teologia.[10]

a) A fé como adesão

Pela fé, aderimos a uma realidade transcendente (fora das regras verificáveis da imanência material e histórica) que se mostra como valor digno de ser crido. A fé revelada afirma uma mensagem: a Revelação de um Deus pessoal na história como oferta de salvação para a humanidade. O conceito de Revelação afirma que Deus quis revelar-se por sua própria vontade e gratuidade, chamando as pessoas para a comunhão Consigo. Trata-se de uma comunicação feita por dentro dos acontecimentos históricos e por meio de pessoas comuns e não de uma exibição externa do divino, como uma teofania que suspenda as leis da natureza. No caso do cristianismo, afirma-se que Deus se revelou na pessoa de Jesus de Nazaré, por meio de quem revelou seu plano de salvação (Reino de Deus). Nesse caso, a fé na Revelação de Deus é um ato de adesão a um projeto, o seguimento a uma Pessoa concreta que se mostra como "caminho, verdade e vida" (Jo 14,6). Viver a fé é seguir o caminho mostrado por Deus através de Jesus Cristo. Não constitui somente um modo de pensar ou um conjunto de ideias a serem defendidas, mas uma orientação fundamental da vida na direção apontada pelas palavras e pelas práticas de Jesus. A fé não se separa da prática. É uma virtude que se vincula indissociavelmente à esperança na salvação oferecida por Jesus e na vivência do amor.

Portanto, ter fé é viver da fé; abraçar um projeto de vida que significa adesão a uma proposta que implica escolha, decisões, renúncias e atitudes concretas. As tradições religiosas, por conta de suas estruturas e regras muitas vezes fixas e burocráticas, podem deformar essa indissociabilidade entre a fé e a vida, na medida em

---

[10]   Cf. JOÃO PAULO II, *Fides et Ratio*, nn. 16-48.

que afirmam a centralidade da doutrina e da regra como sinônimos da fé. Se a fé religiosa é adesão a uma Revelação anterior à nossa decisão individual, ela é antes de tudo oferta gratuita a nossa liberdade; é graça e também reposta, como explica a tradição teológica.

A fé é um carisma sempre atual que transcende as conjunturas e as configurações institucionais; é um modo de orientar a existência pessoal e grupal que permite ler os acontecimentos e posicionar-se coerentemente na história.

b) A fé como discernimento

Como já dissemos, a adesão da fé exige o testemunho de uma palavra e de uma pessoa autorizada para tal. As tradições religiosas se apresentam como portadoras dessa missão: como herdeiras da verdade transmitida de geração em geração. Com efeito, a relação entre o sujeito crente e o conteúdo crido coloca sempre uma distância entre os dois polos, distância que traz dúvidas e interrogações sobre o significado do conteúdo crido, sobre autoridade das testemunhas e sobre o próprio modo correto de crer nos diferentes tempos e lugares. Se a fé é uma atitude ou ato que se distingue do ato de razão e, até mesmo, o antecede, tem, no entanto, que ser razoável: ser coerente com a realidade e com a própria existência humana. O ato de crer é acompanhado sempre pela exposição dos significados atuais daquilo que se crê, bem como pela fundamentação dos testemunhos e das autoridades que transmitem a fé e, de modo particular, o significado dos textos que codificam os conteúdos acolhidos como verdade revelada. Crer exige, portanto, perguntar, interpretar e responder. Cada fiel professa de modo autêntico a fé mediante uma adesão livre e consciente, sabendo em quem colocou sua confiança (1Tm 1,12). Nesse sentido, é preciso conhecer o que se crê para que haja ato de fé. Do contrário, corre-se o risco de cada fiel reproduzir mecanicamente uma tradição sem convicção e adesão voluntária ou como um conteúdo que deve ser acatado literalmente, sem o discernimento do entendimento.

Conhecer o significado daquilo que cremos exige investigar internamente os conteúdos expostos pelas tradições orais ou escritas. A formação dos textos bíblicos, testemunho escrito da experiência da Revelação de Deus na história, resulta exatamente de um processo de codificação e recodificação de uma longa experiência de fé em distintos contextos. A sequência *experiência-tradição-escrita-interpetação--experiência-tradição-escrita...*, e assim sucessivamente, compõe a história da tradição judaico-cristã com seus numerosos textos. Cada época dessa história com suas experiências de fé processou uma leitura do presente a partir do passado e vice-versa, preservando e construindo uma tradição cujo fio condutor afirma os modos variados de Deus se Revelar na história: "De muitos modos Deus falou na história..." (Hb 1,1) Assim formou o cânon bíblico e assim formou a tradição posterior, que foi lendo e relendo os textos bíblicos na busca da compreensão mais fundamentada e coerente. A experiência do passado interpretada no presente faz com que se preserve a mensagem original em cada época como significativa e atual, e não como mera repetição de algo já acontecido. É quando se sai da letra para o espírito, do ontem para o hoje, do livro escrito para a Palavra viva e atual. A fé na mensagem revelada e testemunhada pelo texto escrito exige discernimento da razão, adesão da vontade e esforço da ação para que possa operar como força fundamental que orienta a vida do crente em todos os seus aspectos.[11]

Também a teologia cristã nasceu como resultado desse movimento interno da vida de fé que pede compreensão, reforçada, evidentemente, pela tradição grega, que exige fundamentação lógica nas narrativas, inclusive nos discursos religiosos. A fé revelada pede interpretação e, por conseguinte, pede compreensão. Na Idade Média, essa exigência foi formulada como princípio metodológico na teologia de Anselmo, que afirma: *fides quarens intellectum* ("a fé em busca de compreensão"). A busca de racionalidade da fé nasce, portanto, não de fora, mas de dentro da própria fé que vai sendo transmitida de geração em geração e em cada tempo e lugar busca as formas mais coerentes e claras de se fazer compreender:

> O *intellectus fidei* explicita esta verdade não só quando investiga as estruturas lógicas e conceituais das proposições em que se articula a doutrina da Igreja, mas também e sobretudo quando põe em realce o significado salvífico de tais proposições para o indivíduo e para a humanidade.[12]

4. Considerações finais

De tudo que vimos anteriormente, podemos afirmar que o *homo sapiens* é *homo credens*. O homem que crê é o homem que pensa e vice-versa. Para encerrar a reflexão, buscaremos responder rapidamente a três perguntas. Por que cremos? Em que cremos? Por que crer no humano?

Por que cremos? Antes de tudo, cremos porque somos humanos. A condição humana revela uma abertura para além de toda factualidade que possa reduzi-la à pura materialidade, objeto de abordagens tão somente empíricas, de forma que qualquer consideração sobre o humano defronta-se com o paradoxo da síntese matéria-espírito, da imanência-transcendência, do presente-ausente, do fato-valor. Nesse sentido, a fé se insere como motor que move o ser humano para ir além dos limites biológicos; é parte integrante de seu *plus* animal, da síntese determinismo-liberdade que o compõe ontologicamente. A fé decorre, portanto, do limite que acolhe em si o ilimitado, da contingência que está destinada a ir sempre além, da necessidade indeterminada

---

[11] Cf. TILLICH, *Dinâmica da fé*, pp. 5-8.

[12] JOÃO PAULO II, *Fides et Ratio*, n. 66.

A fé

pelo desejo, do presente que comporta o passado e exige o futuro, da realização e da busca incessante, da resposta dada e da pergunta novamente posta. O ser humano é esse dinamismo. A fé é unicamente humana. O bicho não crê, vive o imediato dos determinismos da espécie. Deus não crê, porque é onisciente e onipotente. A fé é própria do ser limitado lançado para o ilimitado. Nessa tensão permanente, o ser humano busca seu próprio acabamento e, de diferentes modos, constrói o mundo em todas as suas dimensões.

Por conseguinte, cremos porque somos livres para crer. A aposta humana no que está por vir é um ato de liberdade. Não obstante os cálculos de probabilidade que possamos fazer a respeito de nossas apostas, estas últimas só acontecem numa entrega sem certezas como esperança gratuita. O estar lançado no jogo de um futuro aberto, sem previsões e predeterminações, para o qual nos direcionamos como sujeitos autônomos, criativos e responsáveis é o que nos define. E nesse jogo somos os construtores únicos de nossa sorte. E o futuro ainda não realizado nos arrasta como ideal afetivo, político ou científico e buscamos as formas mais eficazes para realizá-lo. É na fé que buscamos o novo e, ainda que parcialmente ou em parcelas, o realizamos. O objeto da fé é por si mesmo o indemonstrável no aqui e no agora. Por essa razão, será sempre uma proposta a nossa adesão livre perante a qual dizemos sim ou não sem evidências, sem seguranças e sem certezas.

Em que cremos? Cremos antes tudo no humano. A busca do humano que somos é o horizonte e a meta da transitividade do ser humano para além de si mesmo. O humano que nos caracteriza como espécie é nossa utopia permanente; uma qualidade em construção e sempre inacabada. É na busca do humano que dominamos o mundo tecnicamente e construímos a cultura na curta temporalidade da espécie *homo sapiens*. A consciência da humanidade de si mesma não foi certamente uma pulsão advinda de sua constituição químico-biológica, mas uma construção, aquisição advinda da experiência de luta pela vida nos diversos tempos e espaços. Se a hominização foi um dom a nossa espécie, a humanização é um ideal construído, na medida da consciência que a espécie adquiriu de si mesma. A descoberta do outro, concomitante e inseparável da descoberta de si mesmo, permitiu ao *sapiens* descobrir o humano e adotá-lo como dado, valor e meta. A busca do humano comportou e comporta alguns dinamismos. Um dinamismo social que exige ir para além do indivíduo, para além da tribo e para além da nação. Um dinamismo racional que afirma a existência da natureza comum, a própria natureza humana, e, por conseguinte, a exposição da igualdade da alma, a igualdade dos cidadãos e os valores comuns. Um dinamismo político que institui as regras da convivência humana e postula os direitos iguais e as normas da convivência.

Pergunta final: *por que crer no humano?* Evidentemente, a epopeia da espécie humana demonstra com todas as suas mazelas que crer no humano foi necessário à própria sobrevivência da espécie. Como dado histórico, isso bastaria como resposta. Mas, não obstante todas as tragédias da espécie, narradas pelos mitos, pelas religiões e por muitas filosofias, o ser humano necessita sempre de razões para aquilo que crê. E mais: continua buscando o humano como bem para a espécie. Em outros termos, busca as razões últimas de si mesmo, o sentido primeiro e último da vida e, por conseguinte, o sentido do itinerário que vai sendo percorrido. Alguns dizem que, exatamente pelo fato de a espécie não ter dado certo, é que busca o território do humano e constrói os meios para alcançá-lo. Outros afirmam a necessidade das construções sociais como meios indispensáveis para a continuidade da vida. A descoberta do humano como condição comum e como ideal a ser realizado significa consciência de autonomia individual e de igualdade com o outro, ou seja, significa a descoberta do outro. E desde então as pontes entre o eu e o outro foram construídas pelas religiões com suas leis de ouro (fazer ao outro o que quer para si) e com suas regras de convivência, pela política (bem comum) e pela ética (o bom para todos). As grandes tradições religiosas e o pensamento grego trouxeram à luz o humano, desde então entendido, ao mesmo tempo, como dado natural (o conceito de natureza humana) e como projeto a ser construído (a noção de bem universal). Eis a origem do mais primordial do antropocentrismo na época denominada por Karl Jaspers era axial.[13]

A tradição judaico-cristã ensina que crer no humano é uma vontade divina: Deus oferece um projeto para seu povo. O Deus que se revela não fala de si mesmo, mas fala para o ser humano, apresenta um projeto ético de convivência e, para tanto, celebra uma aliança com o seu povo e estabelece para ele as regras de convivência. A aquisição da consciência monoteísta se dá concomitantemente à consciência da igualdade de todos os homens: filhos de um mesmo Pai e com destino comum na história. A humanização é possível e necessária e está nas mãos dos homens dotados de liberdade a construção das condições para a sua realização. No âmago da humanização reside a igualdade radical e a superação de todas as formas de individualismo e destruição dos outros. Esse constitui o centro da revelação de Deus aos homens. A fé cristã é aposta na liberdade e na igualdade dos filhos de Deus. No Deus encarnado o humano se mostra como lugar a partir de onde Deus fala e se faz presente, como parâmetro para conhecer Deus e como caminho de salvação. O acesso a Deus se dá no ser humano concreto: quem ama conhece a Deus e permanece nele (1Jo 4,7-16). Crer em Deus é crer na humanidade nova edificada sobre o amor. E na última esperança cristã ressoa a promessa: eis que faço nova todas as coisas! (Ap 21,5).

---

[13] Cf. *La filosofía*, p. 83.

5. Referências bibliográficas

FERRY, Luc; VINCENT, Jean-Didier, *O que é o ser humano?* Sobre os princípios fundamentais da filosofia e da biologia. Petrópolis: Vozes, 2011.

GESCHÉ, Adolphe. *Deus*. São Paulo: Paulinas, 2004.

GIDDENS, Anthony. *As consequências da modernidade*. São Paulo: Unesp, 1991.

JAPIASSU, Hilton. *Ciências*; questões impertinentes. Aparecida: Ideias&Letras, 2011.

JASPERS, Karl. *La filosofía*. México: Fondo de Cultura Económica, 1991.

JOÃO PAULO II. *Fides et Ratio*. São Paulo: Loyola, 1998.

LIPOVETSKY, Gilles. *A felicidade paradoxal*; ensaio sobre a sociedade de hiperconsumo. São Paulo: Companhia das Letras, 2007.

MORENTE, M. Garcia. *Fundamentos de filosofia*. São Paulo: Mestre Jou, 1970.

RAHNER, Karl. *Curso fundamental da fé*. São Paulo: Paulinas, 1989.

SANTO AGOSTINHO. *Confissões*. São Paulo: Nova Cultural, 1996.

TILLICH, Paul. *Dinâmica da fé*. São Leopoldo: Sinodal, 2001.

CAPÍTULO II

Fé cristã e autonomia de pensamento: a tensão salutar entre teólogos e Magistério universal da Igreja Católica

Edelcio Ottaviani

1. Introdução

A reflexão seguinte irrompeu em meio aos meus estudos de pós-doutorado em Filosofia, que tratou do *Poder Pastoral e a Governamentalidade em Michel Foucault* e de suas análises sobre o "biopoder" (poder sobre a vida das populações e sobre a vida de cada um: *omnes et singulatim*).

Com o intuito de tornar visíveis as relações de poder existentes na sociedade contemporânea e seus mecanismos de dominação, Foucault procurou demonstrar como algumas práticas de governo proporcionam o assujeitamento dos indivíduos e impedem sua efetiva emancipação. Desenvolvendo uma metodologia de análise das práticas e dos discursos *subjugados* em determinados períodos da história,[1] Foucault procurou trazer à luz as malhas dos poderes políticos e econômicos em sua obstinação por tornar os indivíduos *bons, dóceis e úteis* aos seus próprios interesses. Na obra *Segurança, território e população*, compilação do curso ministrado no *Collège de France* em 1978,[2] ele demonstra o desenvolvimento de uma tecnologia de poder sobre a *população* a serviço do acúmulo de capital e dos ditames da sociedade de consumo. Esse poder sobre uma "multiplicidade em movimento" é definido por

---

[1] Foucault denomina esta metodologia de genealogia do poder e encontra sua inspiração em Nietzsche sobre a genealogia dos valores morais (FOUCAULT, Nietzsche, a genealogia e a história, pp. 15-37).

[2] FOUCAULT, *Segurança, território, população*.

Foucault como poder pastoral, enquanto potencialização do poder soberano e do poder disciplinar, analisados de forma magistral em *Vigiar e Punir*.[3]

Para Michel Foucault, o poder pastoral é o poder exercido sobre as populações, em meio às quais os indivíduos se movimentam constantemente. Sua ação se dá por meio de uma malha de poderes, cujos dispositivos e tecnologias controlam e tolhem a ação e o pensamento daqueles que compõem as populações, ao impor-lhes um rol de valores que as induzem a fazer e a pensar o que eles desejam. Na sociedade contemporânea, as populações são orientadas mediante certos critérios de valores estabelecidos pelas estatísticas. No caso da medicina, estabelece-se, por exemplo, certa taxa de normalidade. Em nome da preservação da saúde, clínicas médicas e laboratórios químicos, com seus interesses em lucros cada vez maiores, induzem ao consumo de determinados medicamentos ou a uma determinada dieta, levando-nos a consumir aquilo que desejam que bebamos, comamos ou mesmo descartemos de nosso menu cotidiano. No passado, em nome da praticidade da vida, levaram--nos a ingerir alimentos cada vez mais calóricos, que agora são abominados, pois o custo médico para pacientes obesos e cardíacos são cada vez maiores para os convênios médicos e os planos privados ou públicos de saúde. Assim, enquanto indivíduos que compõem os dados estatísticos sobre as populações, somos ora induzidos a comer certas coisas, ora a deixarmos de comê-las, segundo os ditames da instituição que detém maior poder naquele momento, ora os *fast-foods*, ora os planos médicos e os trustes das academias de musculação. Em suma, exercício de poder sobre todos e cada um (*omnes et singulatim*).

Essa prática, longe de contribuir à verdadeira constituição de sujeitos autônomos, capazes de responderem por suas escolhas, configurando-se como sujeitos éticos, cria assujeitamentos, caracterizados por uma dependência individual e completa[4] dos discursos e das instituições. Estes últimos controlam, direcionam e, consequentemente, instauram um policiamento que impede o exercício da liberdade em meio aos jogos de poder.

2. O método genealógico como instrumento de análise teológica na aurora do século XXI

No horizonte apresentado, dá-se a tensão à qual é levado o teólogo quando se põe a refletir criticamente sobre a sociedade em que vive, motivado por sua tradição religiosa. Caso ainda mais particular é o do teólogo católico, cuja vocação o faz refletir sobre tudo aquilo que diz respeito à existência humana, tendo como

---

[3] Id., *Vigiar e punir*.

[4] Id., Omnes et singulatim, in: *Ditos e escritos IV*, p. 367.

referências obrigatórias a *Sagrada Escritura, a Tradição e o Magistério da Igreja*,[5] este último composto pelo Papa e pelo colégio dos bispos. Abordar a atividade reflexiva do teólogo é mapear o exercício da liberdade de pensar e as ressonâncias desse pensamento no governo da conduta dos fiéis, exercido pelas autoridades eclesiais. Esta atividade reflexiva se dá, no entanto, pela *fidelidade* à palavra revelada, que deve ser acolhida e constantemente indagada; pela *atenção* ao pensamento dos pensadores, dos místicos e dos pronunciamentos magisteriais que o antecederam; pelo *respeito* à autoridade das instâncias que de alguma forma zelam pela fidelidade doutrinária de sua reflexão. Por tudo isso, podemos dizer que a vocação do teólogo é de uma tensão, se não constante, ao menos intensa.[6]

Paradoxalmente, ele é reconhecido, nas instâncias eclesiásticas, por sua competência em matéria teológica, e será, justamente, esta competência que o fará analisar criticamente não só as relações sociais como a própria estrutura eclesial, caso ele não deseje que sua análise se debruce sobre uma abstração (Sociedade ou Igreja enquanto definições teóricas), e, consequentemente, que suas ideias não sejam a expressão de um pensamento impotente.

Este trabalho, portanto, visa *elucidar a tensão que reveste a atividade do teólogo*, procurando muni-lo de instrumentos que salvaguardem a dimensão profética de sua vocação. O teólogo não pode furtar-se a pensar sobre essas questões, uma vez que sua vocação é pautada na fé no Deus que gera e potencializa a vida, combatendo tudo aquilo que a torna menor. De forma particular, é o que ocorre com o teólogo católico, chamado "a intensificar a sua vida de fé e a unir sempre a pesquisa científica e a oração".[7]

Assim, tomar Foucault como um crítico rigoroso da sociedade contemporânea e de seus mecanismos e tecnologias de dominação é correr o risco de que esta análise se volte para a própria prática pastoral, uma vez que a análise do poder sobre as populações foi desenvolvida por ele a partir de seus estudos do pastorado judaico-cristão. Nesse sentido, analisar o exercício pastoral à luz desse pensamento, longe da ameaça de desestabilização, é firmar o passo rumo a uma prática que dê acesso à verdade e ao exercício efetivo da liberdade, prática esta que, nós, cristãos, acreditamos ter-se realizado em Jesus de Nazaré: "Se permanecerdes na minha palavra, sereis verdadeiramente meus discípulos e conhecereis a verdade, e a verdade vos libertará" (Jo 8,31-32).

---

[5] Cf. CONGREGAÇÃO PARA A DOUTRINA DA FÉ, Instrução sobre a vocação eclesial do teólogo.

[6] Cf. ibid., n. 25: "Ainda quando a colaboração se desenvolve nas mais propícias condições, não é impossível que nasçam entre o teólogo e o Magistério certas tensões. O significado que a elas é dado e o espírito com que são encaradas não são indiferentes: se as tensões não nascem de um sentimento de hostilidade e de oposição, podem representar um fator de dinamismo e um estímulo que impele o Magistério e os teólogos a cumprirem as suas respectivas funções praticando o diálogo".

[7] Ibid., n. 8.

a) Objetos de análise: o poder e a governamentalidade pastorais à luz de Michel Foucault

Os temas do Poder Pastoral e da Governamentalidade residem na problemática do poder sobre a vida (biopoder), introduzida pela primeira vez em 1976, no curso intitulado *Em defesa da Sociedade* (*Il faut défendre la Societé*). Eles se desenvolvem, diz Michel Senellart, depois de um ano sabático, "como se a hipótese do biopoder, para se tornar verdadeiramente operacional, exigisse ser situada num marco mais amplo".[8] A reorientação dada por Foucault, ao reconstituir a gênese desse poder sobre a vida, leva-o ao desenvolvimento de dois outros cursos – *Segurança, Território e População* (1978) e *Nascimento da Biopolítica* (1979) – e a desvios que o afastam de seu objetivo inicial, isto é, do estudo dos mecanismos pelos quais a espécie humana entrou, no século XVIII, numa estratégia geral de poder.[9] Na quarta aula do curso de 1978, datada de 1º de fevereiro, Foucault começa a desenvolver uma história da governamentalidade, a partir dos primeiros séculos da era cristã, do mesmo modo que a análise das condições do *Nascimento da Biopolítica* cederá lugar à análise da governamentalidade liberal. Porém, "em ambos os casos, trata-se de lançar luz sobre as formas de experiência e de racionalidade a partir das quais se organizou, no Ocidente, o poder sobre a vida".[10]

O resumo de suas pesquisas em relação ao Poder Pastoral e à Governamentalidade foi publicado no *Annuaire d Collège de France* e republicado em *Dits et Écrits 1954-1968*. Uma síntese das ideias principais do curso de 1978 foi exposta oralmente também, em outubro de 1979, numa conferência na Universidade de Stanford, intitulada *Omnes et singulatim: uma crítica da Razão Política*, publicada em 1981 na revista da *Universidade de Utah*.

Como dissemos, o curso de 1978, *Segurança, Território e População*, teve por objeto a gênese de um saber político, com a intenção primeira de centralizar-se na noção de população e nos mecanismos capazes de assegurar sua regulação. O desenvolvimento das pesquisas levou Foucault ao estudo das técnicas de governo como fio condutor da busca dessa gênese.

Os primeiros resultados da pesquisa mostraram que seria necessário, além do aprofundamento da noção, estudar, numa sociedade dada, os procedimentos e os meios postos em ação para possibilitar o governo dos homens.

Como ele precisa no resumo, foi realizada uma primeira aproximação em relação às sociedades gregas e romanas, em meios às quais o exercício do poder político não

---

[8] SENELLART, Michel, Situação do curso, in: FOUCAULT, *Território, segurança e população*, p. 496.

[9] Cf. ibid., p. 496.

[10] Ibid.

implicava "nem o direito nem a possibilidade de um 'governo' entendido como atividade que tem por meta conduzir os indivíduos ao longo da vida colocando-os sob a autoridade de um guia responsável pelo que fazem e pelo que acontece".[11]

Ao seguir as indicações fornecidas por Paul Veyne, Foucault é levado à noção semítica de poder pastoral exercido por um soberano-pastor, por um rei ou magistrado-pastor de um rebanho humano. Inicialmente motivado pelo estudo das tradições romanas, ele já havia percebido que essa associação entre governante e pastor, à exceção de alguns textos arcaicos e de alguns poucos autores da época imperial, não era algo comum. Na tradição grega, por exemplo, o ofício do pastor é associado a uma atividade humana quando se trata de caracterizar a atividade do pedagogo, do médico, do professor de ginástica. O Estudo do *Político*, de Platão, veio a confirmar isso.[12]

Assim, conclui Foucault, a temática do poder pastoral se encontra em toda a sua amplitude no Oriente, particularmente na sociedade judaica, e seu estudo será fundamental para compreender o exercício do poder sobre a vida na sociedade atual.

É nesse quadro que aquilo que parece longínquo e anacrônico mostra-se muito próximo. Na verdade, a Razão de Estado, tão própria da modernidade, é a secularização daquilo que a concepção semítica do rei-pastor acabou por aglutinar: o poder sobre todos e cada um: *omnes et singulatim*: "Um poder que podemos chamar de 'pastoral', cujo papel é velar permanentemente pela vida de todos e de cada um, ajudá-los a melhorar seu destino".[13]

Na aula de 8 de fevereiro de 1978, Foucault aponta algumas características do poder pastoral:

a) *É um poder oblativo*: procura os meios de subsistência para a salvação do rebanho. Ele zela para que as ovelhas tenham uma alimentação abundante e adequada. Procura fazer uma distribuição justa do alimento. Nesse sentido, é que podemos falar do poder pastoral como um poder de cuidado.[14]

b) *É um poder individualizante*: pois, a exemplo do pastor que conhece cada ovelha pelo nome, ele é exercido sobre cada um, pois conhece a todos e a cada um em seus mais ínfimos detalhes. "Ele deve dar conta não somente de cada uma das ovelhas, mas de todas as suas ações, de todo o bem ou do mal que elas são suscetíveis de fazer, de tudo o que lhes acontece".[15]

---

[11] FOUCAULT, Resumo do curso, in: *Segurança, território e população*, p. 490.

[12] Cf. ibid.

[13] Ibid., p. 366.

[14] Cf. FOUCAULT, *Segurança, território e população*, p. 170.

[15] Id., Omnes et Singulatim, in: *Ditos e Escritos IV*, p. 367.

Fé cristã e autonomia de pensamento

No entanto, o poder pastoral, enquanto poder sobre todos, não se manifesta sempre de forma fulgurante e exalando superioridade. Preliminarmente, ele se manifesta na simplicidade de seu zelo, em sua dedicação sem limites e sua aplicação infinita. Ele zela e ele vela, não somente no sentido de vigilância do que pode ser feito de errado, mas, principalmente, como vigilância a propósito de tudo o que pode acontecer de nefasto. Um encargo definido de início pelo lado do fardo e da fadiga, mas que tende a estender os seus braços até a mais ínfima ação, o que configurará a chamada *sociedade de controle*, como um contraponto à sociedade disciplinar.

Em princípio, o pastorado se configura numa preocupação voltada para o outro e nunca para ele mesmo.[16] No exercício de um poder de caráter essencialmente oblativo e transicional, o pastor é o intermediário entre o rebanho e os pastos. Em suma, diz Foucault:

> A ideia de um poder pastoral é a ideia de um poder que se exerce mais sobre uma multiplicidade do que sobre um território. É um poder que guia para um objetivo e serve de intermediário rumo a esse objetivo. É, portanto, um poder finalizado, um poder finalizado sobre aqueles mesmos sobre os quais se exerce, e não sobre uma unidade de tipo, de certo modo, superior, seja ela a cidade, o território, o Estado, o soberano. É, enfim, um poder que visa ao mesmo tempo todos e cada um em sua paradoxal equivalência, e não a unidade superior formada pelo todo.[17]

Segundo Foucault, a Igreja cristã organizou o poder pastoral de uma forma ao mesmo tempo autônoma e específica e implantou seus dispositivos no coração do Império Romano. A história do pastorado demonstra que a civilização cristã foi a mais criativa, mas também a mais conquistadora, a mais arrogante e, sem dúvida, uma das mais sangrentas. A forma mais dominadora nasceu, ou pelo menos se inspirou, no modelo bucólico do pastoreio.[18]

Com isso, Foucault pretende trazer à luz como a direção e o exame de consciência, no cristianismo, acabam por se constituir em dispositivos de poder. Segundo Foucault,

> o pastorado cristão inova absolutamente ao implantar uma estrutura, uma técnica ao mesmo tempo de poder, de investigação, de exame de si e dos outros pela qual certa verdade, verdade secreta, verdade da interioridade, verdade da alma oculta, vai ser o elemento pelo qual se exercerá o poder do pastor, pelo qual se exercerá a obediência, será assegurada a relação de obediência integral, e através

---

[16]   Cf. FOUCAULT, *Segurança, território e população*, p. 171.

[17]   Ibid., p. 173.

[18]   Cf. ibid., p. 174.

43

do que passará justamente à economia dos méritos e deméritos. Por meio dela aparecem modos absolutamente específicos de individualização.[19]

Como dissemos anteriormente, o poder pastoral vai introduzir, assim, uma verdadeira economia de circulação, transferência e inversão dos méritos. No cristianismo, a virtude da humildade será a máscara da obediência pela obediência. Ser obediente para ser obediente, eis a finalidade da mestria inculcada nesta mecânica de sujeição. Ela demarcará o lugar hierárquico do indivíduo na rede de servidões. Há uma individualização por sujeição, uma produção de uma verdade interior por meio das confidências (confissão), contribuindo para o assujeitamento e não para uma construção até certo ponto livre e responsável do sujeito, ou seja, uma constituição ética de si mesmo. Identificação analítica e subjetivação assujeitada, que se dão por meio das verdades constituídas em confissão, são procedimentos de individualização utilizados pelo pastorado cristão e suas instituições no intuito de exercer o poder sobre todos e cada um.

Ora, este pensamento vai de encontro às premissas mais fundamentais da teologia que fundamenta o sacramento da penitência e da reconciliação. Nesse sentido, para aquele que constrói sua vida inspirado na proposta de Jesus e se deixa orientar pelos ensinamentos da Igreja, como forma de aplicar em sua época a mensagem evangélica, a perspectiva de Michel Foucault aparece como um entrave à "boa teologia" e algo a ser veementemente combatido.[20] *Nós, no entanto, preferimos vê-la como um desafio.* Trabalhar com o diferente, vencendo a tentação de trazer para nós o que se nos opõe, diluindo-o em nossa prática discursiva ou mesmo pastoral, é o primeiro passo para sairmos da condição de escravos e proporcionar a nós e aos que são alvos do nosso cuidado a resistência ao exercício abusivo do poder e a luta pela superação das práticas de dominação de si e dos outros. É o que diz Paul Valadier a respeito das críticas ao cristianismo desenvolvidas por outro mestre da suspeita:

> Não me parece possível nem desejável "conciliar Nietzsche e o cristianismo". Isso não é possível, porque seria ir contra as suas afirmações mais constantes e mais fundamentais; salvo deformar totalmente seu pensamento e operar "recuperações" realmente deslocadas, desrespeitosas do *pathos da distância* que exigia Nietzsche com o real, ou seja, com o pensamento de outrem. Não desejável, porque assim se procederia a esse esmagamento das diferenças que Nietzsche lastimava tanto e em que ele via um perigo da modernidade; a impossibilidade de reconhecer que se têm inimigos lhe parecia típico da mentalidade de escravo, incapaz de suportar a alteridade, sempre tentando trazê-la para si. Conciliar Nietzsche com o cristianismo consistiria, então, em dar razão a Nietzsche contra o cristia-

---

[19]   Ibid., p. 242.

[20]   Cf. JOÃO PAULO II, *Fides et Ratio*, n. 86.

nismo, pois se demonstraria que, como cristãos, nós somos incapazes de suportar a diferença, e que nós somos, então, escravos. Afirmar isso não é diabolizar Nietzsche, mas, bem ao contrário, reconhecer que, como adversário "rigoroso" do cristianismo, ele oferece ao cristão uma possibilidade de dirigir sobre si mesmo um olhar crítico e, então, de entrar eventualmente numa "metamorfose" de si, fecunda, enquanto ela lhe permite progredir em sua própria adesão ao cristianismo, livrando-se das ambiguidades ou das posições teológicas que fazem esse cristianismo perder sua credibilidade (por exemplo, um modo de fixar o homem em seu pecado para poder anunciar-lhe a salvação, o que consiste em anunciar primeiro uma "má nova", antes e como condição da "boa-nova" evangélica...).[21]

b) A duplicação como estratégia analítica para os estudos genealógicos em teologia

Foucault, diz Paul Veyne, duplicava-se para dizer a verdade.[22] Ele procurava eliminar toda interioridade ao analisar o fora tão indiferente à sua vida. Num certo sentido, ele buscava a despersonalização para poder dizer a verdade, a fim de dar a palavra apenas às coisas, tornando-se, quem sabe, um fantasma mudo, pois "é da despersonalização que sofrem também, nem sempre de maneira consistente, o etnólogo que postula a igual dignidade de todas as culturas ou o historiador disposto a atacar, se for preciso, as causas que lhe são mais caras".[23] É por isso que, em sua crítica, Foucault acabou por assumir a postura cética. Uma postura que não se reduz à visão simplista daquele que vê no cético o sujeito que não crê em nada. Seu ceticismo tem razão de ser por causa de sua postura crítica, pronta a estudar o que se esconde por entre as camadas históricas. Seu ceticismo faz dele um ser duplo, como diz Paul Veyne, à semelhança de um peixe vermelho que ora está dentro e ora fora do aquário:

> Enquanto pensa, mantém-se fora do aquário e observa os peixes que ali ficam girando. Mas (sic) como é preciso viver, ele se vê novamente no aquário, peixe ele também, para decidir que candidato terá sua voz nas próximas eleições (sem por isso dar o valor de verdade a sua decisão). O cético é a um só tempo um observador, fora do aquário que ele põe em dúvida, e um dos peixes vermelhos.[24]

É o que pretendo dizer a respeito desta análise sobre o poder e a governamentalidade pastorais, marcando as especificidades, as dificuldades e a espiritualidade do

---

[21]   VALADIER, Nietzsche, o filósofo do martelo e do crepúsculo.

[22]   Cf. VEYNE, Foucault, p. 225.

[23]   Ibid.

[24]   Ibid., pp. 10-11.

teólogo católico na aurora do século XXI. O que segue é também uma analogia. Poder-se-ia ter utilizado qualquer outra metáfora, como essa do peixe vermelho, aplicada por Paul Veyne, para melhor ilustrar não só o posicionamento como também a perspectiva analítica do teólogo que lança mão dos estudos de Foucault para abordar os objetos propriamente teológicos. Neste caso, o autor fará uso do primeiro capítulo de *As palavras e as coisas* para retratar a tensão em que se encontra o pensador no seio da Igreja, seja ele teólogo, filósofo ou representante de outro saber, na aurora do século XXI. Não perderá tempo em responder àqueles que se sentem incomodados com esse tipo de reflexão e estão sempre prontos a dizer: "A quem não está satisfeito com a instituição Igreja, a porta de saída é a serventia da casa". Tosca elaboração discursiva que lembra o velho slogan da repressão: "Brasil, ame-o ou deixe-o", desdobrando-a em "Igreja, ame-a como está, ou deixe-a". Não lhes responderá porque tem consciência de que o valor do mistério que a envolve é justamente a razão de estudar as práticas que nela se desenvolvem. Afinal, sua permanência e insistência na comunidade eclesial não se devem ao fato de que nela ressoam constantemente os ditos e as práticas de Jesus, indicando-lhe uma forma mais nobre de ser?[25] E quanto ao lançar mão do pensamento de Foucault, no exercício da crítica teológica, não se deve ao fato de perceber que por ele o cristão pode "dirigir sobre si mesmo um olhar crítico, e, então, de entrar eventualmente numa 'metamorfose' de si, fecunda, enquanto ela lhe permite progredir em sua própria adesão ao cristianismo"?[26]

Salma Tannus, no belo ensaio *Marginalização filosófica do cuidado de si*, publicado por ocasião do IV Colóquio Internacional Michel Foucault, chama a atenção para a empreitada deste autor em recuperar a temática do cuidado de si, tão própria às filosofias antigas. Ela ressalta, na análise foucaultiana, a denúncia do privilégio tão longamente concedido, no pensamento ocidental, ao conhecimento de si. Seguindo a hipótese de ordem epistemológica, denominada por Foucault de "momento cartesiano", Salma chama a atenção para a deferência que o autor de *As palavras e as coisas* presta a Descartes. Segundo ela, Foucault o toma como marco porque, para ele, não há necessidade de transformação do sujeito para que este tenha acesso à verdade. Basta que ele seja o que ele é. O acesso à verdade é aberto pela própria estrutura do sujeito.[27] A denominação "momento cartesiano" utilizada por Foucault não quer

---

[25] Ao tratar do homem europeu e da aniquilação das nações, mais particularmente dos movimentos antissemitas que pululam em sua época, Nietzsche escreve: "Características desagradáveis, até mesmo perigosas, qualquer nação, qualquer pessoa as tem; é cruel exigir que o judeu tenha de constituir uma exceção [...]. Talvez o jovem judeu da Bolsa seja a mais asquerosa de todas as invenções do gênero humano. Não obstante, eu gostaria de saber quanto se tem de desculpar, num balanço geral, a um povo que, não sem culpa de todos nós, teve, entre todos os povos, a história mais dolorosa e ao qual se deve o homem mais generoso (Cristo) (edelsten Mensch- (Christus) o homem mais nobre), o sábio mais puro (Espinoza), o livro mais poderoso e a lei moral mais eficiente do mundo" (NIETZSCHE, *Humano, demasiado humano*, n. 475.

[26] VALADIER, Nietzsche, o filósofo do martelo e do crepúsculo.

[27] Cf. TANNUS MUCHAIL, Marginalização filosófica do cuidado de si, p. 368.

dizer, no entanto, que Descartes tenha sido o primeiro, o instante fixo por meio do qual se instaurou a sobreposição do conhecimento sobre o cuidado de si, mas, antes, o representante-mor dessa atmosfera, introduzida de forma marcante no pensamento ocidental a partir do século XVI.

Ao fazer um cruzamento entre o *cogito sum* cartesiano e a "des-razão", exposta na *História da loucura*, Salma leva-nos a perceber a conjugação cartesiana entre conhecimento e ser, na evidência primeira do *cogito*. O que, no contexto da *História da loucura*, nos leva ao seguinte raciocínio: "Se sou louco, não penso; portanto, se sou louco, nem penso nem sou".[28] O resultado, já conhecemos: banida do pensamento, a des-razão será excluída socialmente na prática por meio do internamento. Notamos, assim, a soberania do sujeito e a morte epistemológica do cuidado.

No tempo das representações subjetivas, mas não da constituição do sujeito cuidadoso de si (subjetivação), a tela *As meninas*, de Velásquez, traduz o esquema próprio da *epistème* clássica: o jogo da representação reduplicada, um quadro dentro do quadro.

No horizonte desta pesquisa, o autor, embora não se furte ao jogo das representações, tem em mente o cuidado que cada cristão deve ter com suas práticas, evitando entrar no jogo da dominação. Ele tem consciência de que o resultado de seu trabalho é fruto de um pensamento que sistematiza o que o olhar detecta, o ouvido capta e o corpo sente. Sabe-se observador, mas também observado; sujeito que olha e objeto olhado. Não há quem não o tenha alertado e tentado convencê-lo da inadequação de tal empreitada, uma vez que seu pensamento, e tudo o que ele possa evocar, parece resultar numa luta insana, atraindo para si pressões, desconfortos e críticas de dois universos que, embora complementares, reclamam incessantemente sua soberania ou independência, o secular e o eclesial.

Não fazendo mais do que seguir o que pedem a razão e o coração, sua pesquisa segue a modesta pretensão de ser o *pequeno espelho* no interior do quadro, despercebido e facilmente confundido com uma das telas a adornar o aposento no qual se encontra o pintor: "Espelho desolado, pequeno retângulo brilhante que nada mais é do que visibilidade".[29] Seu propósito é tornar visível o *espetáculo* que um outro talvez já tenha percebido, mas não podido ou não querido retratar. Apossar-se dele (do espetáculo), torná-lo visível, eis seu objetivo primeiro, embora não esconda o anseio de que aquilo que é representado tenha que ser, ora potencializado ora rejeitado: potencializado, enquanto resistência à dominação; rejeitado, enquanto dispositivos que mantêm a maioria das pessoas na menoridade e tornam domesticado o sujeito de ação.

---

[28]   Ibid., p. 372.

[29]   FOUCAULT, *As palavras e as coisas*, p. 9.

A exemplo do deslocamento provocado pelo quadro, num jogo entre visibilidade e invisibilidade, sujeito que olha e ao mesmo tempo objeto olhado, a pesquisa apresenta duas realidades que, embora contrapostas, são incapazes de se posicionar sem se misturar. O pesquisador – aquele do qual emerge o discurso "sobre" algo e aquele que dá voz ao discurso "de" alguém – tratará não somente de falar "sobre" o acesso à verdade e à liberdade de pensamento, mas de falar enquanto agente cuja necessidade prática de exercer o pastoreio deve estar baseada num *discurso verdadeiro*. A reflexão teológica, nesse sentido, provoca esse deslocamento, essa desterritorialização, não por simples capricho, mas como efeito mesmo dessa visualização. Ela o faz, primeiramente, ao apresentar a realidade do que está sendo observado: a tensão em que está inserido o teólogo na estrutura eclesial, exercendo a liberdade em sua busca pela verdade. Mas, de alguma forma, busca também entrever a prática pastoral que decorre desse exercício livre do pensamento para ter acesso à verdade; em segundo lugar, ao desenhar o conjunto de instrumentos que permitem ver esse exercício não teologicamente, mas *genealogicamente*, enquanto relação tensa em meio aos dispositivos que emanam do exercício do poder, reforçando ou rejeitando os mecanismos de disciplina, de normalização e de controle. Ver a vocação do teólogo não mais a partir de uma elaboração teórica e ideal, mas em sua realidade ontológica enquanto *acontecimento*, enquanto efeito de uma série, traduzida pela *cesura do instante* que marca a pluralidade de posições e funções possíveis que pode assumir o sujeito – em nosso caso, o próprio teólogo – e na qual estão ligadas noções de regularidade, causalidade, descontinuidade, dependência, transformação.[30]

Tal qual o pintor que se distancia da tela, "com o rosto ligeiramente virado e a cabeça inclinada para o ombro", como que para melhor observar o que está sendo retratado,[31] o pesquisador se distancia de sua própria representação, ou da representação da realidade à qual pertence (a reflexão teológica com todos os conceitos e discursos que lhe são atrelados), para observar os traços e os efeitos da arte de refletir teologicamente.

Na tela de Velásquez, o pintor que se encontra na cena do quadro parece ser o único que se interessa em captar o que está fora da representação. Como diz Foucault: "O espetáculo que ele observa é, portanto, duas vezes invisível: uma vez que não é representado no espaço e no quadro, e uma vez que precisamente se situa nesse ponto cego, nesse esconderijo essencial onde nosso olhar se furta a nós mesmos no momento em que olhamos".[32]

---

[30] Cf. FOUCAULT, *A ordem do discurso*, pp. 57-58.

[31] Cf. FOUCAULT, *As palavras e as coisas*, p. 4.

[32] Ibid.

No âmbito da sistematicidade do pensamento e da pastoralidade cristãs, a reflexão teológica procurará refletir um espetáculo muitas vezes invisível às ovelhas e ao pastor: primeiramente, o propósito de levar o rebanho à salvação por meio de práticas que dominam, apequenam e sujeitam a potência singular de cada "ovelha", situando-a num plano bem diferente daquele anunciado por São Paulo à comunidade dos Gálatas: "Foi para a liberdade que Cristo nos libertou!" (Gl 5,1a); em segundo lugar, o de um exercício de pastoreio enquanto recusa de assujeitamentos, enquanto fuga dos mecanismos de controle; e, finalmente, das próprias ovelhas, gregárias, dependentes e incapazes de uma radical transformação para tornarem-se pastoras de si mesmas, num autêntico cuidado de si.[33]

A exemplo do pintor, com o rosto ligeiramente virado e a cabeça inclinada para o ombro, como que para melhor observar o que está sendo retratado, o teólogo/pastor retrai-se do seu campo de ação para analisar sua própria atividade, com as categorias analíticas e o método genealógico de Foucault. Ele o faz ciente de que tais categorias e métodos são estranhos ao ambiente eclesial e mesmo teológico, e, por isso, tem consciência das possíveis resistências internas (seus próprios valores, crenças e "ideais") e das externas (oriundas das relações e instituições que se propõe a analisar).

Em relação às resistências internas, a reflexão teológica encontra nelas um primeiro problema. A análise histórica de Foucault não admite, *a priori*, nenhum dado que determine o fenômeno que se pretende analisar, sobretudo, por razões de fé. No caso do teólogo e pensador, que já fez uma adesão de fé à prática e à pessoa de Jesus, isso não ocorre. Este é acolhido como um exemplo, uma referência em relação à qual ele se sente, se não obrigado, ao menos, por ela, constantemente interpelado. Sua revisão de vida, impulsionando-o à constituição de si, não prescinde desse referencial, mas o pressupõe. Sua criticidade, porém, o impede de repetir literalmente a prática de Jesus – pois sabe que isso seria incongruente com o dogma da encarnação e com as determinações históricas e culturais que ela pressupõe. Esse Jesus, cuja prática incessantemente o interpela, é tomado antes como inspiração ao desenvolvimento de sua própria prática, singularizada e, portanto, nada parecida com uma simples imitação.

Temos ciência de que o termo "singularidade", tão caro a Foucault, gera, se não desconfiança, ao menos estranheza no âmbito dos discursos teológicos e magisteriais (próprios do Magistério da Igreja), uma vez que ele se distancia da universalidade

---

[33] Neste sentido, como não pensar nas transformações do camelo em leão e do leão em criança contadas por Zaratustra. Como não se referir ao "pastor" vocacionado a retirar as ovelhas do rebanho, do gregário, tornando-se ele mesmo, Zaratustra, um pastor "sem discípulos", ao convidá-los a perderem-se dele (para não serem esmagados por um falso ídolo) e, portanto, a encontrarem a si mesmos. Como ele diz, "retribui-se mal ao mestre quando se torna sempre e somente discípulo" (NIETZSCHE, Da virtude dadivosa, § 3, in: *Assim falou Zaratustra*, p. 105).

dos valores e princípios caros à autoridade magisterial.[34] No entanto, ele não se coaduna também com a noção de indivíduo própria ao pensamento capitalista – em que pesa a valorização do espaço privado em detrimento do espaço público, do cuidado de si no convívio com o outro. Enfaticamente *agonístico*,[35] o conceito de "singularidade", tão ligado à constituição do sujeito e, consequentemente, ao cuidado de si, pressupõe as relações de saber e poder, que não acontecem fora do espaço público e da vivência com os outros.

Um segundo problema diz respeito ao método aplicado. Ao refletir sobre seu objeto de estudo, exercendo a liberdade na busca da verdade, o teólogo procurará se ater ao rigor de suas teorias, aplicando ao campo de análise os elementos metodológicos da *arqueologia e da genealogia* elaborados por Foucault.[36] O viés arqueológico elucida a irrupção de um acontecimento num determinado solo histórico, bem como as suas condições de possibilidade. O viés genealógico indica as relações de poder que contribuem para sua aparição como evento, *acontecimento*. Lançando mão desses dois vieses, há de se identificar os dispositivos de poder das formas discursivas e das práticas instituídas: "Como se formaram, através, apesar, ou com o apoio desses sistemas de coerção, séries de discursos; qual foi a forma específica de cada uma e

---

[34] Cf. JOÃO PAULO II, *Fides et ratio*, passim.

[35] "O poder só se exerce sobre 'sujeitos livres', enquanto 'livres' – entendendo-se por isso sujeitos individuais ou coletivos que têm diante de si um campo de possibilidade onde diversas condutas, diversas reações e diversos modos de comportamento podem acontecer [...]. Não há, portanto, um confronto entre poder e liberdade, numa relação de exclusão onde o poder se exerce, a liberdade desaparece, mas um jogo muito mais complexo [...]. Mais que um 'antagonismo' essencial, seria melhor falar de um 'agonismo', de uma relação que é, ao mesmo tempo, de incitação recíproca e de luta; trata-se, portanto, menos de uma oposição de termos que se bloqueiam mutuamente do que de uma provocação permanente" (FOUCAULT, *O sujeito e o poder*, apud RABINOW; DREYFUS, *Michel Foucault*, pp. 244-245).

[36] Apresentamos uma síntese das teses foucaultianas a respeito destes termos. Para melhor designar e precisar o que ele entende por genealogia, Foucault lança mão dos estudos genealógicos de Nietzsche, particularmente dos esboços iniciais propostos em *Humano, demasiado humano, Aurora, Gaia ciência* e, mais propriamente, na elaboração consistente de *Para a genealogia da moral* (*Zur Genealogie der Moral*). Neste último, o autor alemão não se presta a apontar a "origem" (*Ursprung*) dos valores morais, quer dizer, o que origina a moral, tal como a utilidade, por exemplo, mas o modo de identificar sua proveniência (*Herkunft*) e sua emergência (*Entstehung*). Ao genealogista da moral, não cabe criar uma teoria que apresente, de um ponto de vista fora do tempo histórico, da história efetiva (*wirkliche Historie*), a origem dos valores morais, isto é, metafisicamente ou supra-historicamente. Antes, cabe-lhe identificar as variantes, os jogos de força, os interesses e o exercício de poder que determinaram o aparecimento de uma determinada moral (cf. FOUCAULT, Nietzsche, a genealogia e a história, in: *Microfísica do poder*).
Por "arqueologia", Edgardo Castro apresenta uma primeira definição: "A arqueologia não se ocupa dos conhecimentos descritos segundo seu progresso em direção a uma objetividade, que encontraria sua expressão no presente da ciência, mas da episteme, em que os conhecimentos são abordados sem se referirem ao seu valor racional ou à sua objetividade. A arqueologia é uma história das condições históricas de possibilidade do saber [...]. A tarefa primeira da história já não consiste em interpretar o documento, determinar se ele diz a verdade ou seu valor expressivo, mas, antes, em trabalhá-lo do interior: 'Ela o organiza, o divide, o distribui, o ordena, o reparte em níveis, estabelece séries, distingue o que é pertinente e o que não é, assinala elementos, define unidades, descreve relações' (*Arqueologia do saber*)" (CASTRO, Arqueologia, in: *Vocabulário de Foucault*, pp. 40-41).

quais foram suas condições de aparição, de crescimento, de variação".[37] Posição que é privilegiada e incômoda ao mesmo tempo, uma vez que esses métodos colocam em cheque a realidade na qual o teólogo, pastor e pesquisador, está inserido. É preciso salientar que, numa empreitada como esta, lançando mão da metodologia histórica, o deslocamento e a desterritorialização são peças fundamentais. Não se trata de um complemento de perspectivas, mas de um conhecimento de caráter perspectivo, aos moldes da análise nietzschiana, fonte de inspiração para Foucault.[38]

Sendo assim, o teólogo, que lança mão das análises de Foucault para analisar as formas de exercício das práticas pastorais, se permitirá realizar sua pesquisa como um *experimento* no sentido foucaultiano, tomando para si o risco dessa empreitada. Não sabe se o que retratará, ou pensa em retratar, poderá ser retratado de fato. Se o Velásquez representado, ao voltar-se para seu quadro e tocá-lo com o pincel, depois de ter-se distanciado com o rosto ligeiramente virado e a cabeça inclinada para o ombro, não revela se inicia a representação ou se tem o cuidado de melhor delinear o que já foi representado,[39] o teólogo pesquisador também não sabe se esse objeto já irrompeu em sua efetividade ou se é representado somente na condição de objeto idealizado. Afinal, trata-se, pois, de examinar se há uma forma de reflexão teológica e pastoral que seja ou possa ser exercida *fora* dos moldes de controle e dominação dos fiéis.

O exame dessa questão é exercido como incitação à ação, uma vez que o desejo do pesquisador é que o resultado de sua pesquisa não fique no simples plano da representação. Afinal, como diz Gilles Deleuze, "pensar é, primeiramente, ver e falar, com a condição de que o olho não permaneça nas coisas e se eleve até as 'visibilidades', e de que a linguagem não fique nas palavras ou frases e se eleve até os enunciados".[40] Em consonância com Deleuze, o pesquisador tem consciência de que o "pensar é poder, isto é, estender relações de força, com a condição de compreender que as relações de força não se reduzem à violência, mas constituem ações sobre ações, ou seja,

---

[37] FOUCAULT, *A ordem do discurso*, pp. 60-61.

[38] Em *A verdade e as formas jurídicas*, Foucault faz menção ao perspectivismo nietzschiano, diferenciando-o do kantismo e das noções de limites derivados da natureza humana, do corpo humano ou da própria estrutura de conhecimento. Segundo ele, quando Nietzsche fala do caráter perspectivo do conhecimento, ele "quer designar o fato de que só há conhecimento sob a forma de certo número de atos que são diferentes entre si e múltiplos em sua essência, atos pelos quais o ser humano se apodera violentamente de certo número de coisas, reage a certo número de situações, impõe-lhes relações de força. Ou seja, o conhecimento é sempre certa relação estratégica em que o homem se encontra situado" (FOUCAULT, *A verdade e as formas jurídicas*, p. 25). Segundo Foucault, é justamente esta relação estratégica que definirá o efeito de conhecimento e o torna obrigatoriamente parcial, oblíquo, perspectivo. Em suma, o caráter perspectivo do conhecimento não deriva dos limites da natureza humana, mas do caráter polêmico e estratégico do conhecimento: "Pode-se falar do caráter perspectivo do conhecimento porque há batalha e porque o conhecimento é o efeito dessa batalha" (FOUCAULT, *A verdade e as formas jurídicas*, p. 25).

[39] Cf. DELEUZE, Conversações, pp. 119-120.

[40] Ibid.

atos, tais como incitar, induzir, desviar, facilitar ou dificultar, ampliar ou limitar, tornar mais ou menos provável. É o pensamento como estratégia".[41]

O resultado deste texto visa à ação. Sem ser ingênuo, o autor tem ao menos a esperança de que aqueles que se veem representados nos dispositivos do poder pastoral possam exercer a força, antes aplicada sobre os outros, agora voltada sobre si, curvando-a sobre si numa relação consigo mesmo, a fim de subjugar suas práticas de dominação; afinal, como diz Foucault, só "será digno de governar os outros aquele que adquiriu domínio de si".[42]

Dito isso, o teólogo/pesquisador deve se furtar a assumir o papel do visitante retratado no quadro, não nos moldes da interpretação narrada por Foucault, que revela o jogo ambíguo entre o real e o representado,[43] mas da figura simbólica daquele que não dá a entender se entra em cena – ao tomar para si as consequências do pensamento de Foucault, dobrando sobre si as forças de sua crítica – ou se sai dela, pois estava ali simplesmente para espiar (figura típica do delator, infelizmente não rara nas estruturas eclesiais e pastorais).

Finalmente, este texto não tem outra pretensão que ser o pequeno raio de luz, a exemplo daquele transpassando a janela sutilmente insinuada, a iluminar a infanta e suas damas de companhia, janela esta que se apresenta como importante abertura, rota de fuga sem a qual as cores perderiam a vida e obnubilar-se-ia a singularidade de cada imagem. Seu autor o escreve na esperança de que ele provoque, desinstale e vergue as linhas de força de quem reflete teologicamente e exerce o *diçõ* pastoral. Espera também que ele suscite um realinhamento das linhas de força por parte daqueles sobre os quais o poder que emana deste *diçõ* é exercido, a fim de que não terminem qual o cão que vê, mas não olha e, portanto, não ladra, não reage e nem se mexe.

Pensar, nesse sentido, é incitar a fazer da vida uma obra de arte.

3. Referências bibliográficas

ARENDT, Hannah. *La Condition de l'Homme Moderne*. Traduit de l'anglais par Georges Fradier. Préface de Paul Ricoeur. s.l.: Calmann-Lévy, 1988 (*The Human Condition*).

BÍBLIA DE JERUSALÉM. Nova edição revista e revisitada. São Paulo: Paulus, 2002.

CASTRO, Edgardo. *Vocabulário de Foucault*; um percurso pelos seus temas, conceitos e autores. Tradução de Ingrid Müller Xavier. Belo Horizonte: Autêntica, 2009.

---

[41] Ibid.

[42] Id., A vida como obra de arte, in: *Conversações*, pp. 140-141.

[43] Cf. TANNUS MUCHAIL, Educação e saber soberano, pp. 52-53.

CONGREGAÇÃO PARA A DOUTRINA DA FÉ. *Instrução sobre a vocação eclesial do teólogo.* São Paulo: Paulinas, 1990.

DELEUZE, Gilles. *Conversações.* Tradução de Peter Paul Béart. 6. reimpressão. São Paulo: 34, 2007.

FONSECA, Márcio Alves da. *Michel Foucault e o direito.* São Paulo: Max Limonad, 2002.

_____. *Michel Foucault e a constituição do sujeito.* São Paulo: Educ, 2003.

FOUCAULT, Michel. *A ordem do discurso.* 17. ed. Tradução de Laura Fraga de Almeida Sampaio. São Paulo: Loyola, 2008.

_____. *As palavras e as coisas.* Tradução Salma Tannus Muchail. São Paulo: Martins Fontes, 2007.

_____. *A verdade e as formas jurídicas.* Tradução de Roberto de Melo Machado e Eduardo Jardim Morais. 3. ed. 5. reimpressão. Rio de Janeiro: NAU, 2009.

_____. *Ditos e escritos IV*; estratégia poder-saber. Organização e seleção de textos: Manoel Barros da Motta. Tradução Vera Lucia Avellar Ribeiro. Rio de Janeiro: Forense Universitária, 2003.

_____. *Le courage de la vérité* ; le gouvernement de soi et des autres II. Cours au Collège de France, 1984. Paris: Gallimard & Seul, 2009.

_____. Nietzsche, a genealogia e a história. In : *Microfísica do Poder.* 6. ed. Organização, introdução e revisão técnica de Roberto Machado. Rio de Janeiro: Graal, 1986. pp. 15-37.

_____. *Segurança, território, população.* Tradução de Eduardo Brandão. São Paulo: Martins Fontes, 2008.

_____. *Vigiar e punir*; história da violência nas prisões. 33. ed. Tradução de Raquel Ramalhete. Petrópolis: Vozes, 2007.

JOÃO PAULO II. *Fides et Ratio.* São Paulo: Loyola, 1998.

NIETZSCHE, Friedrich. *Acerca da verdade e da mentira num sentido extra moral.* Tradução de Helga Hoock Quadrado. Introdução Geral de Antonio Marques. Lisboa: Relógio d'Água, 1997 (Obras Escolhidas).

_____. *Além do bem e do mal.* Tradução de Paulo César Souza. 2. ed. São Paulo, Cia. das Letras, 2001.

_____. *Assim falou Zaratustra.* Tradução de Mário da Silva. 16. ed. Rio de Janeiro: Civilização Brasileira, 2007.

_____. *Aurora.* Tradução de Rui Magalhães. Porto: RES, 1977 (Coleção Substância, n. 22).

_____. *Genealogia da moral.* Tradução, notas e posfácio: Paulo César de Souza. São Paulo: Cia. das Letras, 2001.

RABINOW, Paul; DREYFUS, Hubert. *Michel Foucault*; uma trajetória filosófica. Rio de Janeiro: Forense Universitária, 1995.

TANNUS MUCHAIL, Salma. Marginalização filosófica do cuidado de si. In: MUNIZ DE ALBUQUERQUE JR, Durval; VEIGA-NETO, Alfredo; SOUZA FILHO, Alípio (orgs.). *Cartografias de Foucault*. Belo Horizonte: Autêntica, 2008 (Coleção Estudos Foucaultianos).

_____. Educação e saber soberano. In: *Foucault simplesmente*; textos reunidos. São Paulo: Loyola, 2004.

VALADIER, Paul. Nietzsche, o filósofo do martelo e do crepúsculo. *On line*, São Leopoldo, ano IV, n. 127, 13 de dezembro de 2004. Disponível em: <diç://di.unisinos.br/ihuonline/uploads/dições/1158266308.88word.doc>. Acesso em 20 de maio de 2010.

VEYNE, Paul. *Foucault*; seu pensamento, sua pessoa. Tradução de Marcelo Jacques de Morais. Rio de Janeiro: Civilização Brasileira, 2001.

CAPÍTULO III

O nascimento da fé cristã em terra brasileira: um olhar para o período colonial[1]

Ney de Souza

1. Discurso teológico no Brasil colonial: uma introdução

Hannah Arendt, em seu conhecido texto *A condição humana*, refletindo sobre a Ação, cita como epígrafe do seu capítulo um texto da escritora dinamarquesa Karen von Blixen-Finecke, que usava o pseudônimo Isak Dinesen, com a seguinte afirmação: *Todas as mágoas são suportáveis quando fazemos delas uma história ou contamos uma história a seu respeito.* Como os gregos ensinavam, a afirmativa sinaliza para a natureza poética da narrativa histórica, associada à memória, e a categoria tempo como suas matérias-primas essenciais. Aponta de maneira importante para as recaídas constantes, próprias do ser humano, às tentações do esquecimento. *Os poetas e os historiadores conferem fama imortal aos feitos e palavras na tentativa de superar as investidas do esquecimento, a inexorabilidade da morte, as angústias do efêmero e o fascínio pela imortalidade.*[2] Ao retratar a temática proposta nesta pesquisa, é desejo do historiador lembrar para nunca esquecer.

Um dos objetivos deste estudo é, partindo do tempo presente, buscar as raízes da teologia católica no Brasil. Esse discurso sobre Deus é um dos elementos de grande importância na formação da sociedade colonial brasileira e seus desdobramentos

---

[1] Este texto é parte do pós-doutorado que o autor realiza na PUC-Rio, acompanhado pelo Prof. Dr. Mário de França Miranda.

[2] SIQUEIRA, *Os padres e a teologia da ilustração*, p. 25.

para a atualidade. Sociedade que em seu processo de continuidade herdará as alianças realizadas no passado. No Brasil, neste início do século XXI, constata-se uma profusão de elementos religiosos que modelam o imaginário e influenciam o comportamento dos fiéis e da população em geral. A grande maioria destes fatores que determina a ação das pessoas tem origem na fé cristã. Daí a importância de revisitar os primórdios da colonização e buscar os conceitos doutrinais que levaram à elaboração da teologia colonial. Assim, compreender-se-á melhor o tempo presente e, conscientemente, será possível assumir posturas de continuidade ou descontinuidade com o passado.

Na primeira parte deste texto, serão apresentados, em síntese, alguns aspectos da Escolástica, escola filosófica de grande importância para a teologia medieval e, por consequência, para a teologia colonial. Em seguida, de maneira introdutória são nomeados importantes elementos da instituição católica que foram vitais na colonização do Brasil. Na parte seguinte serão analisadas diversas teologias coloniais, tendo a Cristandade como seu grande pano de fundo.

2. Escolástica: raiz da teologia colonial

A Escolástica tem tanto um significado mais limitado, ao se referir às disciplinas ministradas nas escolas medievais – o trívio: gramática, retórica e dialética; e o quadrívio: aritmética, geometria, astronomia e música –, quanto uma conotação mais ampla, ao se reportar à linha filosófica adotada pela Igreja na Idade Média. Esta modalidade de pensamento era essencialmente cristã e procurava respostas que justificassem a fé na doutrina ensinada pelo clero, guardião das verdades espirituais.

Esta escola filosófica vigora do princípio do século IX até o final do século XVI, que representou o declínio da era medieval. A Escolástica é o resultado de estudos mais profundos da arte dialética, a radicalização desta prática. No começo, seus ensinamentos eram disseminados nas catedrais e monastérios; posteriormente eles se estenderam às Universidades.

A filosofia da Antiguidade Clássica ganha então contornos judaico-cristãos, já esboçados a partir do século V, quando se sentiu a urgência de mergulhar mais fundo em uma cultura espiritual que estava se desenvolvendo rapidamente, para assim imprimir a estes princípios religiosos um caráter filosófico, inserindo o cristianismo no âmbito da filosofia. Dessas tentativas de racionalização do pensamento cristão surgiram os dogmas católicos, os quais infiltraram na mentalidade clássica dos gregos conceitos como "providência", "revelação divina", "Criação proveniente do nada", entre outros.

Os escolásticos tentam harmonizar ideais platônicos com fatores de natureza espiritual, à luz do cristianismo vigente no Ocidente. Mesmo depois, quando

Aristóteles, discípulo de Platão, é contemplado no pensamento cristão através de Tomás de Aquino, o neoplatonismo adotado pela Igreja é preservado. Assim, a escolástica será permanentemente atravessada por dois universos distintos – a fé herdada da mentalidade platônica e a razão aristotélica.

Santo Agostinho, mais tradicional, clama por um predomínio da fé, em detrimento da razão, ao passo que São Tomás de Aquino acredita na independência da esfera racional no momento de buscar as respostas mais apropriadas, embora não rejeite a prioridade da fé com relação à razão.

O método adotado pela Escolástica se traduz através do *ensino*, fundamentado na *lectio* – o mestre domina a palavra – e na *disputatio* – debate livre entre o professor e seu discípulo –; e nas formas literárias – entre elas predominam os comentários, nascidos da *lectio*, dos quais se originam as *Summas*, que permitem ao autor se ver um pouco mais livre dos textos; e as *quaestiones*, vindas à luz por meio da *disputatio*. Uma das *Summas* mais renomadas é a *Summa Theologica* de São Tomás. A *Opuscula* também é livremente usada pelos escolásticos, representando um caminho mais autônomo para se abordar uma questão.

A Escolástica foi profundamente influenciada pela *Bíblia Sagrada*, pelos filósofos da Antiguidade e também pelos Padres da Igreja, escritores do primeiro período do cristianismo oficial, que detinham o domínio da fé e da santidade. Como foi dito antes, dois grandes filósofos predominaram nesta escola, o africano Agostinho de Hipona e o italiano Tomás de Aquino. Este pensamento está na raiz da teologia lusitana que será implantada no Brasil colonial.

3. Padroado e a evangelização do Brasil[3]

A Igreja do Brasil esteve sujeita durante quase quatro séculos aos chamados direitos do Padroado. Com a criação do bispado de São Salvador da Bahia através da bula *Super specula militantis Ecclesiae*[4] do Papa Júlio III, de 25 de fevereiro de 1551, introduz-se no Brasil português o regime de privilégios seculares e espirituais concedidos pelo papado à Coroa portuguesa como patrono das missões católicas e instituições eclesiásticas na África, Ásia e Brasil.[5] Nesta bula é discriminado um duplo padroado: o da apresentação do bispo para a diocese de Salvador, competindo ao rei como rei, e o padroado dos benefícios menores, cabendo ao soberano como Grão- -Mestre da Ordem de Cristo. O documento também declara que todos os benefícios

---

[3] SOUZA, Os caminhos do Padroado na evangelização do Brasil, pp. 683-694.

[4] Bullarium Patronatus Portugalliae, I, pp. 177-179; HERNÁEZ, *Colección de bulas, breves y otros documentos relativos a la Iglesia de América y Filipinas*, II, pp. 676-678.

[5] SILVA REGO, Padroado, pp. 1035-1037; HOORNAERT, As relações entre Igreja e Estado na Bahia Colonial, p. 277; NEVES, Padroado, pp. 605-607; AZZI, R. *A cristandade colonial*, I, p. 21.

da Diocese devem ser dotados com as rendas dos dízimos que aí há de receber a Ordem de Cristo; e que na falta deles o rei deverá dotá-los com as rendas do Estado. Um organismo importante do padroado português foi a *Mesa da Consciência e Ordens*, que funcionava como uma espécie de departamento religioso do Estado.[6]

Para uma melhor administração política e religiosa das colônias, o governo português instituiu a *Mesa da Consciência e Ordens*[7] e o Conselho Ultramarino.[8] Faz-se necessário frisar que durante o período colonial o Padroado constituiu uma concessão feita livremente pelos papas aos reis de Portugal. Portanto, a evangelização da Igreja da Colônia está intimamente ligada aos padrões culturais portugueses e dentro dos interesses políticos da Metrópole. Na prática, o que existia não era apenas a união de Igreja e Estado, mas a dependência da Igreja em relação ao Estado.

Os membros do clero secular iam para as missões, entre estas o Brasil, com um projeto específico: manter a fé dos lusitanos e trabalhar para a evangelização dos indígenas. Ao mesmo tempo, iam a serviço da Coroa, sendo funcionários desta, pois recebiam do Estado a sua remuneração. Ainda se reforça a ideia de que a Igreja colonial está sob o controle imediato da Coroa, salvo em assuntos referentes ao dogma e doutrina.[9] Por essa razão, os bispos deveriam atuar sempre como súditos fiéis da monarquia lusitana. A hierarquia católica deveria transmitir a fé e zelar pela sua ortodoxia, e ao mesmo tempo garantir através da religião a fidelidade política dos súditos. Os missionários estavam a serviço das duas majestades: Igreja e Coroa. A religião era um instrumento para a manutenção da ordem pública. A situação do Brasil[10] português era que o bispo, subordinado à Coroa, vivia arrastado por esta a apoiar e legitimar a arbitrariedade dos conquistadores.[11] Havia muitos inconvenientes da situação de dependência da Igreja colonial.[12]

---

[6]   DESLANDRES, Le christianisme dans le monde, p. 619.

[7]   Corpo Diplomático Português, X, Lisboa 1891, pp. 129, 243; MAURICIO, Mesa, pp. 415-417; NEVES, Mesa da Consciência e Ordens, pp. 539-540.

[8]   SANTOS, Conselho Ultramarino, pp. 203-206.

[9]   BOXER, *A Igreja e a expansão Ibérica*, p. 100; AZEVEDO, *As Cruzadas Inacabadas*, p. 45; AZZI, *A cristandade colonial*, p. 26.

[10] SOUZA, Um panorama da Igreja católica no Brasil (1707-1808), pp. 9-37.

[11] AZEVEDO, *Igreja e Estado em tensão e crise*, pp. 48-49.

[12] "Por efeito do Padroado, a Igreja não gozou nunca, no Brasil, de independência e autonomia. Os negócios eclesiásticos da Colônia estiveram inteiramente nas mãos do Rei, que deles se ocupava através do departamento de sua administração, a Mesa da Consciência e Ordens. Mas a Igreja de Roma exerceu sobre eles uma influência indireta e decisiva através da preponderância de que gozou por muito tempo na corte portuguesa a Companhia de Jesus, que teve no reino, até à época de Pombal, enfeudado a si e ao papa. Depois da expulsão dos Jesuítas (1759), desaparece aquela influência, e o clero e negócios eclesiásticos do Brasil ficam inteiramente entregues ao poder do soberano da coroa" (PRADO JÚNIOR, *Formação do Brasil contemporâneo*, pp. 330-331).

a) Jesuítas no período colonial

Uma das mais importantes contribuições que marcaram o Brasil-Colônia é aquela vinda da Companhia de Jesus. Os jesuítas, privilegiados na Corte portuguesa, não tiveram dificuldades em se deslocar para o Brasil, onde exerceram o papel de mestres, catequistas, defensores dos indígenas e organizadores das missões. Os missionários jesuítas foram os que mais se destacaram na história da primeira evangelização no Brasil. Influenciaram muito a formação cristã do Brasil.

Os primeiros jesuítas, entre eles Manuel da Nóbrega, chegaram ao Brasil com Tomé de Souza. Naquele momento, a Igreja Católica buscava a conversão de populações americanas com a finalidade de ampliar a fé católica abalada pela Reforma protestante iniciada por Lutero no continente europeu.

Com tal intuito, a Companhia de Jesus começou na Colônia o trabalho de catequese e ensino. Inúmeros colégios onde se ministrava o ensino gratuito e público foram fundados no Brasil. Para tanto foram auxiliados financeiramente pelo governo português.

Nos colégios os cursos eram organizados em classes inferiores e superiores. Havia cinco classes inferiores: uma de retórica, uma de humanidades e três de gramática. Nas classes inferiores, o ensino durava de cinco a seis anos. Nas classes superiores faziam-se os estudos de filosofia, que abrangia matemática, moral, física, metafísica e lógica. O ensino superior era proibido na Colônia. Quem quisesse uma formação universitária tinha de ir estudar em universidades europeias.

Cabia também aos jesuítas o papel de guardiões da moral, e o de manter os colonos em permanente obediência à fé católica. Esta ação moralizadora, contudo, não impediu os desmandos e a liberalidade dos colonos. Por três vezes Portugal enviou os Visitadores do Santo Ofício da Inquisição ao Brasil, duas no século XVI e uma no século XVIII.

Os missionários da Companhia de Jesus trabalharam por todo o Brasil. A unidade da ordem serviu como ponte de referência para a Igreja do Brasil. A Igreja tinha uma enorme deficiência na sua unidade. O padroado esvaziava completamente a autoridade do bispo.

No primeiro momento da evangelização, os jesuítas foram apoiados plenamente pela Coroa portuguesa, mas passados dois séculos não mais pensava assim o Marquês de Pombal. Os jesuítas, que foram considerados elementos indispensáveis no projeto colonial, com a nova situação passam a ser elementos indesejáveis. Em 1759 foram expulsos da Colônia por obra do primeiro-ministro português, Pombal.

Qual o pensamento e discurso sobre Deus que embalou este período colonial? Quais eram as justificativas religiosas usadas para assumir uma e não outra postura? Houve mudança de pensamento e de práticas durante a Colônia? O item a seguir estuda o discurso sobre Deus no Brasil-Colônia, ou seja, a teologia. Será a ciência teológica que conduzirá a mentalidade e os comportamentos dos evangelizadores na sua missão de converter a população e levá-la à fé católica. Será essa uma teologia elaborada a partir do contexto colonial? Ou será um pensamento elaborado dentro da cultura europeia e implantado no Brasil?

4. Discurso sobre Deus no Brasil-Colônia: a teologia

Para compreender as práticas missionárias na Colônia, faz-se necessário revisitar a Escolástica e a Cristandade medieval. A Escolástica, vista anteriormente, foi a filosofia que embasou a Cristandade medieval.

Entende-se Cristandade por um sistema de relações da Igreja e do Estado (ou qualquer outra forma de poder político) numa determinada sociedade e cultura. Ela perdura até praticamente a Revolução Francesa (1789), com várias modalidades dentro desse processo através dos séculos. Na história do cristianismo, o sistema iniciou-se por ocasião da *Pax Ecclesiae* em 313 (paz concedida pelo imperador Constantino à Grande Igreja), com o Edito de Milão (que põe fim às perseguições) e deu origem à primeira modalidade de Cristandade, dita "constantiniana", a qual se apresenta como um sistema único de poder e legitimação da Igreja e do Império Tardo-Romano. As características gerais desta modalidade "constantiniana" são, entre outras, o cristianismo apresentar-se como uma religião de Estado, obrigatória, portanto, para todos os súditos; a relação particular da Igreja e do Estado dar-se num regime de união; a religião cristã tender a manifestar-se como uma religião de unanimidade, multifuncional e polivalente; o código religioso cristão, considerado como o único oficial, ser, todavia, diferentemente apropriado pelos vários grupos sociais, pelos letrados e iletrados, pelo clero e leigos.

A Cristandade medieval ocidental é, em certa medida, a continuadora da Cristandade antiga, a do "Império Cristão" dos séculos IV e V. No contexto medieval, acentuou-se muito mais a situação de unanimidade e conformismo, obtida por um consenso social homogeneizador e normatizador, consenso este favorecido pela constituição progressiva de uma vasta rede paroquial e clerical. As instituições todas tendiam, pois, a apresentar um caráter sacral e oficialmente cristão. Sabe-se que nela predominou, em geral, a tutela do clero. Não, todavia, durante os séculos IX e X, quando a tutela dos leigos sobre as instituições eclesiais a levou à sua feudalização, o que provocou, a partir do século XI, o grito dos reformadores, sobretudo eclesiásticos: *libertas Ecclesiae*. Ocorreu então a reforma "gregoriana", no século XI, que operou a síntese de uma reforma na e da Igreja, de uma reforma *caput et membris*.

Compreender a estrutura da Cristandade medieval portuguesa e suas peculiaridades eclesiais ao ser transplantada para a colonia brasileira no século XVI é compreender esse discurso sobre Deus, ou seja, as diversas teologias coloniais.

Thales de Azevedo destaca a importância da atuação portuguesa na Colônia brasileira com estas palavras:

> Conquanto já presente e atuante noutros continentes, na África e na Ásia, é neste que Portugal tem ocasião de exercer irrestrita soberania, e, pois, de introduzir instituições e normas de ocupação em que sua vocação imperialista e apostólica se exerce de modo pleno e por maneira própria, sem a oposição de outras sociedades ou a ingerência de concorrentes.[13]

a) A Teologia da Cristandade: o alicerce

A teologia que será o pano de fundo de todas as teologias coloniais é a da Cristandade.[14] Teologia da Cristandade é o mesmo que Estado Lusitano Católico. Fora dos princípios culturais do Estado português não é possível a existência ou florescimento de teologia e de salvação.

Portugal é compreendido pelos pensadores deste período como a reviviscência do reino de Israel. Assim como o povo hebreu foi predestinado por Deus como portador de salvação, os portugueses passam a ser considerados como o povo eleito por Deus para ser sua nova presença salvífica no mundo. Da mesma forma que acontecera com Israel, as vicissitudes políticas e comerciais dos portugueses serão vistas como sendo manifestações da presença e vontade de Deus. Dentro dessa dinâmica, as conquistas das terras por parte dos portugueses eram legitimadas como expressão de um desígnio de Deus em prol da edificação da Cristandade.

Tendo por pressuposto essa definição de que o reino português é o lugar de salvação, a ação missionária era concebida como um instrumento necessário e eficaz para trazer as populações indígenas à aceitação da cultura portuguesa. Nesse sentido, *ser cristão* para os índios ou para os negros trazidos para o Brasil significava abandonar na integralidade sua cultura e aderir aos novos valores, usos e costumes da civilização portuguesa.

A sujeição indígena era estabelecida como pressuposto necessário para a evangelização. Desse modo, a fé não constituía uma opção livre, mas era uma imposição exigida pelo próprio modelo eclesial de Cristandade.

---

[13] AZEVEDO, *Igreja e Estado em tensão e crise*, p. 17.

[14] AZZI, *A teologia católica na formação da sociedade colonial brasileira*.

b) A Teologia da Guerra Santa

Um desdobramento desta Teologia da Cristandade é a que pode ser denominada de "Teologia da Guerra Santa". Dentro dos princípios da Teologia da Cristandade era pacífica a aceitação do princípio da guerra santa. Assim, tanto as guerras contra os indígenas para a conquista do território, como as sucessivas guerras para a expulsão dos franceses e holandeses, assumem sempre uma tônica de cruzada ou guerra santa. Neste contexto, os indígenas eram considerados mouros ou gentios, inimigos da fé; e os franceses e holandeses vistos como hereges calvinistas ou luteranos. Derrotá--los e expulsá-los era para os portugueses uma missão política e religiosa ao mesmo tempo.

No início da colonização houve um esforço por parte dos jesuítas para respeitar e valorizar diversos elementos da cultura indígena. Esse movimento foi logo sufocado pela ação do primeiro bispo, Dom Pedro Sardinha, tudo em nome da ortodoxia católica. De acordo com o bispo, os missionários tinham vindo não para fazer dos portugueses gentios, mas sim para transformar os indígenas em cristãos, ou seja, integrá-los na cultura portuguesa. O projeto político e econômico da Coroa portuguesa passa a ser sublimado e justificado em nome da fé cristã. Portanto, nesta e em outras atitudes é possível constatar a mentalidade e comportamento da perspectiva medieval da conquista do território e culturas para a fé católica. Os projetos coloniais eram distintos, mas complementares: a conversão dos indígenas e a ocupação do território. Na conquista, colonização, expansão do Império Português estão entrelaçados os interesses políticos, econômicos e religiosos. É necessário evangelizar aqueles que não têm as três letras principais do alfabeto: sem F (fé), sem L (lei) e sem R (rei).

Como afirma Riolando Azzi, o cristianizar neste momento significava concretamente transplantar para o Brasil o domínio e a cultura do reino lusitano.[15]

Ao findar uma guerra, a sobrevivência indígena estava condicionada à aceitação da catequese e da conversão à fé católica. Em São Paulo, no ano de 1562 houve uma sublevação indígena contra a aldeia de Piratininga.[16] Os jesuítas com uma parte dos indígenas que se mantiveram como seus aliados conseguiram a vitória. Anchieta comentou o episódio:

> Esta guerra foi causa de muito bem para nossos antigos discípulos, os quais são agora forçados pela necessidade a deixar todas as suas habitações em que se haviam espargido, e recolherem-se todos a Piratininga, que eles mesmos cercaram

---

[15]   Id., A teologia no Brasil, p. 23.

[16]   SOUZA, *Catolicismo em São Paulo.*

agora de novo com os portugueses, e está segura de todo o embate, e desta maneira podem ser ensinados nas coisas da fé, como agora se faz.[17]

c) A Teologia do Desterro e da escravidão

A Teologia da Cristandade era estritamente veiculada pela Igreja hierárquica e por clérigos vinculados diretamente à Coroa portuguesa. Os religiosos, entretanto, difundiam por toda a colônia uma teologia ascética e espiritual que pode ser designada adequadamente como Teologia do Desterro.

Essa teologia também era uma herança do mundo medieval, e tinha como fundamento principal a tradição monacal de fuga ou desprezo do mundo, *contemptus mundi*, bem como a concepção filosófico-teológica do agostinismo platônico. A ênfase era dada à doutrina do pecado original, sendo a terra considerada como o lugar de desterro ou de castigo pelo pecado dos primeiros pais.

A oração medieval "Salve Rainha" (*Salve Regina*) traduz bem o espírito desta teologia. A situação da humanidade na terra é dos *degredados filhos de Eva*. Lugar de exílio, a vida do mundo reduz-se principalmente à saudade, ao sofrimento e ao pranto: *gemendo e chorando neste vale de lágrimas*.

A vida presente não tem significado algum próprio. É apenas um tempo de espera para a volta à eternidade, à verdadeira vida. Não se trata de construir aqui alguma coisa, mas apenas de aguardar em espírito de oração o momento do retorno à pátria perdida: *e depois deste desterro, mostrai-nos Jesus...*

Era uma visão totalmente negativa da realidade e aceita no período colonial de maneira pacífica, pois de forma alguma se contrapunha ao sistema colonial. Ao contrário, chegava de certo modo até mesmo a justificá-lo. Afirmava-se que as situações injustas no mundo eram simplesmente fruto do pecado original. Cada um devia aceitar a sorte que lhe cabia, sem pretender mudar a vontade de Deus.

O jesuíta Jorge Benci, em obra publicada em 1705, afirma que a escravidão e o cativeiro eram uma consequência do pecado original.[18] As causas últimas da injustiça no mundo são atribuídas à fase anterior do Paraíso Terrestre. Alguns moralistas afirmavam que a escravidão não era apenas um castigo do pecado original, mas era um meio eficiente de conversão à fé cristã.

No século XVI, diversos jesuítas haviam aceitado a ideia de reduzir indígenas à servidão como meio eficaz de facilitar a sua conversão. No *Compêndio narrativo do*

---

[17] ANCHIETA, *Cartas avulsas, fragmentos históricos e sermões*, p. 196.

[18] BENCI, *Economia cristã dos senhores no governo os escravos*, p. 77.

Peregrino da América, publicado em 1728, Nuno Marques Pereira enfatiza essa ideia com relação aos africanos.[19]

Nuno Marques Pereira é hoje um desconhecido, mas não o foi no século XVIII, quando sua obra, citada anteriormente, teve cinco edições (1728, 1731, 1752, 1760, 1765). O livro é importante para se compreender a mentalidade do colono da América Portuguesa e o ideal que o governo português tinha para este seu território. O autor afirma que os negros, vivendo nas trevas da gentilidade, tiveram o privilégio de ser transferidos para terras católicas:

> Porque, para os que vivem nas trevas da gentilidade, costuma a Divina Providência usar de sua misericórdia para com eles, mandando-os alumiar com a luz da fé, pelos operários do santo Evangelho.
>
> E também permite sua Divina Misericórdia que muitos destes gentios sejam trazidos às terras dos católicos, para os ensinarem e doutrinarem, e lhes tirarem os ritos gentílicos, que lá tinham aprendido com seus pais.
>
> Também é certo que, por direito especial de uma bula do Sumo Pontífice, permitiu que eles fossem cativos, com o pretexto de serem trazidos à nossa fé católica, tirando-lhes todos os ritos e superstições gentílicas, e ensinando-lhes a doutrina cristã, o que se não poderia fazer, se sobre esses não tivéssemos domínio.[20]

A escravidão era considerada não só legítima, mas também sacralizada, pois representava um componente da própria Cristandade.

d) A teologia e o imaginário da morte nos tempos coloniais

Ao aproximarem-se da morte, os indivíduos procuravam sempre um consolo, exigindo a presença de um padre, que cobrava pelos serviços prestados. Dentro deste contexto, era importante o papel desempenhado pelas confrarias na assistência junto aos morrentes, pois os irmãos costumavam acompanhar o sacerdote que se dirigia à casa de um doente para lhe levar o viático. A extensão territorial era enorme. A população espalhada pelos sertões se queixava amargamente da falta de padres que as atendessem à hora da morte. Os habitantes destes interiores pediam que se pusesse cura em todos os lugares "para se não experimentar as faltas que até o presente se experimenta de morrer os povos sem os sacramentos necessários".[21] Para os católicos era necessário preparar-se para a morte. Temia-se uma morte inesperada, de surpresa, violenta. Em 1777, em Vila Boa, Capitania de Goiás, um "homem bastardo" foi

---

[19]   PEREIRA, *Moralistas do século XVIII*, pp. 25-26.

[20]   PEREIRA, *Compêndio narrativo do peregrino da América*, v. 1, p. 146.

[21]   ANRJ (Arquivo Nacional do Rio de Janeiro), Desembargo do Paço, 194, pacote 3.

O nascimento da fé cristã em terra brasileira

lançado à cadeia pública por carregar consigo uma hóstia consagrada, retirada da sua boca por ocasião da comunhão pascal. Trabalhava na roça, tirando desta o seu sustento, vivia como agregado. Alguns vaqueiros que por ali passaram o convenceram de que a partícula o livraria "de mortes súbitas, de tiros, de maus sucessos, como morrer afogado e sem confissão".[22] É necessário relatar que aconteciam casos contrários ao anterior, como por exemplo, o ocorrido em São Paulo no ano de 1778 com Antônio da Costa Serra. Este, gravemente enfermo, não quisera que lhe administrassem os sacramentos e, quando alguém lhe aconselhava a confissão, "respondia muitos despropósitos e blasfêmias". Tal atitude não poderia ser justificada como "delírio da doença", pois achando-se são e prosseguindo o seu negócio, continuava a proferir "as mesmas e mais horrorosas proposições com publicidade e escândalo da religião".[23]

Os testamentos que são verdadeiros "passaportes para o céu" são também uma das melhores fontes para conhecer a mentalidade que se tinha, neste período, sobre a morte. A partir desta afirmação é possível constatar que o medo da morte, ou ainda, o medo de que a alma se perdesse eternamente nas chamas do inferno diminuiu no final do século XVIII e início do século XIX. As intenções de missas pelas almas diminuíram, e também aconteceu um considerável desprendimento em relação às pompas fúnebres. Assim aconteceu com Luís Paulino de Oliveira Pinto da França, que, em seu testamento de 1821, redigido em Salvador na Bahia, afirmava:

> Não quero que se façam honras fúnebres pomposas nem ofícios, nem armações de casa e igreja, e determino que o meu cadáver seja envolto num lençol ou pano pobre que testemunhe bem a humildade que devemos ter diante de Deus, o nada que somos. Quero que os pobres conduzam o meu cadáver à sepultura, que será na freguesia onde eu falecer, a cujo pároco deixo uma esmola de 4$000 réis para dizer missa por mim e meus ascendentes (Cartas Baianas, 1980: 167-168).

Em 1779, na cidade de São Paulo, Dona Francisca Paes de Lira decidiu no seu testamento, conforme era o costume das irmandades, que

> meu corpo será sepultado na igreja de Nossa Senhora da Piedade, ou na sepultura de minha mãe ou na de meu marido, amortalhado com o hábito de Nossa Senhora do Carmo, na tumba ou esquife da irmandade do Santíssimo Sacramento pelo privilégio que tem da santa irmandade como dona viúva.[24]

Na vila de Guaratinguetá, Capitania de São Paulo, onde não havia Misericórdia (instituição que nas cidades possuía o monopólio do transporte dos defuntos para

---

[22]   ANTT (Arquivo Nacional da Torre do Tombo), Inquisição de Lisboa, 2 779.

[23]   ANTT, Inquisição de Lisboa, 6 009.

[24]   AESP (Arquivo do Estado de São Paulo), Ordem 456, lata 2, livro, 4, f. 4v.

o local de sepultamento), Dona Francisca não era propriamente irmã, mas como viúva de um irmão podia usufruir os serviços da irmandade. Também Catarina da Assunção, moradora na mesma vila, quis os serviços da irmandade do Santíssimo Sacramento, de que o seu defunto marido fora irmão.[25] No ano de 1801, uma moradora da vila de Sorocaba, Capitania de São Paulo, que era filiada a duas irmandades, distribuiu os serviços fúnebres a ambas: uma fornecia o transporte e a outra a mortalha e a sepultura:

> Ordeno que meu corpo seja sepultado na igreja matriz nas sepulturas de Nossa Senhora das Dores, de quem sou indigna irmã, e amortalhado em túnica competente à mesma irmandade, acompanhado pelas irmandades de Nossa Senhora das Dores e das Almas, de quem também sou irmã, e por isso quero que seja meu corpo carregado na tumba das Almas.[26]

No final do período colonial, papel idêntico desempenharam as Ordens Terceiras na prestação dos serviços funerários. Na cidade de São Paulo, no ano de 1779, Maria de Lara Bonilha quis ser sepultada na capela da Ordem Terceira do Monte do Carmo e amortalhada com o hábito desta, sem dispensar o acompanhamento da irmandade do Senhor dos Passos.[27] Em 1783, Joana Lopes de Oliveira exprimiu o seu desejo: "Ordeno que meu corpo seja sepultado na capela da minha venerável ordem terceira de Nossa Senhora do Carmo, em hábito inteiro da mesma".[28] Desejo idêntico foi o de Ana Maria Mendes, que afirmou em seu testamento: "Meu corpo será sepultado na minha universal Ordem Terceira da Penitência de meu seráfico padre São Francisco em cuja ordem sou irmã terceira professa, e amortalhado o meu corpo no hábito da mesma religião".[29] Numa das povoações mais ricas da Capitania de São Paulo, Itu, Dona Inácia Góis de Arruda, viúva de um sargento-mor, em 1797, determinou que seu sepultamento fosse na igreja de Nossa Senhora do Carmo, devendo ser amortalhada com o hábito da ordem, indicando uma diferença entre as camadas mais opulentas da sociedade em relação às irmandades.[30]

A conclusão é que desde o início do período colonial o altar esteve unido ao trono através do regime político do padroado. Por consequência, a teologia colonial é uma reprodução da cultura lusitana. Assim, a formação católica da sociedade brasileira é realizada dentro de uma inspiração e tradição teológica medieval, tendo por base a noção de Cristandade. Reino temporal e reino espiritual eram apresentados como

---

[25] AESP, Ordem 456, lata 2, livro, 5, f. 104v.

[26] AESP, Ordem 456, lata 2, livro, 6, f. 46v.

[27] AESP, Ordem 456, lata 2, livro, 5, f. 64.

[28] AESP, Ordem 456, lata 2, livro 4, f. 48v.

[29] AESP, Ordem 456, lata 2, livro 4, f. 54.

[30] AESP, Ordem 456, lata 2, livro 6, f. 93v.

instituições que deveriam permanecer unidas. Durante esse período, pode-se afirmar que toda a construção da teologia católica se faz a partir da cultura lusitana, considerada uma verdadeira expressão da própria instituição católica.

5. Referências bibliográficas

AMARAL LAPA, Jose Roberto. *O sistema colonial*. São Paulo: Ática, 1991.

ANCHIETA, José. *Cartas avulsas, fragmentos históricos e sermões*. Belo Horizonte: Itatiaia, 1988.

ANTONIL, André João. *Cultura e opulência no Brasil*. Belo Horizonte: Itatiaia, 1982.

AZEVEDO, I. B. de. *As Cruzadas Inacabadas*. Rio de Janeiro: Rio Gêmeos, 1980.

AZEVEDO, Thales de. *Igreja e Estado em tensão e crise*. São Paulo: Ática, 1978.

AZZI, Riolando. *A cristandade colonial*; um projeto autoritário. História do pensamento católico no Brasil. I. São Paulo: Paulinas, 1987.

_____. As romarias no Brasil. *Revista de Cultura Vozes* 4 (1979) 281-282.

_____. *A teologia católica na formação da sociedade colonial brasileira*. Petrópolis: Vozes, 2004.

_____. A teologia no Brasil. Considerações históricas. In: PONTIFÍCIA FACULDADE DE TEOLOGIA NOSSA SENHORA DA ASSUNÇÃO. *História da teologia na América Latina*. São Paulo: Paulinas, 1985.

_____. *O discurso da dominação colonial*. São Paulo: Paulinas, 2001.

_____; GRIJP, Klaus van der. *História da Igreja no Brasil*; ensaio de interpretação a partir do povo. Tomo II/3-2, terceira época – 1930-1964. Petrópolis: Vozes, 2008.

BENCI, Jorge. *Economia cristã dos senhores no governo dos escravos*. São Paulo: Grijalbo, 1977.

BOXER, C. *A Igreja e a expansão Ibérica*. Lisboa: Edições 70, 1989.

BRUNEAU. Thomas C. *O catolicismo brasileiro em época de transição*. São Paulo: Loyola, 1974.

Bullarium Patronatus Portugalliae, I. Lisboa: 1868. pp. 177-179.

DESLANDRES, D. Le christianisme dans le monde. In: VERNARD, M. (ed.). *Histoire du Christianisme*; l'âge de raison (1620-1750). IX. Paris: Desclee, 1997.

HERNÁEZ, F. J. *Colección de bulas, breves y otros documentos relativos a la Iglesia de América y Filipinas*. II. Bruselas: 1879.

HOLANDA, Sérgio Buarque. *Raízes do Brasil*. Rio de Janeiro: Jose Olympio, 1978.

HOORNAERT, Eduardo. As relações entre Igreja e Estado na Bahia Colonial. *REB* 32 (1972).

LAFONT, Ghislain. *História teológica da Igreja católica*; itinerário e formas da teologia. São Paulo: Paulinas, 2000.

LEITE, Serafim. *História da Companhia de Jesus no Brasil*. Rio de Janeiro: Civilização Brasileira, 1938. t. 2.

LERY, Jean. *Viagem à terra do Brasil*. Belo Horizonte: Itatiaia, 1980.

LONDOÑO, Fernando Torres. Cuestiones teológicas en el Brasil colonial. In: SARANYANA, Josep Ignasi. *Teología en América Latina*. v. II/1. Madrid: Iberoamericana, 2005. pp. 393-419.

LORSCHEIDER, Aloísio. *Mantenham as lâmpadas acesas*; revisitando o caminho, recriando a caminhada. Fortaleza: Universidade Federal do Ceara, 2008.

MATOS, Henrique Cristiano José. *Nossa história*; 500 anos de presença da Igreja Católica no Brasil. t. 1. São Paulo: Paulinas, 2002.

MAURICIO, D. Mesa. *Verbo* XIII (1973) 415-417.

MONDIN, Battista. *Dizionario enciclopédico dei papi*. Roma: Città Nuova, 1995.

MONTENEGRO, João Alfredo de Sousa. *Evolução do catolicismo no Brasil*. Petrópolis: Vozes, 1972.

NEVES, G. P. das. Mesa da Consciência e Ordens. *DHCPB* (1994) 539-540.

_____. Padroado. In: SILVA, M. B. N. da (org.). *Dicionário histórico da colonização portuguesa no Brasil*. Lisboa: Verbo, 1994. pp. 605-607.

NEVES, Luis Felipe Baeta. *O combate dos soldados de Cristo na terra dos papagaios*; colonialismo e repressão cultural. Rio de Janeiro: Forense Universitária, 1978.

NOVAIS, Fernando Antonio. *Portugal e Brasil na crise do antigo sistema colonial 1777-1808*. São Paulo: Hucitec, 1979.

PEREIRA, Nuno Marques. *Compêndio narrativo do peregrino da América*. v. 1. Rio de Janeiro: Academia Brasileira de Letras, 1988.

_____. *Moralistas do século XVIII*. Rio de Janeiro: Ed. Documentário, 1979.

PRADO JÚNIOR, C. *Formação do Brasil contemporâneo*. São Paulo: Brasiliense, 1961.

SANTOS, C. M. dos. Conselho Ultramarino. *DHCPB* (1994) 203-206.

SARANYANA, Josep-Ignasi; GRAU, Carmen Jose Alejos (dir.). *Teología en América Latina*; escolástica barroca, ilustración y preparación de la independencia (1665-1810). v. II/1. Madrid: Iberoamericana, 2005.

SERBIN, Kenneth P. *Padres, celibato e conflito social*; uma história da Igreja Católica no Brasil. São Paulo: Companhia das Letras, 2008.

SILVA REGO, A. da. Padroado. *Verbo* XIV (1973) 1035-1037.

SIQUEIRA, A. J. de. *Os padres e a teologia da ilustração*. Recife: Editora Universitária, 2010.

SOUZA, Ney. *Catolicismo em São Paulo*. 450 anos de presença da Igreja católica em São Paulo. São Paulo: Paulinas, 2004.

_____. El clero en el Brasil colonial y los movimientos de las conspiraciones. In: SARANYANA, Josep Ignasi. *Teología en América Latina*. v. II/1. Madrid: Iberoamericana, 2005. pp. 919-939.

_____. Os caminhos do Padroado na evangelização do Brasil. *REB* 247 (2002) 683-694.

_____. Um panorama da Igreja católica no Brasil (1707-1808). *Revista de Cultura Teológica* 39 (2002) 9-37.

PARTE II

O ser humano à luz da fé cristã

CAPÍTULO IV

Quem é Deus?
Conceitos e imagens

Pedro K. Iwashita

1. Introdução

"Quem é Deus?", eis a pergunta que ecoa através dos séculos, sempre nova e sempre atual, porque nenhuma tentativa de resposta preenche ou consegue abarcar todo o mistério que envolve a pessoa ou a figura de Deus.[1]

Na verdade, a realidade de Deus está no centro da teologia, pois muitas das questões teológicas mais fundamentais dizem respeito ao modo como Deus é representado e descrito. Porém, aqui se trata do Deus cristão, do Deus da Bíblia, de modo que o estudo é sobre Deus como o conhecemos no cristianismo, mas que tem suas raízes no judaísmo, as reflexões de Israel sobre a identidade do seu Deus único dentro de um monoteísmo, crença em um só Deus, que se situava em um plano de oposição ao politeísmo, crença em muitos deuses.[2]

O fato de falarmos no Deus único de Israel não nos leva a ignorar o pano de fundo cultural de um mundo onde há várias crenças, monoteístas e politeístas. O próprio Israel vivia cercado de nações, que possuíam cada uma o seu próprio Deus. Havia povos com panteões bem desenvolvidos, reconhecendo muitos deuses diferentes, cada um com seu próprio nome, com sua função própria ou com sua esfera de influência, e alguns são até mencionados na Bíblia, como Baal, deus cananeu da fertilidade (Jz 2,13).

A brevíssima palavra "Deus" requer uma explicação ampla. Uma reconstituição do sentido original da palavra "Deus" é possível através da linguística comparada,

---

[1] Cf. LUCAS, *Dios*, pp. 3ss.

[2] Cf. McGRATH, *Teologia*, p. 51.

73

a qual identifica que "a religião do indo-europeu era crença num 'Ser supremo', o 'Deus Celeste', chamado DEIWOS, derivado do radical DEI = iluminar. DEIWOS = hierofania de Deus no 'céu luminoso'. Daí derivam, nas línguas indo-europeias: sânscrito Deva, avéstico Daevo, persa Dev, latim Deus, osco Deivai, itálico Diuve, umbro Iuve, vêneto Deivos, etrusco Tin, ilírico Zis, céltico Devo, gaulês Devo, galês Dia, bretão Dove, britânico De, irlandês Dia, trácio Dio, messápio Deivas, cita Zis, germânico Teiva, islandês Tyr, a.a.al. Zio, escandinavo Tyr, báltico Deiwas, lituano Dievas, letônio Devs, eslavo Divu, grego Dios, hitita Sius. Significado: a 'abóboda celeste' como hierofania do deus indo-europeu significa a imanência do divino. O céu está presente sempre, envolvendo-nos por toda a parte. Significa também a transcendência: o céu é sempre distante, inatingível."[3] Originalmente, DEIWOS não significa o "caelum" físico, mas o "deus CELESTE".[4] Nas línguas do Extremo Oriente, também está presente essa dimensão do "deus CELESTE", como no chinês e no japonês, através do ideograma TEN, que está presente na palavra TEN-NO-REICA = imperador celeste, procurando expressar o caráter sagrado da pessoa do imperador, que se admitiu no Japão até o final da Segunda Guerra Mundial, ou na palavra TENSHI = anjo. TEN é sinônimo de Deus, sagrado, celeste.

De onde vem esse impulso pela busca do sagrado, do transcendente? Qual é o fundo cultural de onde surgem as grandes religiões? Existe alguma resposta no fundo da alma humana? Na busca pelo transcendente, o ser humano projeta para fora algo que já está presente no profundo de si mesmo?

2. Cultura e projeção da imagem de Deus – a compreensão de Deus a partir da situação do homem contemporâneo

No passado, ao falarmos de Deus, procurava-se logo provar a sua existência. Mas hoje não funciona mais assim, pois a palavra "Deus" não é mais tão evidente, pois vivemos em um ambiente cultural de um ateísmo prático. Certos ateísmos têm caráter ideológico, mas em muitos casos trata-se de uma atitude concreta, que leva a dizer: de Deus não posso dizer nada, nada saber. Discute-se sobre sua existência há séculos: existe gente muito inteligente que creu ou continua crendo; existem outros, não menos inteligentes, que não creem. Como posso eu, que não tenho a inteligência deles, julgá-los? Em todo caso, se Deus existe, como pode ele tolerar a imensidão do mal e o sofrimento que pesa sobre a humanidade? Será ele um Deus, a exemplo do imperador romano Nero, que provocou o incêndio de Roma e olhou do seu palácio,

---

[3]   TERRA, *O Deus dos indo-europeus*, p. 291.

[4]   Cf. ibid., p. 292.

Quem é Deus?

fascinado, a cidade queimar?[5] Isso se chama agnosticismo, assumido até por personalidades eminentes, como é o caso de André Malraux, tocado no interior pela questão religiosa, capaz de comentar o Evangelho de São João de maneira maravilhosa, e, no entanto, se dizia agnóstico, ou seja, incapaz de se manifestar sobre a existência ou não de Deus.[6]

Mas, por respeito ao nome de Deus, não devemos nomeá-lo rápido demais. Em vez disso, perguntemos sobre nós mesmos, pois devemos procurar os traços de Deus em nós mesmos, porque, se Ele não estivesse aí presente, nada poderia nos permitir de falar sobre Ele.[7] Por que é que buscamos a Deus? Por que é que temos a nostalgia de Deus? Não é porque o homem, ao ser colocado no mundo, saiu do seio criador de Deus,[8] ou seja, teve um primeiro encontro com Deus na sua origem, na sua criação, e a nostalgia desse primeiro encontro vai perdurar por toda a vida?

Santo Agostinho rezava: "Mas ai de mim! Por quais degraus desci às profundezas do inferno, atormentado pela sede de verdade, enquanto te buscava, ó Deus meu, não com a razão pela qual me quiseste superior aos animais, mas com os sentidos carnais. Agora, eu te reconheço e confesso a ti, que tiveste compaixão de mim, quando eu ainda não te conhecia. Tu estavas mais dentro de mim do que a minha parte mais íntima. E eras superior a tudo o que eu tinha de mais elevado".[9] E a nostalgia de Deus, fazia Santo Agostinho buscá-lo constantemente: "Senhor, tu fizeste-nos para ti, e inquieto está nosso coração, enquanto não repousar em ti".[10]

Existem as famosas provas da existência de Deus, tal como o argumento ontológico de Santo Anselmo, e as vias de Santo Tomás de Aquino,[11] mas a decisão é sempre nossa, ninguém poderá tomá-la por nós, pois acreditar em Deus é questão de convicção, e nós que devemos optar por ter fé em Deus. Esse é um passo que exige certa dose de coragem, pois mexerá com toda a nossa vida.[12] Porém, a pergunta "quem, afinal, é este Deus?"[13] permanece. É o Deus verdadeiro ou é o deus dos meus desejos, uma projeção das minhas fantasias, uma projeção da figura paterna, como dizia Sigmund Freud,[14] ou ainda, uma projeção de conteúdos arquetípicos,

---

[5]   Cf. SESBOÜÉ, *Croire*, p. 19.

[6]   Cf. ibid., p. 20.

[7]   Cf. ibid., p. 20.

[8]   Cf. BALTHASAR, O acesso à realidade de Deus.

[9]   AGOSTINHO, *Confissões*, III,6.11.

[10]   Ibid., I.1.1.

[11]   Cf. LUCAS, *Dios*, pp. 141-176.

[12]   Cf. BLANK, *Quem, afinal, é Deus?*, p. 28.

[13]   Ibid., p. 31.

[14]   Cf. FREUD, *Jenseits des Lustprinzips*, p. 381. Cf. PALMER, *Freud e Jung*, pp. 51-70.

a projeção da figura de Deus, o mais poderoso arquétipo do inconsciente coletivo conforme Carl Gustav Jung.[15]

a) A crítica freudiana da religião

Numa perspectiva freudiana, imagina-se uma criança na situação edipiana, em que ela percebeu que não é onipotente e tampouco a mãe ou o pai é a totalidade sonhada e desejada. Nessa situação, no âmbito da fé cristã, a fé em Deus Pai poderia ser uma maneira de continuar alimentando sentimentos de onipotência infantil pela vida afora, e Deus pode estar aparecendo como substituto do pai ou da mãe, cuja limitação a criança já constatou.[16] "Será que os sentimentos infantis de onipotência não encontram em Deus uma maneira ideal de perdurarem, contra todos os embates da dura realidade da vida? Será Deus o último refúgio em um mundo desencantado, hostil, oposto aos sonhos infantis de grandeza infinita? Será que esse Deus, que pode servir de suporte ao desejo infantil de onipotência, se confunde com o Deus Pai de Jesus Cristo e o Deus Pai dos cristãos?"[17]

b) A perspectiva junguiana dos arquétipos do inconsciente coletivo

Numa perspectiva junguiana, não seria Deus a projeção do arquétipo de Deus presente no inconsciente coletivo? As origens etimológicas do termo "arquétipo"[18] são explicadas por C. G. Jung no seu livro *Os arquétipos e o inconsciente coletivo*. O termo foi utilizado pela primeira vez em 1919, no seu trabalho sobre Instinto e inconsciente, apresentado no livro sobre a Energia psíquica: "Nós encontramos no inconsciente também propriedades que não foram adquiridas pelo indivíduo e que são herdadas; em outras palavras, são os chamados instintos, sob a forma de impulsos de atividades que se produzem sem motivação consciente, mas por necessidade. Em seguida, vêm as formas de representações, de intuições, presentes a priori, isto é, inatas, os arquétipos de percepção e compreensão, que representam as condições inelutáveis e *a priori*, determinantes de todos os processos psíquicos. Do mesmo modo que os instintos incitam o homem à conduta de vida especificamente humana, assim os arquétipos forçam a percepção e a intuição em formas especificamente humanas. Os instintos e os arquétipos constituem, então, o inconsciente coletivo".[19]

---

[15] Cf. JUNG, *Zur Psychologie westlicher und östlicher Religion*, § 222, p. 402. Cf. PALMER, *Freud e Jung*, pp. 147-180.

[16] Cf. RUBIO, *A caminho da maturidade na experiência de Deus*, pp. 108-109.

[17] Ibid., p. 109.

[18] Cf. IWASHITA, *Maria e Iemanjá*.

[19] Cf. JUNG, *Die Dynamik des Unbewussten*, § 270.

Depois de 1946, C. G. Jung distingue entre o "arquétipo em si" (*per se*), não perceptível, e existente a não ser potencialmente em toda a estrutura psíquica, e o arquétipo atualizado, tornando perceptível, e que já entrou no domínio do consciente, aparecendo como imagem, representações, processos arquetípicos, e a forma sob a qual aparece varia sem cessar, porque depende de constelação na qual se manifesta. Naturalmente, existem também os modos arquetípicos de ação e de reação; processos arquétipos como, por exemplo, o desenvolvimento do Eu, a progressão das idades da vida etc.; existem as maneiras de assimilar a experiência vivida, de suportar as vicissitudes da vida; as atitudes, as ideias arquetípicas que se põem em ação em determinadas circunstâncias, emergindo do seu estado até então inconsciente, se tomam, por assim dizer, perceptíveis. Mas o arquétipo pode se manifestar não somente de maneira estática, como, por exemplo, sob a forma de "imagem primordial", mas também em processo dinâmico como, por exemplo, na diferenciação de uma função do consciente. Na verdade, todas as manifestações da vida típica e universalmente humanas – seja de caráter biológico, psicobiológico ou espiritual-ideacional – repousam em bases arquetípicas.[20]

Assim, os arquétipos são a reprodução em imagens das reações instintivas, provocando por suas disposições inatas um comportamento correspondente a uma necessidade psíquica, mesmo se racionalmente e vista do exterior tal necessidade não seja ressentida como tal. Isso porque eles representam ou personificam certos dados instintivos da obscura psique primitiva, as reais, mas invisíveis, raízes da consciência. O homem nasce, assim, "com a possibilidade subjetiva de experimentar pais, mulher, filhos, nascimento, morte, comunidade, profissão, Deus. A forma do mundo, no qual o homem ingressa pelo nascimento, lhe é inata como imagem virtual".[21] A existência desses arquétipos não pode ser negada simplesmente com a afirmação de que não existiriam representações inatas, pois C. G. Jung nunca sustentou que o arquétipo em si seja uma imagem, mas indicou expressamente que o considerava como um *modus* sem conteúdo definido. O conteúdo provém do fato de que essas imagens arquetípicas encontram realidades empíricas, que entram em contato com as predisposições subjetivas e as despertam para a vida.[22]

Um aspecto de grande importância para a ciência das religiões, e também para a teologia, é o fato de que o símbolo pode vir carregado de sentido arquetípico, e ser ao mesmo tempo um meio de expressão do arquétipo. De fato, "um modo de expressão bem conhecido do arquétipo se encontra no mito e no conto".[23] Os mitos constituem a sedimentação das tendências provindas das profundezas do espírito

---

[20]   Cf. IWASHITA, *Maria e Iemanjá*, p. 253.

[21]   GOLDBRUNNER, *Individuação*.

[22]   Cf. IWASHITA, *Maria e Iemanjá*, p. 254.

[23]   JUNG, *Die Archetypen und das kollektive Unbewusste*.

e da alma, cuja criação fantástica está ligada às imagens primordiais, que exercem uma atividade extraordinária, porque estão relacionadas diretamente com o fundo último das tendências humanas.[24]

Não é de admirar que assim as experiências arquetípicas e suas imagens, "desde sempre, façam parte do conteúdo e do fundo mais precioso de todas as religiões da terra. Mesmo que eles sejam sempre integrados aos dogmas e despojados de sua forma original, seu efeito na psique é poderoso ainda hoje, especialmente onde a fé religiosa é ainda viva no homem. Pondo em ação sua força elementar, eles permanecem plenos de significação, quer se trate do símbolo de Deus que morre e ressuscita, quer do mistério da Imaculada Conceição no cristianismo, quer ainda do véu de Maya entre os hindus, da oração voltada para o leste entre os muçulmanos. Somente quando a fé e os dogmas são congelados em formas vazias – o que é bem o risco real no nosso mundo ocidental, civilizado ao extremo, onde reinam a técnica e a razão – eles perdem sua força mágica e deixam o homem completamente desamparado, presa das intempéries interiores e exteriores".[25]

Do ponto de vista de uma análise ainda anterior à teologia, no plano filosófico, poderíamos dizer que os arquétipos são comparáveis no plano do inconsciente às formas que estruturam a inteligência no plano consciente e lógico; em outras palavras, os arquétipos seriam comparáveis às formas *a priori* ou aos transcendentais no plano lógico.[26]

Do ponto de vista teológico, poder-se-ia admitir que os arquétipos sejam estruturas dinâmicas inconscientes criadas, isto é, concebidas e integradas no plano salvífico de Deus, e, consequentemente, ordenadas ao conhecimento da verdade que emana de Deus. Poderíamos considerá-los em seguida como estruturas criadas e previstas para que a personalidade humana possa receber a realidade religiosa em nível vital, íntimo até o inconsciente, que em última análise nos conduz ao próprio Deus. Mas, devido à realidade do pecado original e sua influência na história humana e na cultura, impõe-se a necessidade de "guia" que esteja à altura de decodificar os dinamismos arquetípicos, referindo-os ao seu significado salvífico originário. Nesse âmbito, é a Igreja que, naquilo que concerne ao fenômeno religioso e particularmente ao dado revelado, deve assumir o dever de discernir o significado genuíno das instâncias arquetípicas e em seguida traduzi-las em âmbito consciente como enteléquia existencial.[27]

---

[24] Cf. IWASHITA, *Maria e Iemanjá*, pp. 255s.

[25] JACOBI, *Die Psychologie von C. G. Jung*.

[26] Cf. IWASHITA, *Maria e Iemanjá*, p. 259.

[27] Cf. ibid., p. 259.

Conforme Palmer, "a proposição central do conceito junguiano de Deus é que Deus *é um arquétipo*. Essa proposição atribui imediatamente a Deus uma propriedade particular que é uma propriedade definitória de todos os arquétipos. Essa propriedade especifica que, na qualidade de arquétipo, *Deus é uma manifestação do nível mais profundo da mente inconsciente, o inconsciente coletivo*. Mas a partir da alegação de que 'Deus é um arquétipo' podemos aduzir outra importante distinção, mais uma vez em comum com outros arquétipos. Essa distinção incide entre Deus tomado como *forma* arquetípica e Deus enquanto *conteúdos arquetípicos*. A discussão junguiana de Deus é, portanto, essencialmente bipartite. De um lado, temos uma análise de Deus *an sich*, ou em si, o Deus que é incognoscível, intemporal e eterno; de outro, uma análise de Deus tal como é representado a nós nos símbolos e imagens infinitamente variados da religião".[28]

Mas, para que o Deus em quem creio não seja uma mera projeção de meus desejos, da figura paterna ou a projeção de um arquétipo, é preciso que a figura ou a imagem de Deus em que acredito passe por um confronto com aquilo que chamamos de Revelação, porque o Deus verdadeiro só o conheceremos se Ele nos revelar a si mesmo e se Ele se der a conhecer a si mesmo.

3. Conceitos e imagens de Deus

Deus é uma realidade transcendente ou, como diz Jesus: "Deus é espírito, e aqueles que o adoram devem adorá-lo em espírito e verdade" (Jo 4,24). Em teologia, ao representarmos Deus, o fazemos através de imagens ou o fazemos de forma analógica. "Na teologia, analogia designa a distância entre o conhecimento que o homem tem de Deus e o próprio Deus. Exprime duas exigências: respeitar a transcendência absoluta de Deus, inefável e incognoscível, e ao mesmo tempo conservar o discurso da fé um mínimo de pertinência inteligível. A combinação desses elementos antagonistas deu lugar a diversas sínteses, em que se inscrevem as vicissitudes da linguagem teológica",[29] e devido essa distância entre o conhecimento que o homem tem de Deus e o próprio Deus, falamos sobre Ele de forma analógica, usando comparações e imagens. Podemos constatar que a Bíblia emprega muitas analogias para falar sobre Deus.[30]

---

[28]   PALMER, *Freud e Jung*, p. 160.

[29]   Cf. BOULNOIS, Analogia. In: LACOSTE (dir.), *Dicionário crítico de teologia*, p. 120.

[30]   Cf. McGRATH, *Teologia*, p. 53.

a) Deus como pastor

O livro dos Salmos proclama: "O Senhor é o meu pastor, nada me falta" (Sl 23,1). Esta é uma imagem que se encontra com frequência no Antigo Testamento (Sl 80,1; Is 40,11; Ez 34,12). É retomada no Novo Testamento e aplicada por Jesus a si mesmo: "Eu sou o bom pastor. O bom pastor dá a vida por suas ovelhas. O assalariado, que não é pastor e a quem as ovelhas não pertencem, vê o lobo chegar e foge; e o lobo as ataca e as dispersa. Por ser apenas um assalariado, ele não se importa com as ovelhas. Eu sou o bom pastor. Conheço as minhas ovelhas e elas me conhecem, assim como o Pai me conhece, e eu conheço o Pai. Eu dou minha vida pelas ovelhas. Tenho ainda outras ovelhas, que não são deste redil; também a essas devo conduzir, e elas escutarão a minha voz, e haverá um só rebanho e um só pastor." (Jo 10,11-16).

Quando pensamos em um pastor, vem à mente a ideia da dedicação afetuosa ao rebanho. Assim, ao falarmos de Deus como pastor, falamos no seu comprometimento total com Israel, com a Igreja, com cada um de nós, como podemos constatar especialmente na parábola da ovelha reencontrada: "Então ele contou-lhes esta parábola: 'Quem de vós que tem cem ovelhas e perde uma não deixa as noventa e nove no deserto e vai atrás daquela que se perdeu, até encontrá-la? E, quando a encontra, alegre a põe nos ombros e, chegando em casa, reúne os amigos e vizinhos, e diz: Alegrai-vos comigo! Encontrei a minha ovelha que estava perdida! Eu vos digo: assim haverá no céu alegria por um só pecador que se converte, mais do que por noventa e nove justos que não precisam de conversão'" (Lc 15,3-7). E a intensificação definitiva dessa imagem está no evangelho de João: "Eu sou o bom pastor. O bom pastor dá a vida por suas ovelhas. O assalariado, que não é pastor e a quem as ovelhas não pertencem, vê o lobo chegar e foge; e o lobo as ataca e as dispersa. Por ser apenas um assalariado, ele não se importa com as ovelhas. Eu sou o bom pastor. Conheço as minhas ovelhas e elas me conhecem, assim como o Pai me conhece e eu conheço o Pai. Eu dou minha vida pelas ovelhas. Tenho ainda outras ovelhas, que não são deste redil; também a essas devo conduzir, e elas escutarão a minha voz, e haverá um só rebanho e um só pastor" (Jo 10,11-16), e aqui o pastor é capaz de chegar ao extremo de expor a própria vida para garantir a segurança de suas ovelhas.[31]

Outro conceito ligado à imagem de Deus como pastor é Deus como nosso guia, já que o pastor sabe onde se encontram o alimento e a água, e sabe guiar as ovelhas até onde esses bens estão. Isso significa a constante presença de Deus em nossa vida com dedicação, protegendo-nos dos perigos e nos conduzindo em segurança, assim como diz o profeta Isaías: "Qual pastor que cuida com carinho do rebanho, nos braços apanha os cordeirinhos, para levá-los ao colo, e à mãe-ovelha vai tangendo com cuidado" (Is 40,11).

---

[31] Cf. McGRATH, *Teologia*, p. 53.

Falar de "Deus como pastor" significa afirmar que "Deus é como um pastor". "Isso quer dizer que a imagem de pastor nos ajuda a pensar na natureza de Deus, oferecendo-nos ideias para imaginar sua natureza. Não que se queira pensar que Deus seja idêntico a um pastor humano, mas sim que algum aspecto de um pastor humano nos ajuda a ter certa ideia da natureza divina."[32]

b) Deus como pai

A ideia de Deus como pai está profundamente arraigada na fé cristã devido à oração que Jesus nos ensinou, o Pai-Nosso: "Orai assim: Pai nosso que estás nos céus, santificado seja o teu nome; venha o teu Reino; seja feita a tua vontade, como no céu, assim também na terra. O pão nosso de cada dia dá-nos hoje. Perdoa as nossas dívidas, assim como nós perdoamos aos que nos devem. E não nos introduzas em tentação, mas livra-nos do Maligno. De fato, se vós perdoardes aos outros as suas faltas, vosso Pai que está nos céus também vos perdoará. Mas, se vós não perdoardes aos outros, vosso Pai também não perdoará as vossas faltas" (Mt 6,9-15).

Estamos usando aqui uma analogia como na analogia do pastor. Quando pensamos em um pai, pensamos em alguém que transmite existência aos filhos, e que cuida dos filhos. A primeira característica é muito importante, porque Deus é aquele de quem nos originamos, graças a Ele existimos e somos, pois Ele é o nosso Criador. Há uma estreita dependência nossa em relação a Deus. Outra ideia clara que a analogia do pai encerra é a do cuidado. "O Antigo Testamento, de modo especial, muitas vezes compara a relação de Deus com seu povo ao relacionamento de um pai com o filho. Quando o filho é uma criança, depende totalmente do pai para todas as coisas, com um relacionamento estreitíssimo. À medida que o filho cresce, começa a exercer sua independência e a se afastar do pai, de modo que o relacionamento se torna mais distante. O profeta Oseias ilustra o modo como Israel se tornou um estranho diante do Deus que o tinha trazido à existência: 'Quando Israel era criança eu o amava, do Egito chamei o meu filho. Quanto mais, porém, eu os chamava, mais de mim eles se afastavam. Sacrificavam vítimas aos Baals, queimavam sacrifícios a seus ídolos. Sim, fui eu quem ensinou Efraim a andar, segurando-o pela mão. Só que eles não percebiam que era eu quem deles cuidava. Eu os lacei com laços de amizade, eu os amarrei com cordas de amor; fazia com eles como quem pega uma criança ao colo e a traz até junto ao rosto. Para dar-lhes de comer eu me abaixava até eles' (Os 11,1-4)".[33]

A revelação judaico-cristã trouxe uma revolução radical na ideia que se fazia de Deus. Ao se revelar como Pai, Deus se fez próximo do homem, voltando-se para ele

---

[32]   McGRATH, *Teologia*, p. 55.

[33]   McGRATH, *Teologia*, p. 58.

com um amor providente; empenhando-se a seu lado nos riscos e nos perigos; fazendo-se presença em nossa história, e esse Deus não somente corresponde ao desejo o mais profundo do ser humano, ultrapassando infinitamente todo desejo. Não se trata aqui de subestimar as imagens de Deus presentes em outras religiões, porque elas são uma testemunha da procura de Deus pelo homem. Porém, se as outras religiões testemunham o esforço do homem em direção de Deus, não mostram, contudo, o movimento extraordinário de Deus em busca do homem, o que pode ser, talvez, o ponto-chave do diálogo que o cristianismo deve conduzir com as outras religiões.[34]

De outro lado, porém, ver Deus como Pai não é necessariamente algo original, pois há outros povos e religiões que também veem Deus como Pai, como sendo a origem e o princípio primordial da vida dos deuses e dos seres humanos. Porém, ainda é uma figura indiferenciada que não é apenas pai, mas mãe e pai ao mesmo tempo, diferente da figura de Deus Pai no Antigo e no Novo Testamento.[35]

No Antigo Testamento, a denominação de Pai aplicada a Iahweh encontrou resistência no início e é bastante tardia, e a razão da resistência estava no fato de que a fé em Iahweh rejeitava as cosmogonias que apresentavam Deus como origem genética, pai e mãe, da vida humana, ou seja, havia o perigo de Iahweh ser identificado como princípio cósmico primordial que teria dado origem ao ser humano. Em vez disso, o Deus de Israel "é o Deus libertador-salvador, o Deus da eleição e da promessa, o Deus situado no âmbito da liberdade, que cria e salva de maneira que o ser humano é chamado a se decidir e a acolher o dom de Deus na liberdade".[36]

Diminuído o perigo de entender Deus como sendo a origem sexual da vida, a figura de Pai aplicado a Deus foi sendo assimilada, porém, de maneira diferente: "Deus é Pai não porque gera filhos de forma física, mas sim porque chamou os filhos de Israel para serem povo de homens livres; é Pai porque ama e porque escolhe no meio da terra um povo, porque guia seu caminho segundo a lei, porque o conduz ao futuro de verdade e autonomia".[37]

Este pano de fundo da fé em Deus como Pai, no Antigo Testamento, é necessário para captar, no seu significado próprio, o sentido da relação vivida por Jesus com Deus Pai, que foi uma relação intensamente pessoal. A profunda intimidade afetuosa, entranhável, penetrada de ternura, vivida na relação com Deus, unida à irrestrita confiança nesse Deus, é expressa por Jesus pela invocação *Abbá* (paizinho!), que aparece em suas orações (Mt 11,25; Mc 14,35-36). O nome do Pai vem aplicado a Deus na tradição mais antiga das palavras de Jesus, na fonte dos *logia* (Lc 6,36;

---

[34] Cf. SESBOÜE, *Croire*, pp. 99s.

[35] Cf. RUBIO, *A caminho da maturidade na experiência de Deus*, p. 110.

[36] Ibid., p. 111.

[37] PIKASA, Xavier. Pai. In: *Dicionário teológico* (São Paulo: Paulus, 1998), citado por RUBIO, *A caminho da maturidade na experiência de Deus*, p. 111.

Mt 6,32; 7,11). "Jesus dirigia-se a Deus como Pai, constituindo esta experiência o centro que dinamiza e polariza toda a sua vida".[38] Esse Pai é o Deus do Reino, o Deus Abbá, o Deus da salvação, que está próximo e oferece a salvação, e, diante desse Deus, o ser humano é interpelado para a conversão no sentido de reorientar a sua vida para aceitar o Deus do Reino, aceitar o seu senhorio, como o centro da própria vida, na radicalidade de aceitá-lo como o único Pai (Mt 23,9).[39]

Na relação do homem com Deus Pai hoje, essa experiência deve ser central também para o cristão, e as consequências devem ser esperança, liberdade e ausência de temor. A relação com Deus Pai não pode se tornar expressão do narcisismo infantil. Na relação com Deus Pai, o ser humano deve poder ser ele mesmo, desenvolvendo a sua autonomia, rejeitando o fantasma do Deus Pai castrador, verdadeira neurose que faria jus à crítica freudiana, pois tal representação de Deus Pai, criada pelo medo e pelo infantilismo religioso não passaria de idolatria.[40] Na verdade, "Jesus nos revela Deus como *Abbá*, com acentuações muito próprias e que distam muito do infantilismo regressivo que o termo 'pai' leva consigo para muitos".[41] As comunidades eclesiais têm um longo caminho a percorrer na evangelização, catequese e espiritualidade, para que as pessoas possam viver uma relação adulta com Deus Pai.

4. Conclusão

Neste estudo, pudemos ver apenas duas imagens de Deus, a de Pastor e de Pai. No Antigo Testamento, Deus é apresentado ainda como guerreiro, como sanguinário, como "filantrópico", como amoroso (Is 49,15; Os 2,4-6; 2,16-22), ciumento porque apaixonado (Ex 20,5-6), justo e misericordioso (Ex 34,6-7) e um Deus que é todo-poderoso, o Mestre da criação, mas também da história de Israel. Chamando Deus tanto de "Pai" quanto de "Mestre de todas as coisas", o Credo assimilou um conceito familiar a um conceito de poder cósmico para descrever o único Deus. E, através disso, é expresso o problema da imagem cristã de Deus: a tensão entre a proximidade absoluta e o amor absoluto, entre o distanciamento absoluto e a proximidade absoluta, entre o Ser absoluto e a atenção dirigida àquilo que existe de mais humano no homem, a compenetração do *maximum* e do *minimum*.[42] Em todas essas imagens há muito de antropomorfismo, as quais poderiam ser criticadas como sendo muito ingênuas para nos dizer algo de Deus. Estaríamos diante de uma projeção do homem

---

[38] RUBIO, *A caminho da maturidade na experiência de Deus*, p. 113.

[39] Cf. ibid., p. 113.

[40] Cf. ibid., p. 120.

[41] Ibid., p. 133.

[42] Cf. RATZINGER, Joseph. *Foi chrétienne hier et aujourd'hui* (Paris-Tours: Mame, 1969. pp. 88-89), citado por SESBOÜÉ, *Croire*, p. 110.

sobre Deus em que Ele aparece como um homem muito superior coberto de todas as qualidades que nos faltam. No entanto, esses antropomorfismos são significativos e falam mais que um número de considerações metafísicas sobre Deus.[43]

É importante que estejamos conscientes do perigo de engano no uso das analogias e comparações. "O perigo está em que a linguagem teológica, dado que trabalha com conceitos que apontam para realidades absolutas que, por definição, pareceriam estar imunes a toda suspeita de ilusão, acabe sendo considerada isenta de engano e, assim, seja sacralizada. Ou, em outras palavras, o perigo consiste em considerar que a linguagem teológica se identifica com a verdade absoluta que é Deus".[44]

Tudo isso nos mostra a importância de confrontarmos as imagens que fazemos de Deus com os dados da Revelação, pois em Jesus Cristo temos a manifestação do verdadeiro Deus. Nele, podemos dizer que houve a superação "do terror de Isaac ao *Abbá* de Jesus".[45] Nele, o Deus se revelou como o Pai dos homens (Mt 6; Lc 11,2; Mt 5,45; Lc 6,36; 11,13) e a ao mesmo tempo o Pai de Jesus (Mt 11,27; Lc 10,22). Deus é o Pai do crucificado e o Pai de todos (Jo 14,9; Rm 8,29).

5. Referências bibliográficas

BALTHASAR, Hans Urs von. O acesso à realidade de Deus. In: *Mysterium Salutis* II/1. Petrópolis: Vozes, 1972.

BARTHÉLEMY, Dominique. *Dieu et son image*; ébauche d'une théologie biblique. Paris: Cerf, 1973.

BLANK, Renold J. *Deus*; uma proposta alternativa. São Paulo: Paulus, 2004.

_____. *Quem, afinal, é Deus?* São Paulo: Paulus, 1988.

ESTRADA, Juan Antonio. *Imagens de Deus*; a filosofia ante a linguagem religiosa. São Paulo: Paulinas, 2007.

FREUD, Sigmund. *Jenseits des Lustprinzips*; Massenpsychologie und Ich-Analyse. Das Ich und das Es. Gesammelte Werke XIII. Frankfurt am Main: Fischer Taschenbuch Verlag, 1999.

GESCHÉ, Adolphe. *Deus*. São Paulo: Paulinas, 2004.

GEVAERT, Joseph. *O primeiro anúncio*; finalidade, destinatários, conteúdos, modalidade de presença. São Paulo: Paulinas, 2009.

GOLDBRUNNER, Josef. *Individuação*; a psicologia de profundidade de C. G. Jung. São Paulo: Herder, 1961.

IWASHITA, Pedro. *Maria e Iemanjá*; análise de um sincretismo. São Paulo: Paulinas, 1991.

---

[43] Cf. ibid., p. 110.

[44] RUBIO, *A caminho da maturidade na experiência de Deus*, p. 133.

[45] Cf. QUEIRUGA, *Do terror de Isaac ao Abbá de Jesus.*

JACOBI, Jolande. *Die Psychologie von C. G. Jung*; eine Einführung in das Gesamtwerk. Frankfurt am Main: Fischer, 1982.

JUNG, Carl Gustav. *Die Archetypen und das kollektive Unbewusste*. Gesammelte Werke IX/1. Olten und Freiburg: Walter Verlag, 1985.

_____. *Die Dynamik des Unbewussten*. Gesammelte Werke VIII. Olten und Freiburg: Walter-Verlag, 1982.

_____. *Zur Psychologie westlicher und östlicher Religion*. Gesammelte Werke XI. Olten und Freiburg: Walter Verlag, 1979.

KLOPPENBURG, Frei Boaventura. *Abba*; Pai – Deus Padre Eterno. Petrópolis: Vozes, 1999.

LACOSTE, Jean-Yves (dir.). *Dicionário crítico de teologia*. São Paulo: Paulinas/Loyola, 2004.

LUCAS, Juan de Sahagún. *Dios*; horizonte del hombre. Madrid: BAC, 2003.

McCABE, Herbert. *God, Christ and Us*. London: Continuum, 2005.

_____. *God still matters*. London: Continuum, 2005.

McGRATH, Alister E. *Teologia*; os fundamentos. São Paulo: Loyola, 2009.

MUÑOZ, Ronaldo. *O Deus dos cristãos*. Petrópolis: Vozes, 1986.

PALMER, Michael. *Freud e Jung*. Sobre a religião. São Paulo: Loyola, 2001.

QUEIRUGA, Andrés Torres. *Do terror de Isaac ao Abbá de Jesus*. Por uma nova imagem de Deus. São Paulo: Paulinas, 2001.

RUBIO, Alfonso Garcia. *A caminho da maturidade na experiência de Deus*. São Paulo: Paulinas, 2008.

SESBOÜÉ, Bernard. *Croire*; invitation à la foi catholique pour les femmes et les hommes du XXe siècle. Paris: Droguet & Ardant, 1999.

TERRA, João Evangelista Martins. *O Deus dos Indo-europeus*; Zeus e a protorreligião dos indo-europeus. São Paulo: Loyola, 1999.

WANNER, Walter. *Signale aus der Tiefe*; Tiefenpsychologie und Glaube – Einführung und Auseinandersetzung. Giessen und Basel: Brunnen Verlag, 1977.

CAPÍTULO V

Como uma criança amamentada sobre sua mãe: leitura e interpretação do Salmo 131

Matthias Grenzer[1]

1. Introdução

Que a vida seja uma *maravilha*! Que haja *grandeza* em tudo! Faz parte da existência humana que a pessoa cultive *desejos* e crie *expectativas*, sobretudo no que se refere ao que, aparentemente, mais contribui com a felicidade e a qualidade de vida. Sejam lembrados, neste sentido, as relações interpessoais, o nível de formação, o trabalho que a pessoa pode realizar, o bem-estar material, a saúde e a beleza, o lazer, a organização da sociedade e até a importância do país na família das nações. Além disso, sabe-se que existem *desejos* e *expectativas* que ficam aquém das possibilidades que a vida oferece, ou que vão além delas. Nos dois casos, corre-se o risco de enfrentar frustrações. Por isso, parece ser válido o esforço de procurar, de forma mais bem estudada, por aquelas *maravilhas* e *grandezas* que correspondem à realidade vivida pela humanidade.

Estou consciente da delicadeza do assunto. Afinal, nossos *desejos* e nossas *expectativas* lidam com aquela parte de nossa vida que classificamos como íntima e que goza do direito da privacidade. Mesmo assim, ousei um diálogo tríplice. É, pois, o diálogo que nos oferece a oportunidade de redimensionarmos nossos *desejos* e nossas *expectativas* já existentes e de ganharmos coragem na empreitada da busca da felicidade e do sentido da vida.

---

[1] Dedico este estudo ao casal *Osmar* e *Gorete Moscopf*, que, junto com sua equipe, realiza um trabalho maravilhoso com crianças na *Escola Kidslândia*, sempre inspirado na fé cristã.

Como uma criança amamentada sobre sua mãe

Como ponto de partida, sugiro que cada um recorde um momento significativo de sua vida. Penso naquelas experiências pessoais que marcam nossa história e que são capazes de nos aproximarem ao provável sentido da vida, provocando, muitas vezes, um excedente de felicidade. Em princípio, trata-se de momentos em que ficamos fascinados com algo, sendo que tal realidade se tornou altamente simbólica e nos fez reconhecer uma verdade que, aparentemente, ultrapassa os limites de nossa existência. Este é o primeiro tipo de diálogo: conversar com a própria vida.

Um segundo tipo de diálogo deve brotar do encontro com a tradição judaico-cristã, a partir da leitura de um texto que faz parte das origens bíblicas destas duas religiões. Conversaremos com um pequeno poema formado por apenas três versículos, o qual trabalha uma única imagem. Trata-se do Salmo 131. Para que este diálogo seja bem qualificado, é preciso realizar um estudo literário-histórico que favoreça o reconhecimento das dimensões teológicas originalmente apresentadas pelo poema. De certo, vejo neste trabalho de leitura e interpretação do Salmo 131 a contribuição principal deste estudo.

Um terceiro tipo de diálogo surge a partir da dinâmica proposta pela Universidade Católica. Nela, pois, ocorre um diálogo interdisciplinar que leva em consideração os conteúdos centrais da fé cristã. Quer dizer: a teologia dialoga com os demais saberes na esperança de que haja um enriquecimento mútuo. Todavia, será tarefa de toda a comunidade acadêmica levar este diálogo final à frente. Que prevaleçam, pois, os melhores argumentos!

2. Dialogar com a vida

Encontrei, recentemente, um texto escrito por minha esposa, justamente nos dias em que nasceu nosso primeiro filho. Vejo nas linhas formuladas por ela um precioso diálogo com a vida. Ao ler estas palavras tão sensíveis, lembrei-me do Salmo 131. Foi assim que nasceu o esboço para este estudo. Minha esposa me autorizou a apresentar as palavras compostas por ela. De fato, a experiência de vida aqui relatada pertence a ela, uma mulher que se tornou mãe. Nenhum homem pode fazê-la. No entanto, buscando proximidade à parturiente, o homem tem a oportunidade de aprender algo desta experiência de vida exclusivamente feminina.

Ouçam!

> Numa noite chuvosa, no dia 10 de janeiro de 1997, na cidade de São Paulo, exatamente às 22:45 horas, começo a sentir os primeiros sinais de contração. São os momentos que antecedem à chegada de um ser maravilhoso. Nervosismo e medo dão lugar a uma paz intensa. Uma mistura de sentimentos se faz presente: felicidade, alegria, amor e responsabilidade. É o que sinto durante os quinze minutos que antecedem minha ida ao hospital. Às 23:00 horas, já ocorrem os

trâmites legais de entrada nele. Tudo acontece rapidamente. Médicos correm com pressa. A sala de parto está sendo preparada. Confesso que minhas pernas ficam trêmulas, ao ficar sabendo que meu parto será uma cesariana. Samuel resolveu, pois, nos últimos minutos de sua estada em meu ventre, fazer suas necessidades fisiológicas. Por isso, a cesariana. Mais uma na vida dos médicos. A primeira, para mim. Às 23:10 horas já estou numa sala cheia de aparelhos. A equipe médica, muito atenciosa, me deixa calma. Nasce "um menino lindo"! É essa a expressão que os médicos e enfermeiros usam. Logo, Samuel chora. Choro de uma criança dengosa. É o momento mais feliz em minha vida, sabendo que dei uma criança à luz. Logo colocam Samuel no meu peito. Para mamar. Durante uns dez minutos, ele olha para mim. Talvez não entenda nada. Mas sabe sugar o peito. Momentos que, para sempre, ficarão guardados em minha memória. Enquanto eu viver! Declarações feitas por uma mãe apaixonada, que esperou por seu filho com muito carinho e amor. Francisca.

3. Dialogar com o Salmo 131

O Salmo 131 faz parte da coleção dos quinze *cantos das subidas* que se encontram nos Salmos 120–134.[2] Estes, provavelmente, espelhem as esperanças de quem *subia*, como peregrino israelita, à *casa do Senhor*, que é o templo construído no *monte de Sião*, em *Jerusalém*. Seguindo as tradições bíblicas, o santuário israelita foi erguido, primeiramente, pelo rei Salomão, no quarto ano de seu governo, em torno de 963 a.C. (1Rs 6,1). Destruído pelos babilônios em 587 a.C., este templo foi reconstruído a partir de 520 a.C. e colocado em funcionamento em 515 a.C. No ano 20 a.C., Herodes Magno iniciou obras de reforma e de ampliação dos arredores. Tais trabalhos terminaram apenas em 64 d.C. Contudo, no ano 70 d.C., o segundo templo de Jerusalém foi destruído pelos romanos, sem que o santuário fosse reerguido uma terceira vez até hoje.

Ouçamos, então, a voz do israelita ou da israelita que se faz presente no Salmo 131!

v. 1   *Canto das subidas. De Davi.*
        Senhor, meu coração não ficou altivo
        e meus olhos não se elevaram.
        Não andei atrás de grandezas e de maravilhas superiores a mim.
v. 2   *Pelo contrário, ajustei e silenciei a minha alma.*
        Como uma criança amamentada sobre sua mãe,
        como uma criança amamentada sobre mim está a minha alma.
v. 3   *Permanece na expectativa do Senhor, ó Israel,*
        desde agora e eternamente.

---

[2]   Cf. GRENZER, As tarefas da cidade. Exegese do Salmo 122, pp. 265-281.

a) O significado do nome de Deus

Quem reza no Salmo 131 dirige-se inicialmente ao Deus de Israel, mencionando o nome dele, sendo que este é apresentado aqui por *Senhor* (v. 1b). Mais tarde, praticamente no final de suas palavras, formulando um apelo ao povo de *Israel*, o orante repete o nome de Deus (v. 3a). É criada, dessa forma, uma inclusão que emoldura a oração. Com isso, o ouvinte-leitor é convidado a lembrar-se da identidade do Deus de Israel no início e no final do poema, sendo que o nome de Deus expressa o que há de absolutamente mais central na fé do antigo Israel.

Na língua hebraica, o nome de Deus é composto por quatro letras consoantes (יהוה). Por isso, é chamado de tetragrama. Não se sabe se e como este nome foi pronunciado originalmente. A tradição judaica opta pela leitura *Adonai*, o que corresponde, em português, a *Senhor* ou a *meu Senhor*. Todavia, mais importante do que a pronúncia, é captar o significado e a representatividade deste nome.

Nas Sagradas Escrituras, o nome de Deus é atrelado ao evento do êxodo, o qual, segundo a cronologia bíblica, ocorreu no final do século XIII a.C. Narra-se que o Senhor, após ter *visto a servidão dura* e ter *ouvido o grito* dos hebreus *maltratados, fez os oprimidos saírem da terra do Egito*. Conduziu-os para uma *terra* nova e boa, a fim de que o povo dos recém-libertados, orientado por sua palavra, construísse uma sociedade nova, igualitária e mais justa, formada por pessoas que têm a sua sobrevivência digna garantida por um direito que, ao acolher a experiência de libertação e, com isso, a palavra do Deus Libertador, se preocupa centralmente com a vida dos mais necessitados (Dt 26,5-10).[3]

Contudo, bem no início da história do êxodo, justamente na cena da vocação de Moisés, este último pergunta a Deus: *Qual é teu nome?* E recebe a resposta: *Serei quem serei!* (Ex 3,13-14). Quer dizer: a história da libertação da escravidão, a qual deve ser experimentada pelos mais sofridos, ensinará ao povo *quem* é Deus. Além disso, em hebraico, a tradição bíblica explora, neste momento, uma etimologia popular, pois as três letras consoantes que formam a raiz do verbo *ser* (היה) ganham também presença no *nome* de Deus (יהוה).

Enfim, aparece aqui uma das mais importantes lógicas internas da religião do antigo Israel. Trata-se de uma reflexão que convida as pessoas "a dirigirem sua atenção à história da vida dos mais necessitados. Eis a oportunidade de descobrir a ação de Deus neste mundo. Existe, pois, a surpreendente experiência de oprimidos recuperarem sua liberdade, de humilhados se reencontrarem com sua dignidade e de injustiçados receberem justiça, mesmo que o homem falhe, repetidamente, diante da tarefa de tornar-se solidário com os mais sofridos. Portanto, em todos estes casos de

---

[3]   Cf. GRENZER, *O projeto do êxodo*. Veja também FERNANDES; GRENZER, *Êxodo 15,22–18,27*.

uma inversão feliz do destino dos miseráveis, é oportuno perguntar-se se não foi o Senhor quem ergueu o pobre da miséria (Sl 107,41)".[4]

Enfim, ao ser mencionado o nome do Deus de Israel – veja o *Senhor* no Salmo 131,1b.3a –, cultiva-se a memória de quem, através de sua ação libertadora, originou a liberdade do povo dos oprimidos, por mais que precisavam ser superados poderes que insistiam na violência e exploração. Consequentemente, o fiel a este Senhor, Deus de Israel, em princípio, se sentirá motivado a tornar-se um agente e promotor da liberdade de todos aqueles que se encontram ameaçados em sua sobrevivência. E isso ocorrerá, justamente, por motivos religiosos, descobrindo-se as dimensões político-sociais da fé em um Deus que se revelou a seu povo como libertador dos oprimidos. Seja dito aqui que, para os cristãos, tal revelação chegou a seu auge na pessoa de Jesus de Nazaré.[5]

b) Um ajuste individual

v. 1b   Senhor, *meu coração não ficou altivo*
v. 1c   *e meus olhos não se elevaram.*
v. 1d   *Não andei atrás de grandezas e de maravilhas superiores a mim.*
v. 2a   *Pelo contrário, ajustei e silenciei minha alma.*

Quem reza no Salmo 131 relata, em primeiro lugar, um determinado esforço seu (v. 1b-2a). Dirige-se ao *Senhor* e conta como, no passado, desistiu de empenhos pessoais e da busca de realidades que, em sua opinião, ultrapassavam os limites de sua existência. Um tríplice *não* – o qual, no texto hebraico, ocupa sempre a primeira posição na frase – sublinha a dinâmica de resistência: *Meu coração não ficou altivo* (v. 1b); *meus olhos não se elevaram* (v. 1c); *não andei atrás de grandezas e maravilhas superiores a mim* (v. 1d).[6] Aliás, no texto hebraico do Salmo, o *não* aparece uma quarta vez no início da frase em v. 2a, ao ser usada a expressão *se não* que pertence à fórmula de juramento, traduzida aqui, porém, como *pelo contrário*. No mais, fica claro que a pessoa orante no Salmo 131 realiza seu esforço de um modo individual, pois usa por quatro vezes o pronome da primeira pessoa do singular, o qual aparece no texto hebraico como sufixo pronominal. Confira as expressões *meu coração* (v. 1b), *meus olhos* (v. 1c), *superiores a mim* (v. 1d) e *minha alma* (v. 2a).

O ajuste pessoal de quem se manifesta no Salmo 131 começou com um esforço relacionado ao *coração*, no sentido de ter enfrentado o combate à *altivez* (v. 1b). Segundo a reflexão antropológica, na cultura do antigo Israel, o *coração* é identificado, em

---

[4]   Cf. GRENZER, Ação inversora do destino dos pobres, p. 451.

[5]   Cf. FERNANDES; GRENZER, *Evangelho segundo Marcos*.

[6]   Veja o tríplice "não", favorecendo o projeto de resistência do justo, no primeiro versículo do Salmo 1. Cf. GRENZER, Caminhos de justos e perversos, pp. 335-348.

Como uma criança amamentada sobre sua mãe

primeiro lugar, como órgão central que oferece mobilidade aos diversos membros do corpo humano (1Sm 25,37s); sobretudo, nos momentos de doença ou exaustão, o *coração* dá seus sinais alarmantes (Is 1,5; Jr 23,9; Sl 38,11). Num segundo momento, o *coração* é visto como sede da sensibilidade e das emoções, ou seja, do sentimento e do ânimo da pessoa; nesse sentido, surgem as imagens do *coração largo* (Sl 4,2; 18,37; 25,17; 119,32), *saudável* (Pr 14,30) e *alegre* (Pr 15,13), capaz de oferecer vida ao corpo e melhorar o semblante. Em contrapartida, o *coração* pode hospedar igualmente o *desejo* oculto, a *cobiça* ansiosa (Pr 6,25), a *soberba* (Dt 8,14; Os 13,6) e a *arrogância* (Jr 49,16). Por fim, é importante levar em consideração que o *coração*, na cultura do antigo Israel, também é contemplado como sede do *conhecimento* (Dt 29,3; Pr 18,15), da consciência (Dt 6,6) e da *sabedoria* (Ecl 10,2). Quer dizer: o *coração* hospeda a memória e todo o raciocínio da pessoa.[7]

Todavia, é, sobretudo, uma determinada realidade que provoca a *altivez do coração* (v. 1b), atingindo emoções e pensamento da pessoa. No caso, o profeta Ezequiel, no século VI a.C., menciona a confiança nas *riquezas* e na *beleza*. Ao observar, pois, o rico centro urbano de *Tiro* na Fenícia, dirige as seguintes palavras a seu *governador*: *"Através de tua sabedoria e teu entendimento, fizeste uma fortuna para ti. Acumulaste ouro e prata em teus tesouros. Através de tua abundante sabedoria, multiplicaste tua fortuna com o comércio, mas teu coração se tornou altivo com a fortuna"* (Ez 28,4-5). A dinâmica que, segundo Ezequiel, tomou conta da cidade de *Tiro* fica em evidência. Toda a inteligência foi investida no esforço econômico. No entanto, as *riquezas* mexeram com os *corações* dos moradores e do *príncipe*. Assim, o profeta se sente convidado a *prantear* e a comunicar a seguinte *palavra do Senhor ao rei de Tiro*: *"Com teu intenso comércio, encheste teu interior de violência e pecaste. [...] Teu coração se tornou altivo em meio a tua beleza e destruíste tua sabedoria por causa de teu resplendor"* (Ez 28,16-17). Em consequência disso, o profeta prevê a promoção de inversões do destino de quem insiste na injustiça e de quem sofre com as agressões. Nesse sentido, o Senhor, Deus de Israel, pode atingir, da mesma forma, o próprio *príncipe de Israel*, sendo necessário que ouça o seguinte pedido: *"Retira o turbante! Depõe a coroa! Estas coisas não ficarão assim! O rebaixado ficará alto e o alto é para ser abaixado"* (Ez 21,31).

Enfim, os profetas do antigo Israel cultivam o ideal de *escutar e ouvir o que o Senhor falou*, em vez de *se tornar altivo* (Jr 3,15) e favorecer *orgulho, soberba* e *arrogância* (Jr 48,29; 49,16). Mesmo assim, reis como *Ozias* ou *Ezequias*, por exemplo, não resistiram a esta tentação (2Cr 26,16; 32,25), sendo que a *altivez* caracterizou também as *filhas de Jerusalém*, ou seja, as mulheres da capital (Is 3,16). No entanto, as consequências disso podem ser terríveis. Basta dar atenção à verdade que existe

---

[7] Cf. WOLFF, *Anthropologie des Alten Testaments*, pp. 68-95.

até em forma de provérbio: *Antes da ruína, o coração do homem fica altivo* (Pr 18,12). Quem reza no Salmo 131, por sua vez, se propôs a resistir a esta tentação. Ajustou seu *coração*, para que *não ficasse altivo* (v. 1b).

Da mesma forma, evitou que seus *olhos se elevassem* (v. 1c). Seja lembrado que, quando a Bíblia menciona os *olhos* de uma pessoa ou os *olhos* de Deus, "em primeiro plano não está jamais a forma ou a função física do olho, mas sempre a qualidade e o dinamismo do olhar".[8] Uma consulta aos Salmos sublinha esta impressão. Há, de um lado, os *olhos enfraquecidos* do homem que expressam *irritação* (Sl 6,8; 31,10), *fadiga* (Sl 73,16) e o *desfalecimento por causa da miséria* (Sl 88,10). De outro lado, existem os *olhos* que *espiam o infeliz* (Sl 10,8) e *se põem a inclinar o outro ao chão* (Sl 17,11). Basta imaginar aquele que, *ao odiar, pisca o olho* (Sl 35,19) ou quem *lisonjeia com o olho* (Sl 36,3).

Em todo caso, surgem duas possibilidades no que se refere ao *olhar*. Embora, conforme a fé do antigo Israel, os *olhos* de todas as pessoas tenham sido *modelados pelo* Senhor (Sl 94,9), sendo que os *olhos* deste último já *viram o embrião* do ser humano (Sl 139,16), cada um, em princípio, pode direcionar sua visão à realidade que quiser. É possível que os *olhos* do homem contemplem *a falsidade* (Sl 119,37) ou *coisa sem proveito* (Sl 101,3). Ao contrário, porém, a pessoa pode fixar seus *olhos* também na direção do Senhor (Sl 25,15; 141,8), contemplando a *lealdade* dele (Sl 26,3) e expressando respeito por ou *temor* a ele (Sl 36,2). Na prática, este olhar para Deus se realiza quando os *olhos* do fiel se dirigem aos *confiáveis da terra*, não permitindo a *quem fala falsidades* que *se firme diante dos olhos* (Sl 101,6-7).

Enfim, a religião do antigo Israel favorece que a pessoa *levante seus olhos àquele que está sentado nos céus* (Sl 123,1-2). Nesse sentido, *os olhos de todos* são convidados a *esperar pelo Senhor* (Sl 145,15), por mais que os *olhos*, de repente, *se esgotem nesta expectativa* (Sl 69,4), uma vez que o homem não tem como prever o momento da realização das *esperanças*. Mesmo assim, cultiva-se a fé de que *os olhos do Senhor estejam sobre os justos* (Sl 34,16) e de que Deus possa fazer *os olhos* da pessoa *contemplarem as maravilhas da Torá, ensino* altamente favorável ao humilhado em sua luta pela liberdade (Sl 119,18). Resumindo: Ao *Deus iluminar os olhos* da pessoa (Sl 13,4; 19,9), esta não irá mais *suportar* uma postura marcada pela *altivez dos olhos* e pelo *orgulho do coração* (Sl 101,5), pois sabe que Deus, *ao salvar o povo oprimido, irá baixar os olhos elevados* (Sl 18,28).

Voltando à leitura do Salmo 131, a confiança paciente no Senhor, Deus de Israel, provocou no orante também a postura de *não andar atrás de grandezas e de maravilhas* que avalia como *superiores a* ele (v. 1d). Isso, porém, não significa passividade ou aceitação de uma situação desfavorável à sobrevivência digna da pessoa e/ou do

---

[8]   SCHROER; STAUBLI, *Simbolismo do corpo na Bíblia*, p. 138.

povo. Os Salmos, pois, insistem constantemente na questão de *Deus* ser aquele que *faz maravilhas* (Sl 31,22; 40,6; 72,18; 78,4; 86,10; 98,1; 105,5; 136,4). E estas últimas devem ser *meditadas, rememoradas, reconhecidas e vistas* (Sl 105,2.5; 107,24; 111,4; 119,18.27; 139,14; 145,5), sendo que Deus se propõe a *fazer* o homem *ver suas maravilhas* (Sl 78,11). Nesse sentido, compreende-se também que o fiel quer dar sua resposta, *agradecendo* pelas *maravilhas* (Sl 107,8.15.21.31) e *anunciando-as* (Sl 9,2; 31,22; 71,17; 75,2; 96,3). Contudo, favorece-se a consciência de que as *maravilhas* têm sua origem em Deus, no sentido de ser a graça divina que irrompe a realidade do homem. O fiel apenas se propõe a colocar sua fé na prevalência e atuação poderosa de Deus, embora exista também quem *não creia nas maravilhas de Deus* (Sl 78,32), porque *não as percebe* (Sl 106,7).

Nessa mesma linha, quem reza no Salmo 131 diz ter atribuído a *grandeza* a Deus (v. 1d). Aliás, os Salmos não se cansam de afirmar que *a glória* de Deus *é grande* (Sl 21,6; 138,5), que Deus é o *grande rei* (Sl 47,3; 95,3) ou que *o Senhor, Deus* de Israel, *é grande* (Sl 48,2; 77,14; 86,10.13; 95,3; 96,4; 99,2; 135,5; 145,3; 147,5). E isso por sua *lealdade ser grande* (Sl 57,11; 108,5; 145,8) e por ele realizar *grandezas* (Sl 71,19), *obras grandes* (Sl 111,2) ou *maravilhas grandes* (Sl 136,4). Além disso, insiste-se na *grandeza do nome de Deus* (Sl 76,2; 99,3), sendo que este *nome* traz a experiência do êxodo à memória, ou seja, as *grandezas* que *Deus fez no Egito* (Sl 106,1), no momento em que adotou os oprimidos como seu povo, libertando-os da escravidão. São estas as *maravilhas* que Deus *ensina* aos seus (Sl 119,18).

Resumindo: após ter dito o que não fez (v. 1b-d), descrevendo sua resistência a determinados modelos de comportamento, o orante presente no Salmo 131 destaca aquilo pelo que lutou positivamente no passado, realçando seu esforço de forma retórica: *Pelo contrário, ajustei e silenciei minha alma* (v. 2a). No caso, o ajuste pressupõe um ponto de referência. Este se encontra, em princípio, no caminho da fidelidade ao Senhor, quando a pessoa se ajusta aos julgamentos exemplares de Deus, os quais compõem o direito do antigo Israel, presente nas tradições jurídicas do Pentateuco (Sl 119,30). Não se defende qualquer tipo de equilíbrio, mas aquele norteado pela visão da justiça transmitida pelas Sagradas Escrituras, as quais se propõem a apresentar a Palavra de Deus. Ou, com outras palavras: *ajustar a alma é colocar o Senhor a sua frente* (Sl 16,8).

Justamente isso, por sua vez, ocorre com a intenção de recuperar uma tranquilidade maior, no sentido de *silenciar a alma* (v. 2a). Seja lembrado que, na cultura hebraica, o homem é visto como uma *alma* viva, sem opor a *alma*, como algo imaterial, ao corpo, como a cultura grega o imagina. A *alma*, pois, é a *garganta* que respira, sendo que a respiração confere *vida* à pessoa. A *garganta* também anseia;

neste sentido, pela *alma* representa os mais diversos *desejos* da pessoa.[9] De forma resumida, a *alma* caracteriza "o ser humano como ente que tem fome de vida".[10] A expressão de *silenciar a alma* indica, por sua vez, uma postura que valoriza a *reflexão* e a *confiança* no Senhor, sabendo que este *separou o fiel para si* e o *escuta, quando por ele clamar* (Sl 4,4-5). É *permanecer na expectativa do* Senhor, em vez de *se inflamar com o homem que maquina tramas* (Sl 37,7). É manter a *esperança por causa do* Senhor (Sl 62,6), por mais que os opositores *não se silenciam*, mas *se juntam, a fim de golpear* o outro (Sl 35,15).

Resultado: o orante, cuja voz se escuta no Salmo 131, preferiu, em meio aos conflitos que a vida lhe apresenta, manter uma determinada calma. Em vez de correr, por força própria, atrás do extraordinário, procurou um equilíbrio de vida e um nivelamento dos desejos que lhe permitisse o diálogo esperançoso com o Senhor.

c) A imagem da criança amamentada sobre a mãe

v. 2b   *Como uma criança amamentada sobre sua mãe,*
         como uma criança amamentada sobre mim está a minha alma.

O orante introduz, duplamente, a imagem da *criança amamentada sobre sua mãe*. A repetição confere maior força retórica à metáfora. Ao mesmo tempo, uma pequena variação na repetição da comparação parece favorecer a ideia de que uma mulher esteja rezando no Salmo 131, pois a expressão *sobre sua mãe* é substituída, no segundo momento, pelo elemento *sobre mim*.

A imagem da *criança amamentada* expressa a ideia de satisfação e paz. Afinal, Israel conhece situações contrárias, nas quais *o bebê e o que mama languescem nos largos da vila* (Lm 2,11), ou onde *a língua do que mama adere ao seu palato por causa da sede* e onde *criancinhas pedem pão, sem que haja quem lhes estique a mão* (Lm 4,4). Mais ainda: a miséria pode levar os pobres a se tornarem violentos, sendo que tal violência atinja os absolutamente indefesos, no sentido de se *roubar o órfão do peito materno e penhorar a criancinha do oprimido* (Jó 24,9).[11] A imagem trabalhada no Salmo 131, por sua vez, indica outra situação. As necessidades básicas do lactente foram satisfeitas. Alimentada, a *criança* pode desfrutar o carinho e a proteção da *mãe*, ao estar deitada *sobre ela*.

Aliás, impressiona como uma *criancinha*, em princípio, exige apenas a satisfação das necessidades básicas: alimentação, higiene e carinho. Por mais que *os bebês e os que mamam* revelem, com seus gritos, a *força* enorme de sua *boca* (Sl 8,3), uma vez

---

[9]   Cf. ibid., pp. 77-90.

[10]   ZENGER, Psalm 131, p. 607.

[11]   Cf. GRENZER, Crianças roubadas e penhoradas?, pp. 52-57; GRENZER, *Análise poética da sociedade*, pp. 45-49.

atendidas e bem cuidadas, o insistente grito cede lugar à mais profunda paz. Quer dizer: somente exigindo o básico e sentindo-se feliz após ter conseguido o que precisa para continuar a vida, a *criancinha* dá uma profunda lição de contentamento e vida ao adulto.

O orante no Salmo 131, ao descrever seu ajuste individual e sua busca de um maior equilíbrio junto a Deus, insiste, pelo que parece, justamente nesta dinâmica. No caso, a *criança amamentada* representa sua *alma* e, com isso, a pessoa enquanto quer viver e cultiva os mais diversos desejos. A *mãe*, por sua vez, simboliza o próprio Senhor, Deus de Israel, ao qual o orante se dirige desde o início de seu discurso. No mais, a cena da *amamentação* lembra "a experiência dupla da criança: ao receber, de sua mãe, tudo o que é necessário e favorece a vida, aprende que o ambiente da dedicação pessoal e da aproximação dela é o lugar da vida".[12]

d) Um convite ao ouvinte-leitor

v. 3   *Permanece na expectativa do* Senhor*, ó Israel,*
        desde agora e eternamente.

No final de sua oração, o orante apresenta um apelo a todo o povo de *Israel*. Este deve *permanecer, desde já e para sempre, na expectativa do Senhor*. Em geral, quem reza nos Salmos *permanece*, sobretudo, *na expectativa da lealdade do Senhor* (Sl 33,18.22; 130,7; 147,11) ou *na expectativa de uma palavra do Senhor* (Sl 119,49.74.81.114.147; 130,5). Isso vale, em especial, para situações de maiores sofrimentos, quando a pessoa sente *sua alma abatida* (Sl 42,6.12; 43,5) e *se cansa ao clamar*, estando com a *garganta rouca* e os *olhos gastos* (Sl 69,4). Não obstante, prevalece a esperança de que *permanecer na expectativa do Senhor* signifique *tornar-se forte e robustecer o coração* (Sl 31,25). É para manter-se atento a uma *resposta* de Deus que ainda está por vir (Sl 38,16), um *julgamento* capaz de confirmar *a palavra da verdade* já presente na *boca* do fiel (Sl 119,43). Por mais que haja perseguições, pois, o injustiçado, ao *permanecer na expectativa do Senhor, redobra seu louvor*, sabendo *contar* com a *justiça* e *ações salvíficas* de Deus, as quais já prevaleceram no passado (Sl 71,14).

4. Dialogar de forma interdisciplinar

Ao se preocupar com a pessoa humana, com sua história e com sua sobrevivência digna neste mundo, a Universidade Católica cultiva os mais diversos saberes, sendo que estes entram num diálogo interdisciplinar. O estudo aqui apresentado proporciona um determinado olhar sobre o ser humano, seguindo a reflexão da tradição

---

[12]   ZENGER, Psalm 131, p. 607.

judaico-cristã. Em especial, senti-me motivado por um olhar histórico de minha esposa, olhar de uma *mãe* para seu recém-nascido, o qual me fez ir ao encontro do Salmo 131. Resumo agora, de forma mais livre, o que mais me fascina neste pequeno poema. Gostaria de contribuir, desta forma, para os debates e as pesquisas promovidos pelos universitários, sobretudo quando se foca a sobrevivência digna e feliz da pessoa, da sociedade e da humanidade como um todo.

Afinal, seja destacado outra vez que a religião do antigo Israel cultiva um ponto de partida específico. Basta olhar para a História da Revelação do Deus de Israel, narrada nas Sagradas Escrituras. Realça-se, constantemente, a *lealdade* do Senhor, seu pastoreio e sua hospitalidade com aqueles que mais se encontram ameaçados em sua sobrevivência.[13] Quer dizer: atento ao clamor dos injustiçados, o nome de Deus, e portanto Deus mesmo, quer garantir a salvação a seu povo e à humanidade inteira, fazendo ouvi-los a sua palavra, uma palavra que insiste numa convivência mais igualitária e amorosa.

Isso pressuposto, a oração contida no Salmo 131 favorece uma postura marcada pelo nivelamento e ajuste dos próprios desejos. *Altivez*, soberba e busca de *grandezas* e *maravilhas* por força própria são rejeitadas. Em vez disso, a pessoa, faminta de vida, é convidada a procurar outro tipo de tranquilidade e *silêncio*, a partir do mergulho numa nova relação. No caso, favorece-se a descoberta do Senhor, Deus de Israel, como *mãe*, sobre a qual a *criança* pode deitar-se naturalmente, a fim de ser *amamentada* e acariciada. Quem conhece as demais tradições bíblicas sabe que esse tipo de reflexão não quer motivar a pessoa a desistir de seu esforço no que se refere a seu sustento. No entanto, um texto como o Salmo 131 alerta seu leitor a respeito da circunstância de que a questão da sustentabilidade passa por Deus. Nesse sentido, a pessoa tem como se tornar mais tranquila, justamente ao *se silenciar* no Senhor.

5. Referências bibliográficas

FERNANDES, Leonardo Agostini; GRENZER, Matthias. *Evangelho segundo Marcos*; eleição, partilha e amor. São Paulo: Paulinas, 2012.

_____. *Êxodo 15,22–18,27*. São Paulo: Paulinas, 2011 (Coleção: Comentário Bíblico Paulinas).

GRENZER, Matthias. Ação inversora do destino dos pobres. Um estudo do Salmo 113. *Atualidade Teológica*, ano XIV, n. 36, 2010.

_____. *Análise poética da sociedade*; um estudo de Jó 24. São Paulo: Paulinas, 2005.

_____. As tarefas da cidade. Exegese do Salmo 122. In: Afonso M. L. SOARES; João Décio PASSOS (orgs.). *A fé na metrópole*; desafios e olhares múltiplos. São Paulo: Paulinas, 2009.

---

[13] Cf. GRENZER, Pastoreio e hospitalidade do Senhor, pp. 301-321.

_____. Caminhos de justos e perversos. Exegese do Salmo 1. *Atualidade Teológica*, ano XV, n. 38, 2011.

_____. Crianças roubadas e penhoradas? *Estudos Bíblicos*, n. 54, 1997, pp. 52-57.

_____. *O projeto do êxodo*. 2. ed. São Paulo: Paulinas, 2007.

_____. Pastoreio e hospitalidade do Senhor. Exegese do Salmo 23. *Atualidade Teológica*, n. 41, ano XVI, 2012.

SCHROER, Silvia; STAUBLI, Thomas. *Simbolismo do corpo na Bíblia*. São Paulo: Paulinas, 2003.

WOLFF, Hans Walter. *Anthropologie des Alten Testaments*. 5. ed. München: Kaiser, 1990.

ZENGER, Erich. Psalm 131. In: HOSSFELD, Frank-Lothar; ZENGER, Erich. *Psalmen 101-150*. Freiburg: Herder, 2008.

CAPÍTULO VI

O Apocalipse de João como chave de leitura da realidade

Gilvan Leite de Araujo

1. Introdução

A Literatura Apocalíptica tem como escopo responder as fundamentais perguntas da existência humana, que transcendem o tempo e o espaço: "Como viver em um mundo dominado pelo mal? Deus se preocupa conosco? Existe ou existirá justiça sobre a terra? O que acontece quando morremos?". Estas perguntas e outras ocupam um lugar central na vida de cada pessoa humana. A Apocalíptica busca respondê-las vigorosa e poeticamente.[1] Particularmente, o Apocalipse de João nos remete a respondê-las através da fé naquele que foi crucificado e hoje é o ressuscitado.

Toda a cristologia do Apocalipse de João se concentra no tema do cordeiro imolado. A obra trata de uma comunidade eclesial reunida em uma celebração litúrgica (1,10: *"No dia do Senhor"*). Este dado nos indica que o Cristo Ressuscitado, apresentado como Cordeiro Pascal de Pé (Ap 5,6), é a certeza, por um lado, da vitória de Deus sobre as trevas, sobre as injustiças, sobre o ódio, sobre a idolatria e, por outro lado, do desmascaramento do mecanismo de morte que sustenta todo império. Além disso, indica-nos que a comunidade reunida em celebração possui uma potência que transcende a sua realidade física e, ao mesmo tempo, tal potência age efetivamente na história. Podemos dizer que é a obra da salvação que continua ao longo da história agindo positivamente em todas as raças e culturas.

Todo o livro do Apocalipse pode ser comparado ao Bolero de Ravel, que se desenvolve progressivamente até chegar a um máximo, com um colorido e uma vivacidade particulares que nos dão a entender que se trata de uma verdadeira liturgia.

---

[1]   HOWARD-BROOK; GWYTHER, *L'Impero Svelato*, p. 9.

O Apocalipse de João ao longo da história tem sido visto com certo fascínio e um toque de medo, por parecer alguma coisa de misterioso por causa do seu estilo, cheio de imagens, símbolos e imperativos. Mas, na verdade, é um modo de expressar realidades que simples palavras não conseguem, como o amor, a esperança, a paz etc.

2. Apocalíptica e Apocalipse de João

O Apocalipse de João se enquadra no estilo literário do qual provém o seu nome, ou seja, literatura apocalíptica. A ciência exegética e a teologia entendem a apocalíptica como um complexo de escritos e de ideias recebidos da tradição e que eram largamente difusos na diáspora judaica da Palestina e nos pequenos grupos do cristianismo primitivo no início da era cristã.[2]

A literatura apocalíptica surge entre os séculos II e IV a.C. e perdura até o século II d.C. Possivelmente, a literatura apocalíptica nasceu como uma corrente alternativa ao judaísmo oficial de Jerusalém.[3] A apocalíptica, segundo o parecer de Sacchi, não surge como uma literatura em época de crise ou perseguição, necessitada de se mascarar em símbolos obscuros, mas é um modo de ler a história presente, aos moldes da antiga profecia judaica. Segundo o autor, a apocalíptica alonga o tempo para a realização dos oráculos proféticos.

O declínio da apocalíptica judaica se dá com as desilusões devido à queda de Jerusalém em 70 d.C. No campo cristão, seu declínio ocorreu devido à aproximação com a cultura grega e com o afastamento do mundo semítico.[4]

O gênero literário apocalíptico, em geral, pode ser definido pelas seguintes características:[5]

a) Pseudonímia: a obra recebe o nome de algum personagem de renome, como uma autoridade ou um grande personagem do passado. Durante a época do cristianismo primitivo foram utilizados nomes com o de Daniel, Moisés, Esdras e Enoque; já durante a época cristã foram utilizados, em geral, nomes dos apóstolos. O uso da pseudonímia tinha a função de garantir a autoridade do escrito e assim um "valor canônico". Somente o Apocalipse de João foge a este esquema, pois o autor utiliza o seu próprio nome.[6] Usando a pseudonímia, o autor descrevia a história do seu tempo a partir de eventos passados, como no caso do livro de Daniel.

---

[2]   KOCH, *Difficoltà dell'Apocalittica*, p. 11.

[3]   SACCHI, *L'Apocalittica Giudaica*, p. 154.

[4]   KOCH, *Difficoltà dell'Apocalittica*, p. 19.

[5]   RUSSEL, *L'Apocalittica Giudaica*, pp. 138-139. MORALDI, *Tutti gli Apocrifi del Nuovo Testamento*, III, p. 287.

[6]   MORALDI, *Tutti gli Apocrifi del Nuovo Testamento*, III, p. 287. NATALE TERRIN, *Apocalittica e liturgia del compimento*, p. 92.

b) Visões: enquanto os antigos profetas geralmente recebiam revelações por audição e raramente por visões, os autores apocalípticos recebem revelações por visões, sonhos visionários, êxtases e raramente por audição. Nos apocalipses da época cristã, são frequentes visões acompanhadas de arrebatamento do vidente aos céus. Algumas vezes as visões oferecem uma representação direta do objeto da mensagem.[7]

c) Simbolismo: a literatura apocalíptica é repleta de imagens simbólicas, o que torna, às vezes, complicada a compreensão da mensagem que o autor deseja expressar.[8]

d) Anjo Intérprete: trata-se da presença de um ou mais anjos que acompanham o vidente, interpretando-lhe as visões. Na apocalíptica cristã, algumas vezes o próprio Jesus Cristo assume o papel de intérprete.[9]

e) Caráter compilatório: A apocalíptica, principalmente judaica, não é literariamente homogênea. Os gêneros literários são visivelmente diversos. No conjunto, os textos possuem um claro aspecto antológico. As duas características principais são visões e discursos de despedida. Em geral, sob o modelo de visões e revelações são recolhidas, de modo sincrético, velhas legendas, lendas populares, mitos, descrições e exegeses alegóricas de textos bíblicos.[10]

f) Caráter emotivo. A emoção está na base da apocalíptica, seja quando se trata de apelos, anúncios, catástrofes, desesperos, seja quando se trata de infundir, no final, uma nova esperança. Podemos dizer que o conteúdo é proporcional ao tom, que parece sempre ser definitivo, decisivo, determinante para a vida dos homens sobre a terra.[11]

A apocalíptica cristã surge e se desenvolve no século I. Diretamente em relação com o evento Jesus Cristo, a apocalíptica cristã possui pontos de convergências e divergências com a apocalíptica judaica. Ambas divergem em dois pontos fundamentais:

1. A concepção temporal-nacionalista do Messias e,

2. O Reino Messiânico.[12]

A apocalíptica judaica e a apocalíptica cristã convergem nos seguintes pontos:

---

[7] MORALDI, *Tutti gli Apocrifi del Nuovo Testamento*, III, pp. 287-288.

[8] Ibid., p. 288.

[9] Ibid., p. 288.

[10] Ibid., p. 288.

[11] Natale Terrin, *Apocalittica e liturgia del compimento*, p. 92.

[12] MORALDI, *Tutti gli Apocrifi del Nuovo Testamento*, III, p. 289.

O Apocalipse de João como chave de leitura da realidade

1. Universalismo e individualismo: os escritores apocalípticos veem o mundo e a humanidade como um todo; a ressurreição, o juízo, a condenação ou a salvação possuem uma escala cósmica.[13]

2. Pessimismo apocalíptico: um pessimismo concernente ao mundo presente invade os escritos apocalípticos. A transitoriedade e a degeneração do presente indicam a atual dominação satânica. Esse estado de coisas obriga a humanidade a olhar para o futuro, onde está prefixada por Deus a eliminação das forças do mal e uma vida feliz para os justos.[14]

3. Determinismo e ardente expectativa: tudo o que acontecerá no futuro já foi prefixado por Deus com toda a precisão. O conteúdo dos seus segredos se realizará no momento por Ele estabelecido,[15] mas os autores que escreveram os textos, por terem tido contato direto com Deus ou por revelação direta ou por arrebatamento, conhecem o que está reservado para o futuro.

Todos esses pontos apresentados levaram muitos a julgarem a apocalíptica como uma literatura que conduz a pessoa a uma atitude de passividade diante da realidade ou da história. Dado que, tudo já foi predeterminado por Deus e que o mundo está sob o poder do maligno, qual seria a motivação para uma ação humana? Porém, muda-se o ponto de vista quando os justos sabem que haverá uma vitória e que lhes está reservado um futuro feliz. Contudo, para fazer parte desse futuro feliz, a pessoa ou comunidade deve assumir uma vida segundo a lógica de Deus, lutando contra o poder das trevas que busca desviá-la do caminho do bem. Esse modo de conceber o futuro gera um dinamismo positivo, ou seja, o que está reservado para o futuro pode começar a ser entrevisto no hoje, a partir das ações concretas. Podemos compreender isso a partir do próprio autor do Apocalipse de João, que está exilado (Ap 1,9). Os que prestaram testemunho clamam por justiça (6,9-10), mas lhes é dito que esperem mais um pouco. O testemunho indica que estavam em ação, testemunhavam a Palavra de Deus, e isso lhes foi causa de justiça diante de Deus, mesmo que tenham sido martirizados. O esperar mais um pouco indica que a justiça divina virá no tempo certo e não falhará, é vitória garantida.

3. Estrutura do Apocalipse de João

O Apocalipse de João possui uma estrutura muito simples. Ele é composto por uma introdução (1,1-3) e uma conclusão (22,6-21), um primeiro bloco que contém a cartas às sete cidades do Apocalipse (Éfeso, Esmirna, Pérgamo, Tiatira, Sardes,

---

[13] Ibid., p. 289.

[14] Ibid., p. 289. NATALE TERRIN, *Apocalittica e liturgia del compimento*, p. 97.

[15] MORALDI, *Tutti gli Apocrifi del Nuovo Testamento*, III, p. 290.

Filadélfia e Laodiceia) (1,4–3,22) e um segundo bloco que contém os setenários dos selos, das trombetas e das taças (4,1–22,5).

Mesmo girando em torno de Jesus Cristo, o Cordeiro Imolado, o Apocalipse de São João possui uma perspectiva trinitária:

Deus = *Aquele-que-é, Aquele-que-era e Aquele-que-vem*

Jesus Cristo = Cordeiro Imolado de Pé, O Vencedor, O Leão da Tribo de Judá...

Espírito Santo = *Sete Espíritos*

4. O Apocalipse de João como chave de leitura da realidade

O Apocalipse de São João gira em torno de uma grande liturgia celeste, mas essa liturgia se expressa em uma linguagem visivelmente política: o culto a Deus impede o culto ao império. O estilo litúrgico do Apocalipse estabelece um evidente contraste entre o culto sedutor, mas satânico, do império e a alegre celebração do único Deus verdadeiro.[16] Assim, podemos sentir que o Apocalipse de João faz uma dura crítica ao império. Podemos citar dois autores que partem deste aspecto para descrever a realidade social na qual nós vivemos: Allan Boesak e Pablo Richard. Boesak, um importante líder antiapartheid, no seu livro *Comfort and Protest: The Apocalypse from South African Perspective* (1987), convidava a população sul-africana a libertar-se do resto do império europeu que ainda fustigava a população negra. Pablo Richard, no seu livro: *Apocalypse: A People's Commentary on the Book of Revelation* (1995) comenta: "Desejo, em primeiro lugar, que este livro venha a ser lido pelos agentes de pastoral que atuam nas comunidades eclesiais de base".[17] Em sua obra, Pablo Richard propõe uma "espiritualidade de resistência" que seja capaz de sustentar a sobrevivência de cada dia e de criar um mundo alternativo.[18]

O Apocalipse de São João é um apelo a confiar mais em Deus do que no império.[19] O fato de que os membros das *ekklesiai* se tornassem mais desejosos do estilo de vida do império, adotando seus vícios e comportamentos, constituía para o autor do Apocalipse um problema terrível.[20] Assim, o nosso autor busca abrir os olhos aos que se encantam e se iludem com a propaganda imperial que se mostra sempre mais atrativa.

---

[16]   HOWARD-BROOK; GWYTHER, *L'Impero Svelato*, p. 26.

[17]   Ibid., p. 89.

[18]   Ibid., p. 89.

[19]   Ibid., p. 15.

[20]   Ibid., p. 14.

O historiador inglês Edward Gibbon, na sua obra *História da decadência e da queda do Império Romano* (1776-1788), escrita durante o período de independência dos Estados Unidos, exalta a grandeza do Império Romano: "No século II da era cristã, o Império Romano compreendia a parte mais bela e civilizada da terra. O valor, a disciplina e a antiga fama defendiam as fronteiras daquela vasta monarquia. O suave, mas potente, influxo das leis e dos costumes tinha aos poucos alicerçado a união das províncias, cujos habitantes se beneficiavam e abusavam dos benefícios da riqueza e do luxo. Conservava-se com veneração a imagem de uma livre constituição".[21]

De fato, o Império Romano se utilizava de toda uma propaganda de poder e glória a fim de se sobrepujar sobre as colônias dominadas. Os meios de comunicação social romano eram os templos, os monumentos, as inscrições, as festas, as orações, as moedas, os jogos etc. Globalmente unidos, esses meios de comunicação social difundiam eficaz e incessantemente uma única mensagem: Roma é uma sociedade bem organizada e benévola; o Império Romano é a garantia da paz e da harmonia.[22]

a) Política imperial

A população da província da Ásia Menor não se consideravam submetidas e ocupadas por Roma e, diferentes da Judeia, Gália ou Britânia, eram favoráveis ao governo romano.

As províncias da Ásia Menor foram submetidas a Roma por volta de 133 a.C. A política imperial romana confirmava a autoridade da elite da colônia. Na Ásia desse período, essa elite compreendia funcionários romanos, funcionários locais, famílias nobres (donas de vastas áreas territoriais) e ricos comerciantes, que se mantinham através da fidelidade a Roma.

Roma encorajou a substituição do tradicional conselho grego democrático por um conselho baseado na condição social familiar. Dele faziam parte os grandes proprietários, os nobres e os ricos. Enquanto isso, o império favoreceu uma política de urbanização que sufocou a maior parte da população das províncias e reforçou o poder de suas elites. Enquanto isso, era introduzida a prática da dupla cidadania. O império concedia a cidadania romana aos membros da elite das colônias dominadas. Essa concessão livrava a pessoa ou família das obrigações tributárias. Com isso, a elite da Ásia Menor entrou numa rede cada vez maior e mais complicada de privilégios, tornando-se progressivamente mais rica.[23]

A aquisição de privilégios levou as cidades da Ásia Menor a entrarem em uma verdadeira disputa entre si, a fim de obterem mais honras e privilégios.

---

[21] Ibid., pp. 160-161.

[22] Ibid., p. 161.

[23] Ibid., p. 161.

A sociedade romana era fundamentada sobre uma relação piramidal entre patrão e cliente. A pessoa de condição social superior (patrão) podia oferecer assistência financeira ou proteção legal (patronato) a pessoas de condição social inferior (cliente). Aceitando a proteção, o cliente se obrigava ao respeito e fidelidade ao patrão. Essa relação existia nos âmbitos individual, familiar, de cidade e de província. O imperador romano era o patrão por excelência, e a população do império era sua cliente. Esse era um dos aspectos importantes das disputas entre as cidades da Ásia Menor. Cada cidade da província buscava convencer a corte romana de que a sua cidade era a mais leal a Roma.[24]

A competição entre as cidades incluía a construções de templos imperiais e de outros edifícios e monumentos públicos (teatros, ginásios, hipódromos, banhos...), bem como a realização de festas, competições. Tudo isso também criava um ar de civilidade e de cultura elevada. As construções tinham, também, a função de apaziguar a crise social urbana, como veremos a seguir.

b) Economia imperial

Os historiadores antigos estavam preocupados em narrar intrigas políticas e guerras. Não se dava muita atenção à questão econômica ou social. Esses consideravam a economia subordinada aos acontecimentos políticos e militares. Por outro lado, em sociedades organizadas de forma piramidal, a vida das pessoas pertencentes às classes inferiores era considerada desprezível e muito pouco interessante para ser observada. Devido a esse fator, não existe muitas informações sobre a vida econômica e social das províncias.

A base econômica do império era, sem dúvida, a agricultura, apesar do crescente número populacional urbano e suburbano em todo o império, devido às migrações e emigrações. A maior parte da população vivia no campo em situação miserável e sob a taxação de altos impostos.

A política imperial de urbanização iniciada por Augusto e desenvolvida por Vespasiano e Adriano agravou a tensão socioeconômica. O urbano consumia mais do que se produzia no campo. A vida urbana era possível somente com a remessa de tudo aquilo que era produzido no campo para a cidade.

O crescente processo de urbanização e empobrecimento permitiu o desenvolvimento dos latifúndios, com a crescente concentração de terras produtivas nas mãos de ricos proprietários que moravam nas cidades. A agricultura de subsistência perdia a sua vitalidade, forçando os pequenos camponeses a migrarem para as cidades, aumentando a pressão social. Interessados nos lucros, os grandes proprietários

---

[24] Ibid., p. 161.

diminuíram a produção de grãos, favorecendo a alta de preços desses, bem como se aplicaram à produção de produtos de melhor rentabilidade, como o vinho e o azeite. Esse fator determinou a falta de produtos de largo consumo, como o trigo e a cevada. Contudo, o vinho e o azeite se tornaram excedentes (Ap 6,5-6).

O envio de produtos para as grandes cidades e principalmente para o centro do império gerava um mercado ativo e lucrativo, seja nacional como internacionalmente, conforme nos relata Ap 18. Calcula-se que anualmente, somente para a alimentação da população romana, atracavam no porto de Óstia cerca de 6 mil navios carregados de grãos. Com toda a produção direcionada para o centro do império, existia escassez de grãos nas províncias, favorecendo os conflitos civis entre elas.

A elevada densidade demográfica criava, também, um grave problema sanitário. Apesar dos famosos aquedutos e banhos públicos da Roma antiga, estes não respondiam à demanda populacional. Por outro lado, o esgoto a céu aberto implicava o aumento de doenças e epidemias. Com isso, a expectativa de vida era muito breve. O elevado índice de mortalidade produzia uma grande rotatividade populacional. Como consequência, um considerável percentual da população era formado por recém-chegados. Estes últimos habitualmente procuravam os guetos étnicos correspondentes aos seus.

Numa situação de inchaço populacional, sistemas hidráulico-sanitários insuficientes, população doente, mortes, elevado percentual de estrangeiros e pobreza generalizada, Roma e as cidades das províncias não deviam ser lugares agradáveis para viver. O recurso utilizado era construir prédios públicos grandes e belos, monumentos, templos etc. Porém, o embelezamento urbano não respondia à real necessidade urbana e permaneciam somente como meio para competição entre as cidades da província da Ásia Menor.

Quanto à vida pública, as casas não dispunham de cozinha, onde as refeições eram feitas em grupo e em público. Não existia sistema de higiene privada; todos deviam usar os serviços público de higiene. Cada quarteirão criava um vínculo de unidade, onde todos se conheciam e, assim, festejavam e celebravam seus cultos. Com toda a certeza, a ausência dos cristãos nas celebrações e festas públicas era facilmente percebida.

c) Cultura imperial

No século I da era cristã, a cultura nas províncias romanas girava em torno da propaganda imperial. Ela utilizava uma série de ritos públicos, discursos, imagens e grandes construções que exaltavam Roma e o imperador.

O culto imperial e os cultos locais na Ásia Menor eram componentes essenciais da complexa rede de propaganda que constituía a "ordem" da cultura imperial.

O Império Romano constituía o símbolo da grandeza; do cosmo bem-ordenado e harmônico, que protegia os seus do caos demoníaco que se opunha à *Pax Romana*.

Roma, por excelência, era o lugar da divindade, o céu, de onde a divindade garantia paz, segurança e progresso a todos os seus adoradores.

d) Culto imperial

O culto ao imperador consistia num elemento indispensável para manter a ordem do império. Este culto permitia aos habitantes das províncias manterem-se unidos a Roma e ao imperador. O culto imperial era o principal meio de coesão social entre os vários povos do vasto império. Na antiga Roma, *religio* significava o vínculo que mantinha as pessoas unidas. A religião vinculada à vida pública era, também, um ato político. Não é possível conceber na antiguidade religião separada da política: uma fazia parte da outra. Dessa forma, o culto imperial era um fenômeno social que influenciava todos os aspectos da vida.

O culto aos imperadores começou, de fato, somente com Augusto. Nota-se que o culto ao imperador não começou por vontade deste, mas as elites das cidades da Ásia Menor pediram autorização para honrar o imperador desse modo. A construção de templos e altares em honra ao imperador tornou-se uma disputa entre as cidades, cuja finalidade era demonstrar "maior" fidelidade a Roma e ao imperador.

Encontramos Pérgamo, que se lança a construir um templo a Roma e a Augusto em 27 a.C. Outras cidades seguiram o exemplo de Pérgamo, construindo novos templos ou restaurando os já existentes. Passaram a existir templos dedicados ao imperador, altares em templos de divindades dedicados ao imperador e sacerdotes que realizavam cultos às divindades e ao imperador. No século I da era cristã existia o culto ao imperador em todas as cidades citadas no Apocalipse.[25] O culto ao imperador é um bom exemplo da falta de uma real distinção na antiguidade entre política e culto, corte e templo, soberano e divindade.[26]

O templo tinha um importante papel na economia das cidades da província romana da Ásia Menor, absorvendo as funções de banco e mercado ao mesmo tempo. Era impossível realizar transações financeiras em larga escala sem recorrer às estruturas bancárias existentes nos maiores templos. Em Roma, o templo de Saturno era a sede da tesouraria do Estado. O templo de Ártemis em Éfeso era a sede financeira da província romana da Ásia Menor. Os recintos dos templos abrigavam, também, associações mercantis e comerciais. Os comerciantes usavam o templo como sede pública na qual realizavam todas as transações comerciais. Qualquer pessoa que

---

[25] THOMPSON, *The Book of Revelation*, p. 159.

[26] HOWARD-BROOK; GWYTHER, *L'Impero Svelato*, p. 179.

desejava comprar ou vender, pedir ou conceder empréstimos devia passar necessariamente pelo templo.

No Apocalipse, o fato de comer carne sacrificada nos templos (2,14.20; 1Cor 8,1-13; 10,23–11,1) é o "passaporte" para tornar-se participante da vida do império. Os banquetes serviam para legitimar o sistema de relações entre patrão e cliente, o culto imperial e os privilégios das classes superiores; por outro lado, criava, para o cidadão, a sensação de pertença à sociedade e garantia de vida e subsistência.

Dentre as divindades, destacam-se os cultos de Cibele ou Ártemis e Mitra. As festas dedicadas às diversas divindades evocavam um sentimento de pertença social. Os cidadãos participavam ativamente dessas festas, criando uma verdadeira união entre a pessoa e a divindade, eliminando as barreiras entre o céu e a terra, ou seja, o cidadão comum podia participar, naquele momento, do mundo da divindade.

A estrutura social da sociedade formada em torno do culto se inseria muito bem no sistema de patronato que sustentava a estrutura imperial.

e) Mito imperial

Na época de Augusto, propagava-se o mito da "era de ouro". O período republicano tinha significado uma época de desventuras, guerras civis e insegurança. Com Augusto, a propaganda imperial anunciava o advento de uma nova era que pode ser demonstrada em cinco pontos:

a) A nova era é o cumprimento da profecia e corresponde à promessa feita no início dos tempos.

b) A nova era compreende a terra e o céu, os homens e os deuses (Apolo, como *Helios,* é o deus da nova era).

c) A nova era é universal, compreende todos os povos.

d) A nova era é proclamada mediante as celebrações oficiais, como as celebrações da "nova era" do ano 17 a.C. imitada nas sucessivas aberturas dos jogos imperiais em muitas províncias.

e) A nova era surge com um salvador, o maior benfeitor de todos os tempos, o "filho de deus" (*divi filius*), ou seja, o vitorioso Augusto.

Esse mito de refundação do império produz uma vasta rede de mitos complementares. As palavras-chave da propaganda imperial eram: *império, vitória, fé e eternidade.* Palavras estas incutidas no consciente popular através dos diversos meios de propaganda utilizados pelo império.

f) Comunidades cristãs e império

Na província da Ásia Menor, pequenos grupos de pessoas procuravam viver inspirando-se na memória de Jesus, o qual foi pregado numa cruz romana por ordem de um oficial romano em uma província rebelde do império.

Desde o início, esses pequenos grupos criaram uma linguagem político-religiosa como de império/reino, evangelho, Salvador, Senhor, fé, Filho de Deus.

O confronto entre o Apocalipse e o império não devia ser reduzido a uma simples crítica ao culto imperial. Na realidade, no Apocalipse, a crítica a Roma é muito mais ampla que uma crítica ao culto imperial. O Apocalipse critica a exploração econômica, a política sedutora, a violência e a arrogância imperial. Opor-se comportava necessariamente a rejeição da propaganda imperial e do império como um todo. O ser exilado de João expressa claramente a rejeição ao império e a adesão a Jesus, ou seja, aquele que rejeitou o império deste mundo.

O apelo do Apocalipse a resistir ao império não era um convite a uma rebelião, mas um convite a uma resistência pacífica, minando, assim, a estrutura imperial e desvelando a sua real identidade. De fato, as comunidades cristãs estavam dentro das províncias romanas, mas não pertenciam a elas.

O jogo entre a Babilônia e a Nova Jerusalém expressa bem esse fato. Roma, com os seus tentáculos, representava a Babilônia, "a Grande", e as comunidades cristãs representavam a Nova Jerusalém. A Babilônia não era o céu de Augusto, mas o lugar de demônios, de violência e de corrupção; Jerusalém, ao contrário, é uma entidade divina que desce do céu e é o lugar da solidariedade e da paz.

O culto cristão, ao celebrar a memória da morte e ressurreição de Jesus Cristo, desvela o mecanismo de morte que sustentava o Império Romano.[27] O Apocalipse demonstra que o Império Romano não havia iniciado uma nova era, pois era somente mais um opulento e arrogante império, como os demais antes dele. A nova era foi iniciada a partir da Cruz de Cristo e de sua Ressurreição, e somente aqueles que se banharem no sangue do Cordeiro poderão desfrutar dessa nova era.

5. Ler a realidade a partir do Apocalipse de João

Deus sonha um mundo diferente daquele que temos em nossas mãos e chama todos a realizá-lo no hoje, desmascarando o império do dinheiro, mudando a política, renovando a Igreja, fazendo comunidade e vivendo sobriamente. Um dos grandes biblistas americano, Walter Brueggemann, no seu livro *The Prophetic Imagination*, reassume em três pontos o sentido do sonho de Deus sobre a humanidade:

---

[27] AMMANNATI, *Apocalisse, le cose che stanno per accadere*, pp. 58-62.

O Apocalipse de João como chave de leitura da realidade

a) Deus sonha para o seu povo uma economia de igualdade: significa que os bens deste mundo devem servir a todas as pessoas, e não apenas a uma minoria.

b) Para obter essa igualdade, é necessária uma política justa, ou seja, que não permita a desigualdade social, pois esta última é uma afronta a Deus.

c) Para obter uma política justa, é necessário um povo que faça a experiência religiosa de um Deus livre que não permite a escravidão.[28]

Um Deus que é livre não é e não pode ser um Deus do sistema, mas deve ser o Deus das vítimas do sistema, o Deus dos oprimidos, das viúvas, dos órfãos, daqueles que não têm voz nem vez.

Esse sonho é confiado a Moisés, que é chamado a retornar ao Egito e enfrentar o Império Egípcio, que, como todos os impérios, inclusive os atuais impérios econômicos, é contrário ao sonho de Deus. Todo império tem como base uma economia de opulência, na qual poucas pessoas possuem tudo aquilo que desejam ao custo de milhares de famintos.

Deus deseja que cada pessoa tenha o mínimo necessário para viver. Todo excedente é pecado, como nos recorda o livro do Êxodo sobre o acúmulo do maná do deserto ou a profecia de Amós sobre a opulência de Israel.

No Egito Antigo, 10% da população vivia na abundância do país, às custas de muitos famintos e escravos.[29] Roma tinha a mesma proporção, o que é típico de uma realidade imperial. Uma economia de opulência pede uma política de opressão. Nesse sentido, as armas são parte integrante de todos os impérios. Todo ano se gastam 900 bilhões de dólares em armamento. Todo império exige, também, uma religião na qual deus é prisioneiro do sistema. Deus abençoa o Faraó, abençoa César, abençoa Hitler...: é uma religião imperial. A religião imperial convida os seus adeptos a serem bons e obedientes para que deus os abençoe com muitos bens e os conduza ao paraíso.

O Apocalipse de João ajudou as pequenas comunidades da Ásia Menor a compreenderem o que era de fato o Império Romano, a grande Besta que desponta dos mares, expressão suprema de todos os impérios da história. A Besta cavalga na história sobre os vários impérios. No Apocalipse, a Besta cavalga sobre a grande prostituta, que é Roma. É importante perceber que, enquanto a prostituta é morta, a Besta foge para cavalgar outros na história.[30] O profeta quer dizer que a Besta é uma realidade maior que o império e o submete. Cavalgou sobre o Egito, sobre a Babilônia, sobre Roma. Mas, hoje, sobre quem está cavalgando?

---

[28] MARTIRANI, *Il Drago e l'Agnello*, p. 15.

[29] Recordo-me aqui de minha visita ao Museu do Cairo. Lá foi possível apreciar as imagens dos faraós e dos grandes da corte em uma postura feliz e majestosa, enquanto os empregados possuíam feições tristes. O motivo disso é que os empregados seriam sempre e eternamente subordinados serviçais dos seus senhores.

[30] MARTIRANI, *Il Drago e l'Agnello*, p. 16.

O Apocalipse põe às claras a verdadeira face da Roma imperial, ou seja, opulenta, violenta, opressiva. Isso nos ajuda a reler o "império do dinheiro" no nosso tempo.

Chamando-nos a "ver" as coisas com outros olhos, João nos apresenta uma realidade dividida. Roma não é aquilo que aparenta ser. Na realidade, existem dois mundos distintos: o mundo construído pelos detentores do poder e o mundo escondido por eles. O mundo escondido pelo poder é justamente o mundo real, é o mundo onde Deus vive. Segundo o Apocalipse, este segundo é o mundo real, enquanto o primeiro é apenas uma paródia, uma ilusão. Sobre esse ponto, muitos estudiosos apocalípticos viram nessa visão bifurcada do Apocalipse a apresentação de um mundo atual e terreno, dominado pelo mal, e um mundo futuro e celeste, dominado por Deus, como duas épocas sucessivas. Outros viram como um dualismo entre o céu e a terra, onde a terra vive sob o poder do mal e o céu sob o poder do bem. Na realidade, as duas realidades coexistem simultaneamente em todos os tempos e lugares. Os símbolos "Babilônia" e "Nova Jerusalém" expressam justamente essa realidade. A Nova Jerusalém desce do céu para ocupar o seu lugar na terra. É a expressão do projeto do Reino de Deus anunciado por Jesus Cristo, com toda a sua vitalidade, que é realidade divina e está no meio da realidade terrestre.[31] A fé apocalíptica prevê "caminhos de libertação na história (*kronos*) e uma intervenção divina na história (*kairós*)".[32]

Segundo os criadores do mito da "nova era", o céu era o lugar do imperador. No Apocalipse, o sol ofuscado, a lua manchada e a queda dos astros do céu significam a decadência do Império Romano por obra da cruz de Cristo, sinal de alegria para os cristãos e de luto para os adoradores do império.[33]

Deus, como ajudou o profeta do Apocalipse, nos ajuda hoje a ver a realidade que nos é apresentada pelos meios de comunicação e outros, e a não nos iludir com o que nos é apresentado. É por isso que o anjo-intérprete diz a João de modo imperativo: "Vê". Mas não existe uma realidade neutra quando se lê a realidade. É claro que São João lê Roma não a partir de Roma mas sim a partir do crucificado, dos oprimidos, dos marginalizados pelo poder imperial, pois ele mesmo encontra-se "na ilha de Patmos por causa da Palavra de Deus e do Testemunho de Jesus", ele é irmão e companheiro na tribulação (Ap 1,9).

Na base do Apocalipse, está Jesus, que era o crucificado e agora é o glorificado. Ele é o Cordeiro Glorificado, que morreu fora dos muros, por obra do poder político romano e da aristocracia sacerdotal de Jerusalém. Dessa forma, nós, cristãos, não temos outra escolha senão ler a realidade a partir do crucificado, dos crucificados, das vítimas, dos últimos. Eis por que estamos sempre do outro lado. Jesus, o Cordeiro

---

[31] HOWARD-BROOK; GWYTHER, *L'Impero Svelato*, pp. 206 e 212.

[32] MYERS, *Who will roll away the stone?*, p. 404.

[33] HOWARD-BROOK; GWYTHER, *L'Impero Svelato*, pp. 221-222.

O Apocalipse de João como chave de leitura da realidade

(Jo 1,29.36), venceu o império aceitando morrer pregado numa cruz romana. O Apocalipse afirma claramente que o poder de Jesus consiste na "espada da sua boca" (1,16; 2,12.16; 19,15.21). A Palavra de Deus é verdadeiramente potente, mas, diferente da espada imperial, age sem violência e derramamento de sangue.

O Apocalipse de João nos revela que "o mecanismo que dá origem a cada cultura submetida aos poderes imperiais é o desafogar da violência coletiva sobre uma vítima ou uma série de vítimas escolhidas, atitude esta que permite a reorganização temporária da coletividade dentro do sistema". Esquematizando o processo, podem ser apresentados em três pontos fundamentais:

a) Tendência sempre maior de um dado sistema social pôr-se em direção ao caos mimético, com a degradação do sistema social.

b) Colocação da violência coletiva sobre uma ou mais vítimas.

c) Elaboração de proibições e rituais que permitem ao sistema social o retorno à ordem, com o fim de evitar uma nova explosão da violência com danos a novas vítimas.[34]

A outra face dessa mimese são aqueles que não produzem violência, mas que conduzem o homem/mulher a tornar-se "Imagem de Deus", renunciando às coisas do mundo como Cristo fez diante da tentação do Diabo (Mt 4,1-11), não acumulando tesouros sobre a terra (Mt 6,19) e renunciando, finalmente, a si mesmo por amor ao próximo. É essa a mimese que não produz violência e não determina o caos e, ao mesmo tempo, funda uma sociedade realmente coesa e duradoura e conduz ao progresso material e espiritual. O Apocalipse convida a escolher o mundo que queremos considerar real: aquele do império ou aquele das comunidades cristãs.

Jesus, durante a sua vida terrestre, anunciou o reino dos céus, ou seja, aquele reino que devia ser construído sobre o amor e não sobre proibições, obrigações legais, sobre ritos sacrificiais do sistema. A palavra de Jesus foi dirigida inicialmente às ovelhas perdidas da casa de Israel (Mt 10,6). Estes, após a sua morte e ressurreição, pregaram e anunciaram o Evangelho aos confins da terra. Os Atos dos Apóstolos nos demonstra como àqueles que acolheram o Evangelho se abriu um caminho de caridade e de amor extremo como o martírio. O derramamento de seu sangue, sangue inocente, teve o mérito de revelar de uma vez por todas, o fundar-se dos processos históricos sobre o mecanismo vitimário, o qual tinha permitido o mascaramento da violência até então.[35]

Ao ler, hoje, a realidade como quem paga pelo sistema, como quem é crucificado e vítima do império, percebe-se que o império econômico é hoje a grande Besta que

---

[34] AMMANNATI, *Apocalisse, le cose che stano per accadere*, p. 58.

[35] Ibid., p. 62.

cavalga sobre os grandes impérios do nosso tempo e que determina e exige o sistema vitimário. Não se pode esquecer o que diz o Apocalipse de João: "Tinha poder sobre cada tribo, povo e nação, e todos o adoravam" (Ap 13,7-8).

São João, escrevendo às sete Igrejas, em nome do Senhor, demonstra a preocupação com as comunidades cristãs, pois elas podem estar aos poucos se adaptando à cultura dominante, no sentido negativo é claro. Para nós, também, é um grande perigo nos tornarmos parte integrante da idolatria do sistema, da economia imperial, do mecanismo vitimário, pelo qual acabamos por não dizer mais nada a ninguém e legitimamos a situação vigente. O "ver" ajuda a desvelar o que está escondido e revelar o que é verdadeiro. O Apocalipse exige uma tomada de consciência e um posicionamento. Esse posicionamento indica o caminho escolhido, pois o Apocalipse rejeita terminantemente a neutralidade. Essa radicalidade do Apocalipse é o que leva muitos a pensarem que se trata de um dualismo. Mas, na realidade, existem duas realidades que coexistem simultaneamente e no mesmo espaço.

No entanto, não podemos realizar tudo, ou seja, resolver os problemas nucleares, da fome, da ecologia, isoladamente, é impossível. Cada comunidade deve assumir, sim, compromissos precisos unida a outras comunidades com compromissos semelhantes. Pois é de baixo que nascerá algo novo e cabe a nós torná-lo possível.

6. Conclusão

O cenário internacional atual passa por um processo de redefinição de valores e status. Nações até há pouco tempo estáveis e controladoras da ordem mundial passam por crises econômicas, políticas, religiosas e identitárias. Por outro lado, nações consideradas subdesenvolvidas emergem no cenário internacional. Contudo, quando estas reinvidicam o direito de diálogo e de decisão, estabelecem-se princípios de incapacidades. Como exemplo disso, pode-se citar quando o Brasil e a Turquia quiseram negociar com o Irã sobre questões nucleares. Imediatamente, a secretária de estado americana Hillary Clinton elevou a voz satirizando o Brasil como sendo incapaz de diálogo internacional. Lógico que os Estados Unidos não permitiram a ação do Brasil e da Turquia. Na realidade, a questão não era de capacidade ou incapacidade, mas sim a possibilidade de nações emergentes estarem em grau de igualdade no diálogo e tratativas de questões internacionais, ou seja, manter a hegemonia americana. Além do mais, os Estados Unidos buscam estabelecer relações fechadas com a China na tentativa de criar não um G5 ou um G20, mas um G2. Deve-se esperar para ver no que resultará.

O Apocalipse nos ajuda a "ver" a realidade, ele nos convida a tirar o véu e enxergar as coisas com o olhar de Jesus, aquele que foi crucificado e agora está ressuscitado.

Este "ver" a realidade exige um posicionamento radical, pois o Apocalipse não admite passividade.

Este "ver" nos faz perceber que existe uma realidade escondida e real por detrás da propaganda dos "grandes". Essa realidade abafada e escondida é a verdadeira. Por outro lado, quando percebemos que existe uma realidade escondida, descobrimos as forças demoníacas que sufocam essa realidade, disfarçadas de tons paradisíacos e pacíficos.

Como resposta concreta, o Apocalipse nos convoca a "sairmos" (Ap 18,4) da falsa realidade, que denominamos "Babilônia", e a implantarmos a nova realidade que chamamos "Nova Jerusalém". A Nova Jerusalém, entendida como o novo povo, as pequenas comunidades cristãs, possui uma força inigualável, porque já é vitoriosa: sua cabeça, Cristo, já venceu e continua vencendo. As comunidades devem resgatar o poder e a vitalidade de suas celebrações, pois elas minam e destroem as bases do império. Por outro lado, conduzem seus membros a um estilo de vida tal, que confunde os poderosos, pois eleva os humildes.

O Apocalipse de João nos convida a não desanimarmos, pois a vitória está garantida: Ele, Deus Pai, Deus Filho, Deus Espírito Santo, faz nova todas as coisas, ontem, hoje e sempre.

7. Referências bibliográficas

AMMANNATI, R. *Apocalisse, le cose che stanno per accadere*; linearità e reversibilità del tempo nell'Apocalisse di Giovanni. Roma: EMI, 2001.

HOWARD, W.; BROOK-GWYTHER, A. *L'Impero Svelato*; riscoprire la forza dell'Apocalisse per il nostro tempo. Bologna: Editrice Missionaria Italiana, 2001.

KOCH, K. *Difficoltà dell'Apocalittica*. Brescia: Paideia Editrice, 1977.

MARTIRANI, G. *Il Drago e l'Agnello*; dal mercato globale alla giustizia universale. Milano: Paoline, 2001.

MYERS, C. *Who will roll away the stone?*; discipleship queries for first world Christians. Maryknoll, N.Y.: Orbis Books, 1994.

MORALDI, L. (ed.). *Tutti gli Apocrifi del Nuovo Testamento*; lettere Apocalissi, III. Asti: Piemme, 1994.

NATALE TERRIN, A. (ed.). *Apocalittica e liturgia del compimento*. Padova: Edizioni Messaggero Padova, 2000.

RUSSEL, D. S. *L'Apocalittica Giudaica*. Brescia: Paideia Editrice, 1991.

SACCHI, P. *L'Apocalittica Giudaica e la sua storia*. Brescia: Paideia Editrice, 1990.

THOMPSON, L. *The Book of Revelation*; Apocalypse and Empire. Oxford: Oxford University Press, 1990.

CAPÍTULO VII

Espiritualidade de comunhão

Maria Freire da Silva

1. Introdução

A espiritualidade cristã se caracteriza pela experiência do Deus Trindade, que se revelou na história, através de Jesus Cristo. Espiritualidade é essencialmente experiência, portanto, é comportamental. Experiência de um Deus pessoal, revelado em plenitude na pessoa de Jesus Cristo. A espiritualidade abrange a totalidade do ser humano, pelo fato de que todo ser humano é relacional. Olhando a pessoa como um ser em relação, colocamo-la na perspectiva de abertura ao outro e, como critério de sua realização, a importância de ser-com, contrapondo-se ao ser-em-si, que dá base à lógica individualista vigente. O elemento fundamental da espiritualidade cristã é a fé como abertura a Deus.[1]

O termo espiritualidade não faz parte do vocabulário antigo, e sim do vocabulário moderno. Os antigos falavam em teologia espiritual, ascética e mística ou simplesmente em vida cristã e evangélica. Os primeiros séculos conservam certo número de escritos das comunidades judaico-cristãs, como a Didaqué, as Odes de Salomão, a Carta de Barnabé, o Pastor de Hermas, que refletem a vida espiritual da comunidade. Graças à Didaqué, conhecemos as práticas da vida cristã no âmbito da tradição judaica e evangélica. As Odes de Salomão refletem uma exaltação mística, revelando um fervor espiritual surpreendente para aquela época. A Carta de Barnabé desenvolve uma espiritualidade do batismo, uma leitura tipológica da Escritura em que o autor faz uma configuração da vida cristã com o novo templo habitado pelo Espírito Santo. Já o pastor de Hermas mostra uma imagem idealizada de Igreja.[2]

---

[1]   MACCISE, Espiritualidad y realización humana.

[2]   HAMMAN, Espiritualidad.

Porém, todos os escritos judaico-cristão, em particular a Didaqué, acentuam a escatologia, o que polariza toda a vida espiritual das comunidades. Sem dúvida, a dimensão espiritual dos antigos é profundamente dialógica e integral. O todo perpassa as partes, e as partes estão no todo. Isso mostra que, nos primeiros séculos do cristianismo, não se pensava a vida de forma separada. Nesse contexto, o místico é o sujeito da experiência, o mistério seu objeto; a mística, a reflexão sobre a relação místico-mistério. A derivação etimológica desses termos vem de *myein* ("fechar os lábios ou os olhos"), donde, por transposição metafórica, iniciar-se, do qual deriva o complexo vocabulário: *mýstes*, "iniciado", *mystikoós*, que diz respeito à iniciação, *tá mystiká*, os ritos de iniciação, *mistikós* (advérbio), "secretamente", e *mysterioon*, objeto da iniciação.

No entanto, apesar dessa experiência perpassar a vida humana de geração em geração; ao mesmo tempo o ser humano pode se distanciar dela. Segundo Paul Evdokimov, teólogo oriental,

> apesar da tentativa hegeliana e marxista de atribuir à história um termo que dela faça surgir o homem novo, a fenomenologia e o existencialismo expressaram dúvidas sobre esse homem e o descreveram como um ser esmagado, vivendo em um mundo esfacelado.[3]

Todavia, esse homem novo vai se gerando à medida que passa por uma metamorfose do segundo nascimento (2Cor 4,16). Dessa forma, o ser humano retorna a seu amor primeiro (Ap 2,4); resgatando a comunhão consigo mesmo, com Deus e com os outros na interação com o cosmo. Portanto, articular a experiência místico-espiritual com o todo da vida humana é o objetivo deste capítulo. E o fará na perspectiva trinitária. Sem dúvida, "a espiritualidade pertence à teologia porque se enraíza na fé e se alimenta continuamente da revelação".[4] Na tradição teológica, as correntes monásticas sempre deram grande atenção à dimensão da espiritualidade.[5]

2. Espiritualidade e mística

Essa terminologia vem do culto grego relacionado aos mistérios. Na Bíblia, o termo é desconhecido, porém, no cristianismo é a experiência de vida nova comunicada pelo Espírito do Pai e do Filho. A mística é essa etapa do caminho espiritual em que Deus invade a pessoa e toca nas profundezas do seu ser, transformando-a. Não implica a evasão da própria responsabilidade no cumprimento da missão; ao contrário, conduz à doação generosa e desinteressada no serviço aos outros. No Novo

---

[3] EVDOKIMOV, *O silêncio amoroso de Deus*, p. 61.

[4] BERNARD, *Teologia mística*, p. 39.

[5] Ibid., p. 39.

Testamento, Jesus é o grande místico, conhece e revela o Pai, comunica a vida divina. O que vimos com nossos olhos, o que contemplamos e o que nossas mãos apalparam do Verbo da vida (Jo 1,1-3) O Pseudo-Dionísio, herdando uma tradição, é o primeiro a falar de "teologia mística" como sendo o conhecimento perfeito de Deus, o que sugere a ideia de algo escondido, secreto. O fenômeno "mística" designa um movimento em face de um objeto que se encontra além dos limites da experiência empírica. A mística cristã se caracteriza por sua relação com o mistério de Cristo, com o desígnio divino de reunir todas as coisas em Cristo (Ef 1,9-10; Col 1,20-27).

Quando nos debruçamos sobre o mistério da Sagrada Escritura, percebemos que a Bíblia, por sua índole espiritual, é rica em mistério e, portanto, essencialmente mística. A teologia patrística, ao destacar a meditação sobre a Sagrada Escritura, o faz mostrando o que está escondido, implícito no texto. Essa meditação leva a uma transformação interior, espiritual, e a uma contemplação adorante. A partir do século IV, para os padres gregos, a meditação parece coincidir com a teoria da contemplação. Porém, há nisso certa influência da teoria platônica: a experiência de Deus deve ser colocada unicamente na dimensão do intelecto ou num contato direto com a divindade?

Nessa dinâmica, o objeto da contemplação é a totalidade do ser, no qual a pessoa humana faz a experiência de plenitude. Trata-se de desvelar a realidade do universo e da criatura humana na sua relação com o divino. Essa relação conduz a uma experiência de iluminação, que pode ser denominada "a mística da luz". Para os cristãos, o mistério divino é conhecido graças à revelação do Espírito Santo e pode ter graus diversos. Fala-se de êxtases, segundo a definição da oração proposta por São Nilo, que significa um total arroubamento do Espírito fora do mundo sensível.[6] No êxtase, significa que toda a inteligência é envolvida, possuída por Deus. Evágrio diz que o êxtase está ligado à teologia apofática, o que significa a ignorância dos conceitos da intelectualidade pura. O entendimento, imagem de Deus, converte-se em luz pura e reflete a luz da Trindade Santa. Porém, não é algo fora de si, não é um estado estático. É a verdadeira mística da luz.

No século IV, Gregório de Nissa (340-394), homem de grande envergadura cristã, revela uma visão mística, tendo como ponto de partida a figura de Moisés que sobe ao monte Sinai. Em primeiro lugar, na luz se realiza a purificação. Em segundo lugar, nas nuvens, a alma penetra na contemplação dos inteligíveis. Em terceiro lugar, nas trevas, alcança-se o último grau do conhecimento e então a alma (pessoa) adentra por um novo caminho, o caminho do amor, e veste as vestimentas do amor. Trata-se de uma verdadeira mística denominada de saída do estado intelectual. Com ardente

---

[6]   *Ad Magnam*, 27, PG 79, 1004A.

Espiritualidade de comunhão

desejo de Deus, a alma adquire um novo conhecimento de Deus-caridade. O amor, dessa forma, se faz conhecimento.[7]

O Novo Testamento mostra uma compreensão da mística como um mergulho no mistério da cruz de Cristo. E essa realidade vem acompanhada pelo mistério do Espírito Santo. Conhece o mistério da Cruz e se compromete com ela quem se deixa iluminar pelo Espírito de Deus, que sonda as profundidades (1Cor 2,2; 1,23; Rm 16,25; 1Cor 1,23; 2,3). É na fraqueza que o apóstolo vive sua sintonia com Deus, mediante o crucificado, no dinamismo do Espírito.

Dessa forma, a compreensão sobre o significado do ser místico retrata, portanto, o místico, a mística como alguém que faz a experiência da unidade-comunidade--presença, enraizado no Cristo crucificado e ressuscitado. Por ser uma pessoa de fé, vive o sentido da aliança, consciente de que Deus Pai é o Deus da misericórdia revelada em Jesus e derramada no Espírito Santo. O místico é alguém que tem consciência de viver sob a misericórdia e a graça divina. Tem o sentimento de gratidão, de disponibilidade diante da livre-iniciativa de Deus, da necessidade do perdão e da renovação da esperança confiante. Regida pela caridade, a experiência mística cristã demonstra definitivamente o conhecimento do mistério da caridade, aberta ao movimento de entrega de si segundo a medida de Cristo. O místico vive no amor e, pelo amor com que se percebe, é que se vê obrigado a amar. A mística trinitária exige uma abertura permanente do(a) místico(a) em relação ao amor do Pai revelado no Filho e a graça do Espírito Santo.[8]

a) Espiritualidade: autocomunicação da Trindade

A novidade cristã consiste em crer não que Deus existe mas sim que Deus é amor (1Jo 4,8.16). O amor supõe uma dinâmica intersubjetiva das relações, um eu que se dá e um tu que recebe. A lógica mesma do amor, reconhecendo que o Senhor é um só (Dt 6,4), ao mesmo tempo exige que, na vida intradivina, seja pluralidade, alteridade, reciprocidade, como indicam as Escrituras e a fé da Igreja. Como afirmou Hilário de Poitiers: "Deus é um mas não é só". O cristianismo reconhece um único Deus em Três Pessoas. As relações de amor recíproco são constitutivas do ser mesmo do Deus Uno e Trino.

Ricardo de São Vítor foi um dos pensadores da Igreja que refletiram e trouxeram imensa contribuição a respeito do desenvolvimento da dimensão relacional do mistério trinitário. Sua teologia surgiu onde se cruzam e fecundam a antiga teologia dos padres da patrística e da escolástica, e a contemplação monacal e o racionalismo dos novos tempos. Alguns ressaltam a influência dos padres gregos. Outros, sem negar

---

[7]   SPIDLÍK, Mística, pp. 1457-1458.

[8]   MOIOLI, Mística cristã, pp. 769-779.

a fonte grega, acentuam o saber agostiniano do discípulo. É justamente de Ricardo que surge o paradoxo do amor interpessoal e intrapessoal estudado por Agostinho. Encontro pessoal fundante, no qual o Pai, o Filho e o Espírito Santo dão, recebem e compartilham suas pessoas em gesto de absoluta gratuidade. Dois temas principais perpassam a teologia de Ricardo: (1) o sentido do amor; (2) e o valor das pessoas. A Trindade é encontro de amor em que a centralidade é colocada em relevo na experiência interpessoal ou comunitária. São os elementos fundamentais de sua visão trinitária concebida como ontologia do amor de comunhão. Apoia-se em experiência cristã originária (At 2,46-47; 4,32-36) e destaca o valor radical da amizade.

Ricardo concebeu a Deus como mistério de comunhão em que as pessoas surgem umas das outras e todas compartilham a mesma essência no encontro. Pode-se afirmar que o autor vinculou dois modelos primordiais de experiência: (1) a metafísica genética dos neoplatônicos, que concebe o ser como processo originário; (2) e a visão relacional dos padres gregos, que interpreta as pessoas trinitárias como momentos interiores do diálogo divino. Não é o indivíduo que se busca a si mesmo (se conhece e se ama) em processo introspectivo. Só no encontro inter-humano, no gesto de amor mútuo que vincula os amigos, os homens vêm a se entender como sinal de Deus na terra. Dessa forma, interpreta a palavra de Jesus e a experiência da Igreja no Evangelho de João e nos Atos dos Apóstolos.

Para Ricardo, o verdadeiro ser humano é sinal da Trindade. E o lugar da ontologia autêntica emerge quando o homem se concebe sob forma de processo de vida compartilhada, isto é, comunitária: a pessoa se expressa e se realiza (como indivíduo) à medida que se faz a partir dos outros e com os outros (comunidade). Essa perspectiva fundamenta e define a visão trinitária de Ricardo de São Vítor de modo que ela se desenvolve como ontologia fundante do amor comunitário. Três são as formas primigênias do amor; três os momentos de sua realização divina:

a) O Pai Transcendente, Senhor e dono de si mesmo em perfeição originária. Não necessita da criação para realizar-se; sendo amor, tem que se dar incessantemente; entrega gratuitamente tudo o que tem. Existe como Pai, amor fontal que sai de si próprio e dá toda a sua natureza.

b) Sendo Pai, Deus entrega seu próprio ser em gesto de geração, fazendo que surja assim uma pessoa distinta que recebe seu próprio ser e o compartilha em gesto de agradecimento: o Filho. O amor só é infinito quando der e receber – a felicidade do encontro é infinita. Por isso, o Pai é doação total, ilimitada e eterna. Igualmente ilimitada é a acolhida do Filho que recebe seu ser e lhe corresponde. Um e outro somente existem no encontro, como sujeitos pessoais de uma relação de amor.

Espiritualidade de comunhão

c) O Espírito Santo. O amor de dois não pode fechar-se neles mesmos; sua relação só é perfeita quando, olhando um para o outro, ambos se unem e olham, ao mesmo tempo, para um terceiro, "fazendo", assim, surgir o Espírito Santo, que é fruto do amor de um e de outro. Amor culminado.[9]

Nessa perspectiva, o Espírito não é apenas amor recíproco, vínculo que une o Pai ao Filho em unidade dual personalizada, como espaço dialogal de encontro. Nessa compreensão, o Espírito é chamado de *Condilectus*, "Amado em comum". O amor recíproco é o "ambiente" e culmina quando os amantes, unindo-se no vínculo mais profundo, se unem e se vinculam para amar unidos, fazendo surgir a Pessoa nova, que é o Espírito, o *Condilectus*. Essa realidade está vinculada à caridade. Não há caridade, nem plenitude, sem amor mútuo para comunicar o gozo supremo da comunhão.[10]

Dessa forma, culminam os graus do amor. Amor que implica doação, em generosidade geradora (Pai); implica a comunhão entre Filho e Pai, que se encontram e dialogam, em comunicação direta, em transparência plena. O Amor recíproco só é perfeito quando suscita um terceiro, o *Condilectus* – O Espírito Santo, a quem oferecem o que compartilham, sendo distintos um e outro. Na teologia de Ricardo de São Vítor, isso implica que o Espírito Santo não pode conceber-se como amor interno da natureza divina, que desenvolve seu processo, e, conhecendo-se a si mesmo, ratifica seu próprio ser no gesto de pura introspecção.

Essa perspectiva leva a uma superação do egoísmo, do fechamento do indivíduo. Assim, o amor originário e eterno (imanência divina) transborda na economia salvífica. A Trindade de amor eterno é a que forma, portanto, dois amantes (em latim *diligentes*) e um coamado (*Condilectus*) que provém de ambos, ratificando e culminando na própria comunhão.[11] O mistério de Deus revela-se como comunhão e abertura ao outro fruto da garantia do amor mútuo, que é o Terceiro, o Espírito Santo.

Em síntese, pode se concluir que, no pensamento de Ricardo, tudo surge de Deus Pai, fonte originária da divindade. O Pai, para sê-lo, dá o seu próprio ser originariamente ao Filho. Ambos suscitam o Espírito Santo. Os três são pessoas porque compartilham da mesma realidade (ou essência) divina: Dão e recebem o que têm. Sem dúvida, para Ricardo, a pessoa é, antes de tudo, o sujeito de si mesmo. A pessoa não possui a si própria e, possuindo sua natureza, não pode agir como dona de sua própria realidade, como autônoma.[12] A pessoa é relação e se define pelo lugar que ocupa no processo. O Pai é dono de sua própria natureza em si mesmo, como ingênito. O

---

[9]   *De Trinitate* III, 2-4.

[10]   Ibid. III, 11.

[11]   Ibid. III, 15.

[12]   Para Ricardo de São Vítor: *Habens naturam* (cf. terminologia comum de Ricardo [*De Trini*. IV, 11-12]). A natureza é *quid*, "o que eu sou"; pessoa é *quis*, "o que sou".

Filho é dono de sua própria natureza, tendo-a recebido do Pai. O Espírito a possui, recebendo-a do Pai e do Filho. Isso significa que a posse ou o domínio de si pode se realizar e ser vivido de diferentes perspectivas. A pessoa é comunhão: Pai, Filho e Espírito Santo na mesma natureza. No encontro de amor, são pessoas e entregam-se a si mesmas. Ricardo muda o esquema boeciano a respeito do conceito de pessoa e acrescenta que, junto com a independência ou incomunicabilidade, torna-se igualmente necessária a relação.

b) Espiritualidade

Da experiência trinitária de Jesus Cristo vem a experiência de sua Igreja. E, como a experiência trinitária está no centro da vida de Jesus Cristo, semelhantemente, a experiência trinitária está no centro da vida da Igreja. A Igreja apostólica viveu intensamente sua relação com a Trindade: com o Pai, o Filho e o Espírito Santo, constituindo, dessa forma, uma consciência clara e precisa de que o Deus de Israel vive não em majestosa solidão mas sim em gloriosa e amorosa comunicação de três pessoas: Pai, Filho e Espírito Santo. De Cristo, o mistério da Trindade passa à sua Igreja como experiência, e posteriormente como reflexão de fé, como doutrina. A experiência constitui a forma de aprendizagem da comunidade a respeito do mistério trinitário.[13]

A história, como espaço da epifania da Trindade, é constituída de uma série de eloquentes eventos que pontuam o diálogo entre Deus e a humanidade. Entre os três eternos amantes (Pai, Filho e Espírito Santo) e a pessoa humana. Conforme o Evangelho de João, "Deus é amor" (Jo 4,16); e o homem é fruto desse amor. A história da humanidade tem sentido somente se lida em chave agápica.[14] Sem dúvida, na revelação e redenção de Deus, manifesta-se inteiramente seu tríplice rosto e sua tríplice subsistência: no amor paterno, no amor filial e no amor recíproco.[15]

Deus, sendo amor, escolhe o ser humano no seu inefável amor para que esse torne visível a bondade do seu criador. E Deus mostra seu amor através de nós (Rm 5,8). O amor de Deus foi reservado em nossos corações através do Espírito Santo (Rm 5,5). O Filho, enquanto amado do Pai (Mc 1,11) desde toda a eternidade (Jo 17,24), é o dileto do Pai (Ef 1,6), e este amor transborda para a humanidade, submergindo-a em águas profundas, fazendo-a receber a vida do próprio Deus.[16] Esse amor transborda em nós através do sacrifício do próprio Filho que o Pai entregou por amor a nós

---

[13] MONDIN, *La trinità mistero d'amore*, p. 91.

[14] Ibid., p. 377.

[15] Ibid., p. 376.

[16] ZANGHÍ, *Dio che è amore*, pp. 70-71.

(Rm 8,32). Portanto, o amor trinitário de Deus nos ilumina e nos envolve com seu esplendor, como afirmou Gregório Nazianzeno:

> Havia apenas começado a pensar na unidade: eis que a Trindade emerge em seu esplendor. Havia apenas começado a pensar na Trindade: eis que a unidade ressurge [...]. Quando falo de Deus, devo me sentir imerso em uma única luz [...]. Vê uma divisão indivisa, unidade com distinção. Um só nos Três é a divindade. E Três como um só: são os três nos quais é a divindade ou, para exprimir mais exatamente, que são a divindade.[17]

Sem dúvida, a espiritualidade de comunhão se caracteriza por uma relação profunda com o mistério trinitário de Deus. Como afirmou Gregório Nazianzeno: é a relação com uma única luz constituída pela unidade e a comunhão de Deus que se derrama em nós. Essa relação com Deus Pai que se derrama sobre nós pelo Cristo acontece no dinamismo do terceiro, que é o Espírito Santo (Mt 12,32). Ele dinamiza o amor entre nós e o Pai. A Trindade existe sempre como três pessoas no amor recíproco. A reflexão teológica sobre a Trindade seguiu fundamentalmente duas vias: uma, a mais conhecida, tem estudado as relações de origem, radicada na revelação; outra se refere ao mistério sobre o registro do amor, também radicado na revelação. A primeira privilegiou o ser; a segunda o existir. Do nosso ponto de vista, as duas vias se integram uma na outra com a outra. Nessa linha, podemos afirmar a Trindade como amor de reciprocidade: uma verdadeira *kénosis* em plenitude do ser pela reciprocidade.[18]

O amor pela experiência que fazemos se mostra como uma força que empurra o amante para fora de si no amado. O amado pode assumir e sintetizar em si rostos diversos, englobando a totalidade da realidade de amor. Um rosto humano pode transformar em amor o ícone do cosmo e da origem desse. Mas, quando uma pessoa ama de verdade, tenderá a comportar-se sempre, diante do amado, como ícone do amor no mesmo amor. Se a grande poesia quis aproximar amor e morte, é porque o amante não se prende ao rosto amado, pelo fato de ser o ícone da criação e do criador, mas, sobretudo, porque vai em busca do amor em si mesmo. Esse empurra a outra forma amada para atingir o amor, mostrando que não há outra forma de amar senão assumir os vários rostos do real. No encontro do amor, o amante renuncia a si mesmo, e isso é morte. Aqui aparece a grande concepção cristã do amor.[19]

Todo rosto é amado por Deus e é a revelação do amor com o qual Deus ama. É um aspecto do rosto de Deus, se assim se pode dizer, que é revelado no particular do rosto amado. Dessa forma, atingir o amor em si mesmo não deve significar a

---

[17]   Gregório Nazianzeno, citado por ZANGHÍ, *Dio che è amore*, p. 81.

[18]   Ibid., p. 96.

[19]   Ibid., pp. 96-97.

renúncia da forma amada. Se o amor doado encontra reciprocidade entre amante e amado, então não há anulação de um nem de outro, pois cada um habita no outro, com o outro e para o outro em eterno dinamismo pericorético. Nessa relação, o amor é afetado em si mesmo. Quando se afirma amor e morte, a morte se liga ao temporal, em que a pessoa humana viverá sempre a experiência do amor como experiência também de morte na aventura temporal, onde não há total reciprocidade, mas crescimento sem fim na maturidade relacional.[20]

O hino cristológico aos Filipenses (2,6-11) fala da *kénosis* pela qual Cristo se fez homem. Relata o abandono experimentado por ele, na obediência ao Pai. Na *kénosis* temporal, revela-se a *kénosis* eterna. E nessa *kénosis* não há anulação e sim plenitude absoluta, porque é acolhida e reforçada por parte do outro na sua própria *kénosis*, no seu doar-se absoluto na reciprocidade. Por isso, Deus exaltou o seu Filho (Fl 2,9). A *kénosis* de Cristo faz compreender o amor que é três. O Uno se cumpre entre os três no amor numa pericorese de comunhão. O Filho se abandona ao Pai no Espírito Santo (Jo 19,30). O Pai se revela no silêncio da cruz do Filho.[21] O Filho é fruto do êxtase do amor do Pai, e o Espírito é o êxtase desse amor. Dizia Santo Ambrósio: "O Filho nasce do coração do Pai".[22] O mesmo Santo Ambrósio dizia:

> O Filho faz o que o Pai quer, e o Pai louva o que o Filho faz [...]. O Filho sempre conhece a vontade do Pai, e o Pai, a do Filho; o Filho sempre ouve o Pai, e o Pai ao Filho, por unidade de natureza, vontade e substância;[23] nele ecoa a cadência do oráculo divino e no meio dele opera o Espírito Santo.[24]

3. A espiritualidade como experiência do belo

Sem dúvida, falar de espiritualidade como experiência do belo exige uma verdadeira compreensão de beleza, e, sobretudo, acolher a Trindade como beleza absoluta. No entanto, no cristianismo, o entendimento da beleza divina vem a nós através da pessoa de Jesus Cristo no dinamismo do Espírito Santo. A experiência do encontro com o Deus da beleza é um acontecimento vivido na totalidade do ser e não só na sensibilidade. Passa pelas entranhas da pessoa que o experimenta, como nos mostra Santo Agostinho:

---

[20]   Ibid., p. 97.

[21]   Ibid., p. 101.

[22]   Ibid., p. 102.

[23]   AMBRÓSIO DE MILÃO, *Examerão*, pp. 73-74.

[24]   Ibid., p. 79.

Tarde te amei, ó Beleza tão antiga e tão nova, tarde te amei! Eis que estavas dentro de mim e eu, fora de mim, te buscava! Disforme, lançava-me sobre essas formosuras que criaste. Estavas comigo e eu não estava contigo! Retinha-me longe de ti aquilo que não existiria se não existisse em ti. Porém me chamaste com uma voz tão forte que rompeste a minha surdez! Brilhaste, cintilaste e logo afugentaste a minha cegueira! Exalaste perfume: respirei-o, suspirando por ti. Eu te saboreei e agora tenho fome e sede de ti. Tu me tocaste e ardi no desejo de tua paz.[25]

Hans Urs von Balthasar, ao tratar da estética teológica, abre horizontes do pensamento à meditação e à contemplação da beleza de Deus, do seu mistério e do Cristo em quem Ele se revela:

A nossa palavra inicial se chama beleza [...]. A beleza é a última palavra que a inteligência poderia ousar pronunciar, pois ela nada mais faz que coroar, como uma auréola de inapreensível esplendor, o duplo astro do verdadeiro e do bem e sua indissolúvel relação.[26]

A beleza, como a verdade, coloca a alegria no coração de homens e mulheres e "é um fruto precioso que resiste ao desgaste do tempo, que une as gerações e as faz comungar na admiração".[27] Portanto, o belo traz à tona a harmonia, a sintonia do todo que é contemplado. Tratando-se do mistério trinitário, a forma modelada é um atributo do Espírito Santo. No caminho da beleza, mulher e homem contemplam a beleza encarnada, transfigurada; a beleza crucificada e a ressuscitada. Todos esses aspectos constituem uma única beleza que espelha a glória de Deus em seu esplendor trinitário. O caminho da beleza responde ao íntimo desejo de felicidade que habita o coração humano; e abre horizontes que conduzem o ser humano a sair de si mesmo, da rotina, a romper os grilhões que impedem de alçar voos para Deus, a abrir-se ao transcendente e ao Mistério. Essa beleza original é a própria Trindade.[28]

No entanto, contemplar a beleza encarnada nos leva ao monte Tabor, para fazer a experiência do rosto revelado de Jesus na transfiguração (Mt 16,16). Na transfiguração, as vestes tornam-se brancas como a luz; e o rosto brilha como o sol. Isso retrata a beleza divina com a qual Jesus é envolvido em sua vida terrena. E, ao mesmo tempo, a transfiguração se mostra como prelúdio da ressurreição, ou seja, da beleza definitiva.[29] A experiência feita pelos discípulos leva-os a dizer: "Senhor é bom estarmos aqui" (Mt 17,4). É belo contemplar a glória de Cristo de rosto descoberto e será ainda

---

[25]   AGOSTNHO DE HIPONA, *Confissões*, p. 299.

[26]   Balthasar, citado por ASSEMBLEIA PLENÁRIA DOS BISPOS, *Via Pulchritudinis*, p. 20.

[27]   Ibid., p. 22.

[28]   Ibid., p. 22.

[29]   MARTINI; FORTE, *Avvolti nel mistero della trasfigurazione*, pp. 23-24.

melhor no momento em que a contemplarmos para sempre".[30] Essa beleza deve ser sentida nos corações de todos os cristãos que acreditam na força do Ressuscitado como revelação da vida comunitária de Deus; e é essa beleza que toda Igreja-comunidade "deve desejar e cultivar, porque é eterna".[31] O tempo é santo, e aquele Jesus que permanece com os discípulos é a glória de Deus, mesmo que o discipulado não perceba isso. A revelação da nuvem luminosa que se faz presente no evento refere-se ao mistério do Espírito Santo.[32]

Portanto, tanto a brancura das vestes como o brilho do sol no rosto de Jesus e a luminosidade da nuvem oferecem um espetáculo de beleza e harmonia à experiência da comunidade seguidora de Jesus. Como coroamento dessa experiência, os discípulos podem escutar a revelação que vem do alto como um mandamento: "Este é o meu Filho amado, em quem me comprazo, ouvi-o!" (Mt 17,5). "Erguendo os olhos, não viram ninguém: Jesus estava sozinho" (Mt 17,8). Os discípulos passam por uma experiência profundamente transcendente: somente através de Jesus, o Filho amado de Deus, contemplam o mistério divino. O Pai se revela no mandato: escutai-O! Pois em Jesus se revela o rosto misterioso e glorioso do Pai e do Espírito Santo.[33] É belo estar aqui, é bom! É belo pertencer a Cristo, testemunhar sua experiência gloriosa como Filho de Deus. Viver a espiritualidade de comunhão é viver a graciosa e gloriosa experiência de escutar a voz do amado do Pai. A alusão ao Espírito é sinal indicativo da dinâmica própria do Espírito; uma dinâmica que nos envolve, nos abrange e é compreendida por alusões, uma vez que nós estamos nele. Dessa forma, abrir-se-á em nós espaço para penetrarmos nesse seio do amor da Trindade Santa.[34]

a) A cruz como expressão da beleza divina

Na espiritualidade de comunhão, mulher e homem devem fazer a experiência espiritual, também em relação com a cruz de Jesus e nele contemplar a beleza crucificada consciente de que é verdadeiramente belo o mistério do crucificado glorioso.[35] Nessa experiência, faz-se necessário uma leitura da Bíblia em ritmo trinitário e, por isso, com a sua estruturação própria, introduzir a dinâmica da Trindade. Isso requer o seguinte esquema:

---

[30]   Ibid., p. 26.

[31]   Ibid., p. 26.

[32]   Ibid., p. 28.

[33]   Ibid., p. 32.

[34]   Ibid., p. 36.

[35]   Ibid., p. 39.

Espiritualidade de comunhão

a) Escutar perseverantemente a palavra de Deus, que abre o coração para o agradecimento a Deus pelos dons no diálogo da fé; nascendo assim a leitura da Palavra (*lectio divina*).

b) Em Jesus e no Espírito, buscar a mensagem perene que emana do silêncio do Pai, surgindo a meditação (*meditatio*).

c) Oferecer-se à ação do Espírito para entrar no coração da Trindade, emergindo a contemplação (*contemplatio*).

d) Aprender a fazer escolhas e tomar decisões segundo Jesus Cristo ungido pelo Espírito, que conduz à ação (*actio*).

Ao experienciar essa realidade, o fiel percebe que todo itinerário de Jesus, da encarnação à ressurreição, revela sua relação com o Pai no Espírito como fundamento de seus gestos de solidariedade e compromisso com os pobres de seu tempo. Desse ponto de vista, contemplar a cruz como expressão da beleza divina, Cristo que no silêncio da noite e do abandono, revela o mistério *kenótico* da Trindade, o que quer dizer que, em Deus, habita a dor de amor, que Deus sofre pela dor do mundo: "Uma Igreja que compreende isso é uma Igreja que sabe que seu destino não pode ser o sucesso, a glória, o poder; o seu destino no mundo é o da *Ecclesia crucis*, da Igreja crucificada por amor de Deus".[36] Portanto, a Trindade se revela na *kénosis* de Jesus. O mistério da cruz na teologia sempre atraiu a atenção dos teólogos e estudiosos do assunto, como também sempre esteve presente na vida de grandes místicos, homens e mulheres que vivem segundo o Espírito, que perceberam a cruz no seu significado mais *kenótico* e esplendoroso:

> Consequência de toda a vida de Jesus, e mais particularmente de sua contestação dos poderes constituídos, a cruz é, com efeito, o resultado inevitável de seu engajamento total no serviço de Deus e dos homens [...]; no entanto, porque plenamente em harmonia com toda a sua missão messiânica, a morte de Jesus é também redentora (Mc 10,45). Um corpo oferecido e um sangue derramado em favor de muitos (Mc 14,24; 6,30-43).[37]

O doar a vida de Jesus até as últimas consequências, morrendo na cruz, tem sido referencial de seguimento radical de Jesus Cristo por seus discípulos e discípulas em todos os tempos. A comunidade apostólica e a seguinte tornaram-se arquétipo para os cristãos no decorrer da história. Durante toda a tradição da Igreja, a comunidade foi integrando em sua vida o caminho da cruz, como despojamento total do discipulado de Jesus. Na experiência da cruz, o cristão compreende que o eterno que

---

[36] Id., pp. 74-75.

[37] DEBERGÉ, *Ética do poder*, pp. 80-81.

ama não é a morte. A morte em Deus, pelo contrário, é um conceito agápico, isto é, de amor, de caridade. Deus sofre por nós, mas ressurge para a vida, o que significa que Deus é o eterno que nos traz no coração. O fulgor dessa vitória é a ressurreição de Cristo.[38]

A ressurreição revela-nos, dessa forma, que o mundo é envolvido pelo mistério trinitário de Deus e que a Trindade é a origem, o seio, a pátria, a chegada e o futuro. E o tempo é o ícone da Trindade, Pai, Filho e Espírito Santo num dinamismo eterno.[39] Desse ponto de vista, a dor tem sentido, ainda que escondido no abismo da Trindade:[40]

> A possibilidade de Deus tomar forma humana, de conversar, de calar, de sofrer, de sorrir ou chorar, constitui-se beleza infinita. O auge dessa trajetória verifica-se no evento da cruz. O Deus belo em Jesus renuncia ao triunfo, à potência, à glória. Na cruz acontece uma inversão de valores, ou uma valoração daquilo que tem valor: o amor. A glória de Deus compreende-se no evento da cruz. Aí se compreende então em que consiste a quênose de Jesus: "Ele tinha a condição divina, mas não se apegou a sua igualdade com Deus. Pelo contrário, esvaziou-se a si mesmo, assumindo a condição de servo e tornando-se semelhante aos homens. Assim, apresentando-se como simples homem, humilhou-se a si mesmo, tornando-se obediente até a morte, e morte de cruz!" (Ef 1,6-9).[41]

Logicamente, contemplar o belo na cruz exige a compreensão de que nela, à luz da ressurreição, se revelam a existência de Deus e o sentido do mundo, Deus trinitário.[42] Sem dúvida, "a beleza de Deus, revelada pela beleza singular de seu Filho, constitui a origem e o fim de todo o criado".[43]

b) A experiência da ressurreição: ápice da beleza

> Jesus possui consciência de que a glória de Deus refulge em sua face (2Cor 4,6).[44]

Sem dúvida, falar da ressurreição como ápice da beleza, traz à tona a consciência de que o "Cristo é o lugar supremo do advento, onde, de uma vez por todas, a Beleza

---

[38] MARTINI; FORTE, *Avvolti nel mistero della trasfigurazione*, pp. 75-76.

[39] Ibid., p. 76.

[40] Ibid., p. 77.

[41] ZANELLA, A beleza quenótica do Crucificado na teologia de Bruno Forte.

[42] Ibid., p. 78.

[43] ASSEMBLEIA PLENÁRIA DOS BISPOS, *Via Pulchritudinis*, p. 25.

[44] SANTANA, O Espírito Santo na vida de Jesus, pp. 265-292.

Espiritualidade de comunhão

veio para resplandecer em todo o seu fulgor salvífico".[45] Através da experiência de ressurreição, o ser humano experiencia a beleza divina como plenitude de vida.

O teólogo alemão Jürgen Moltmann, ao falar da ressurreição, parte do princípio de que a totalidade da libertação deu-se na ressurreição, com afirmativa de que, por ela, a verdade utopia do reino torna-se tópica e advento da certeza, e que a ressurreição é a entronização total da realidade humana (espírito-corporal) na atmosfera divina e, por isso completa e total hominização e libertação.[46] A ressurreição possibilitou aos apóstolos uma releitura da vida, morte e ressurreição de Jesus.[47] A vida e morte de Jesus adquirem um sentido libertador, totalmente revelado após a ressurreição.[48] A ressurreição reergue a comunidade abatida pela morte de Jesus e a constitui nova comunidade renascida da fé na ressurreição: este é o paradoxo que a comunidade deve combinar: morte-maldição de Jesus (Dt 21,23) e ressurreição-glória, como fatos que têm a mesma origem em Deus.

Leonardo Boff afirma que, pela ressurreição, celebra-se um presente definitivo, porquanto de alguma forma somos transportados para o fim da plenitude antropológica.[49] Aqui o Espírito (*ruah-pneuma*) constitui a vida de Deus, imutável, imortal, eterna, plena, onipresente, penetrando e enchendo o cosmo. Jesus ressuscitado é o novo Adão (1Cor 15,45) que constitui, portanto, para a fé cristã, o lugar hermenêutico onde se lê a intenção última de Deus sobre o homem. Toda a história de Jesus adquire significado e transcendência a partir desse evento.[50] O futuro se anuncia no presente. A escatologia é a categoria complementária do Reino de Deus.[51] A morte e

---

[45]   FORTE, *A porta da beleza*, p. 99.

[46]   Boff diverge de J. Moltmann no que diz respeito ao sofrimento, ao mal atribuído a Deus. Moltmann cria um grande problema; Deus ativo produz a morte no mundo; Deus passivo sofre a dor do mundo, solidariza-se com ela. Deus feito indistintamente sujeito da morte provoca um modo de falar teológico profundamente ambíguo e primitivo. "Em J. Moltmann, nota-se uma ausência profunda de rigor teológico no seu discurso. Deus é epifânico, aparece como dor e morte". O problema do mal não é uma questão de teodiceia, e sim uma questão ética (BOFF, *A fé na periferia do mundo*, pp. 45, 138-141).

[47]   BOFF, *Paixão de Cristo, paixão do mundo*, p. 87. A partir da ressurreição, os apóstolos puderam reler a vida de Jesus de Nazaré. Não era uma morte qualquer, era a morte do Filho de Deus, do enviado do Pai; não era um conflito entre a observância da lei e a liberdade de Jesus, era o conflito entre o reino do homem decaído e o reino de Deus.

[48]   Para Boff, "a ressurreição possui seu significado garantido; caso contrário, vira mitologia pagã ou ideologia moderna" (BOFF, *Paixão de Cristo, paixão do mundo*, p. 88), O que permite na visão moltmanniana interrogar o significado de Jesus para o momento atual (MOLTMANN, *Wer ist Christus für uns heute?*, pp. 37-40).

[49]   BOFF, *A fé na periferia do mundo*, p. 45. Afirma-se a ressurreição como a entronização do homem terrestre, corporal-espiritual na vida do reino. Ressurreição equivale à escatologização da realidade humana, agora realizada em todas as suas possibilidades. Nesse livro, o autor trabalha a fé a partir de dois lugares; o lugar social e o lugar da revelação. À luz da fé, são interpretados os dados e à luz da fé se forma o engajamento dos cristãos. O lugar social em L. Boff está em consonância com a cristologia latino-americana, sobretudo, de SOBRINO, *Cristología sistemática*, pp. 575-599.

[50]   BOFF, *A fé na periferia do mundo*, p. 47: "Em Jesus vivo, morto e ressuscitado [...], a ressurreição significa a plenificação do homem em Deus".

[51]   Id., *Teologia do cativeiro e da libertação*, p. 66: "Uma verdadeira concepção da escatologia gera um dinamismo crítico de extrema atualidade política".

Maria Freire da Silva

a ressurreição de Jesus são momentos cruciais, reveladores da verdadeira natureza de Deus: o amor e a plena comunhão.[52] Contudo, afirma-se que

> essa ressurreição na morte não é totalmente plena: só o homem no seu núcleo pessoal participa da glorificação. O homem possui uma ligação essencial com o cosmo. Enquanto este não for também plenificado e não tiver atingido sua meta de glorificação, pode-se dizer que o homem ainda não ressuscitou totalmente.[53]

Do ponto de vista de Luis Ladaria, teólogo espanhol, na humanidade glorificada de Cristo, "contemplamos na esperança o que será nossa sorte futura. Participando de sua ressurreição, conformados com Cristo glorioso, teremos parte na vida divina, na plenitude da condição filial. Esta é a vocação a que todo homem foi chamado".[54]

Logicamente, na contemplação do mistério trinitário, luz resplendente de unidade e comunhão, mulher e homem experienciam sua própria origem e, portanto, o dinamismo da liberdade de forma integrada.

4. Espiritualidades de libertação e comunhão

> O Próprio do Espírito é ser o Espírito da Beleza, a forma das formas; é no Espírito que nós participamos da Beleza da natureza divina.[55]

a) O aspecto solidário da espiritualidade

Ainda nos primeiros séculos do cristianismo, Dionísio Pseudo-Areopagita afirma que a beleza é um dos nomes de Deus na sua relação com o ser humano e numa relação de conformação, pois "o homem é criado segundo um modelo eterno, o arquétipo da Beleza". E, nessa dinâmica, no cristianismo, mulher e homem buscam a Deus na configuração com Jesus Cristo, no dinamismo do Espírito Santo. O conhecimento do divino passa pela pessoa de Jesus, o Filho encarnado. A liberdade interior cresce à medida que há uma entrega à ação do Espírito. Bruno Forte afirma que,

> na dialética da revelação, entretanto, o invisível se ofereceu ao mesmo tempo como manifesto e velado pelo visível, e a Palavra se disse e se calou de forma inesperada na linguagem dos homens. O *Orientale lumen* privilegiou o aspecto

---

[52] Id., *A Trindade é a melhor comunidade*, p. 53. Trata-se de mostrar que, "na morte, Jesus entrega totalmente sua vida aos outros".

[53] Id., *Vida para além da morte*, p. 42. O autor defende a ideia de que a ressurreição acontecerá em plenitude na humanidade quando o cosmo também for plenificado.

[54] LADARIA, *A Trindade*, p. 234.

[55] FORTE, *A porta da beleza*, p. 95.

Espiritualidade de comunhão

da manifestação ao do ocultamento de Deus: mas com isso não fez senão acentuar uma das possibilidades contidas na própria forma de autocomunicação divina.[56]

Ainda afirma: "O Ocidente gravita misticamente em torno da cruz [...]. O Oriente [...] em torno da glória de Deus, que triunfa sobre o sofrimento e a morte".[57] Portanto, a beleza contemplada conduz a uma ação, a um comportamento ético e moral, e nela o homem e a mulher assumem as categorias fundamentais da solidariedade de Jesus para conosco:

a) A encarnação – expressão da solidariedade de Jesus que assume a realidade humana com sua luta e esperança, alegria e sofrimento.

b) A autodoação – expressão da solidariedade de Jesus para com os pobres e sofredores de seu tempo.

c) A comunhão – Jesus é solidário, partilhando com os outros sua existência, seu poder, aniquilando-se até a morte, e morte de cruz (Fl 2,6-11).[58]

Sem dúvida, numa espiritualidade fundamentada na encarnação de Jesus, o Filho de Deus traz as marcas da solidariedade, expressão do despojamento e renúncia da própria vida como o fez Jesus. Deus se expressa em Jesus Cristo como Aquele que participa deste mundo, de tal forma que assume solidário sua esperança, sofrimento e morte. A respeito de sua autodoação, Jesus compartilha toda a sua vida com os pobres, libertando e transformando a realidade de miséria e sofrimento do seu povo. Sua vida se transforma em transparência de Deus para a humanidade, sua vida é o lugar onde o Espírito divino se expressa. No entanto, sua autodoação não permite que nenhum dos seus se perca. Ele vem reunir os filhos de Deus dispersos (Jo 11,51-52), buscando a irrupção do Reino de Deus entre os homens (Mc 3,31).[59]

Logicamente, a espiritualidade de comunhão insere, em sua compreensão, elementos fundamentais da nossa visão de Deus em seu mistério trinitário. Pode-se falar de muitas maneiras de Deus como Pai. Numa perspectiva cosmológica, Deus é considerado Pai. No Antigo Testamento, no sentido político, Deus é Pai por ter libertado seu povo (Ex 4,22; Is 63,16; Jr 31,9). Num sentido espiritual, Deus é Pai por sua piedade, misericórdia para com os pecadores e abandonados (Sl 27,103, Is 63,15). Num sentido psicológico, Deus é vivenciado como aconchego supremo do desamparo humano, realização utópica de nossa sede de imortalidade e onipotência. Porém, aqui o sentido é refletir sobre o Pai em perspectiva trinitária. Do Pai, a fé cristã não possui nenhuma imagem. Ele é aquele que Jesus revelou (Jo 1,18; 6,46; 1Tm 6,16;

---

[56]   Ibid., p. 94.

[57]   Ibid., p. 94.

[58]   PIKAZA, *Trinidad y comunidad cristiana*, p. 156.

[59]   Ibid., pp. 156-159.

1Jo 4,12). Ele é mistério abissal; quanto mais nele penetramos, mais aumenta nosso conhecimento e mais longe se estendem as margens do oceano infinito da vida divina. O Pai é aquele que eternamente é, antes de tudo (Jo 17,24). Esse Pai nos foi revelado por Jesus (Rm 15,6; 1Cor 1,3; 2Cor 11,31; Ef 3,14). Ninguém conhece o Pai senão o Filho (Lc 10,21). Revelado pelo Filho como "Abba" (Mt 11,27; Lc 10,22). A denominação de Deus como "Abba" mostra a profunda intimidade que existe entre Jesus e o Pai.

Em nome do Pai, o Filho liberta os oprimidos. Jesus se sente enviado do Pai. O Pai constitui o modelo de sua ação (Jo 5,19), protótipo da misericórdia, da acolhida do filho pródigo e do amor aos pequeninos. Em nome do Pai, Jesus cura e ressuscita mortos (Jo 5,21), entra em conflito com a lei (Mc 3,1-6), coloca a vida acima do legalismo do sábado (Jo 5,17). A grande causa do Pai é a instauração do reino: o reino implica o restabelecimento do direito violado na grandiosa e global libertação humano-cósmica. Portanto, a paternidade é a base para a fraternidade universal em vista do reino. Na perspectiva trinitária, a paternidade é própria da pessoa do Pai. O Pai gera o Filho unigênito. Nesse mesmo amor com que gera o Filho, dá origem a todos os demais seres no Filho, pelo Filho e para o Filho. Todos são imagem e semelhança do Pai e do Filho (Jo 1,3; Cl 1,15-17). Todos os seres participam da filiação do Filho unigênito, são filhos e filhas no Filho (Rm 8,29). Essa paternidade é muito mais do que o resultado da criação; ela deriva da geração eterna do Filho. Todos os seres humanos encontram razão de ser na superabundância de vida, amor e comunhão que sai do Pai e se extravasa no Filho mediante o Espírito Santo (Jo 20,17).

A denominação de Pai para Deus não implica uma linguagem sexista. Inclui a denominação de Mãe, pois Pai significa princípio de geração. Esse princípio pode ser expresso ou pelo pai ou pela mãe, o que na geração humana corresponde à paternidade e à maternidade. O XI Sínodo de Toledo (675) afirma que o Filho é nascido (*genitus vel natus*) do útero do Pai (*Patris utero*), isto é, de sua substância. Na linguagem bíblica, Deus pode ser considerado o Pai maternal e a mãe paternal (Is 49,15; Lc 15,20). O Pai na Trindade Imanente. Quando a teologia fala do Pai, fala do mistério absoluto e insondável que subjaz a toda realidade divina e criada. Trata-se sempre de um mistério de vida, de comunhão e de irrupção para todas as direções. A partir desse mistério, tudo deve ser entendido e iluminado. O Pai vem determinado em duas relações originárias: o Filho e o Espírito Santo. Tudo o que vem com a criação e origem é expressão da presença inefável do Pai. Tudo o que concerne ao mistério desafia nossa capacidade de compreensão. O Pai aparece como o padrinho e defensor dos pequeninos, dos órfãos das viúvas.[60]

---

[60] BOFF, *Trindade e sociedade*, pp. 203-217.

b) Espiritualidade: vida e relação

A vida humana necessita da comunicação natural e social, e existe somente nisso. Vida é relação. Vida é intercâmbio. Nós somente vivemos em intercâmbio com aquilo que não somos; o primeiro exemplo de tudo é o ar que respiramos. Este intercâmbio cria comunhão e somente é possível na comunhão. A vida humana é necessariamente comunitária. É comunicação em comunhão. Vida humana é isso que acontece entre os indivíduos. Se isolarmos a vida humana individual da vida natural e social, nós a estamos matando. É por isso que a participação recíproca pertence à definição da vida humana.

Não entenderemos estas conexões de vida corretamente se partirmos da consciência individual do espírito e se considerarmos as relações naturais e sociais como algo secundário. Espírito é aquilo que age de forma a promover a vida entre pessoas. Deus é Espírito, é a "divindade comum" que une as pessoas numa vida superior e que, por outro lado, nessa esfera comunitária, as torna indivíduos especiais.[61] Dessa forma, o indivíduo é o lugar da mudança, que desenvolve seu projeto coletivo de futuro a partir da imensidão de experiências com projetos individuais. Por isso, cada sociedade humana, cheia de espírito, se desenvolverá tanto numa democracia antecipatória quanto numa democracia participativa. Homem e mulher vivem do dinamismo da fé que brota do mistério trinitário. Como dizia São Cirilo de Alexandria, "é o Espírito quem modela a criatura e a faz conforme a imagem divina que é o Filho".[62] O ser humano, ao contemplar Deus, faz a experiência daquilo que o divino é na Trindade de pessoas: "Na única natureza divina, as três hipóstases distintas se reúnem em única beleza transcendente".[63] Podemos afirmar que "Deus se expressa através de nossa experiência e se deixa entender em relação com nossa experiência".[64]

Dentro desse contexto, a Trindade emerge como Fonte de representações mais adequada do mistério do universo humano e do universo, como teia de relações de interdependências, como uma dança cósmica e humana. A Trindade rompe com os sistemas fechados, gerando redes de relações, de novas compreensões e formas de vida em comunhão. É uma complexidade enorme que se anuncia, pelas diferenças de seres e de expressões, da complexidade, da subjetividade, da interioridade e da capacidade de *koinonia* de cada ser, particularmente os mais complexos.

---

[61] MOLTMANN, *Doutrina ecológica da criação*, pp. 376-378.

[62] BOBRINSKOV, *El misterio de la Trinidad*.

[63] SÃO CIRILO DE ALEXANDRIA, *Diálogos* III, sobre a Trindade, citado por BOBRINSKOV, *El misterio de la Trinidad*, p. 283.

[64] GELABERT, Experiência, pp. 334-339.

No espírito humano, o Espírito Santo molda o seu templo. Revela-se como motor de libertação, harmonia, transcendência, interioridade e transparência. Assim, o ser humano se torna a *Schekiná* de Deus. Nesse dinamismo, o ser humano adquire identidade na configuração com Cristo, no deixar-se instruir pelo Espírito numa busca contemplativa do mistério do Pai. Nasce o novo jeito do aprender a aprender. A aprendizagem se identifica, através do conhecimento perpassado pela sabedoria, em lidar com o saber adquirido como ponto de partida e não de chegada. Aprender a saber exige aprender a lidar com a complexidade da vida, respeitando a diversidade, na categoria de discípulo.

A exemplo do modelo trinitário, o ser humano é, por natureza, criativo. Não se conforma em transmitir velhos mitos educacionais, métodos arcaicos que já não atraem o aprendiz. É alguém que tem *dynâmis*, força interior, *eros* pela evangelização, *pathos* pela busca incessante do saber; é alguém que escuta o *daimon* interior.

Do ponto de vista de Edgar Morin,

> o mistério humano está ligado ao mistério da vida e ao mistério do cosmo, pois carregamos em nós a vida e o cosmo. O mistério da vida não está apenas em seu nascimento tão difícil de conceber, mas também na criação de formas incontáveis, complexas e refinadas. A criatividade é o mistério supremo da vida. Compreender o ato criativo significa reconhecer que ele é inexplicável e sem fundações.[65]

Porém, tudo está inter-relacionado, conectado. Há uma unidade humana e uma diversidade. A unidade não está somente nos traços biológicos, como também a diversidade não se encontra apenas nos traços psicológicos, culturais, sociais do ser humano. Contudo, a diversidade não deve encobrir a unidade, nem a unidade mascarar a diversidade.[66] Tanto unidade quanto diversidade devem aparecer de forma inter-relacionadas, pericoretizadas. O ser humano entra em relação com toda uma carga de diversidade e outra de unidade. Essa se encontra com a realidade diversa e una da outra pessoa. No encontro, o equilíbrio está em saber ser diante do outro e deixar que o outro seja.

Nesse encontro, estão presentes tanto a objetividade quanto a subjetividade; essa última comporta a afetividade. O ser humano está potencialmente destinado ao amor, à entrega, à amizade, à inveja, ao ciúme, à ambição, ao ódio. Fechado sobre si mesmo ou aberto às forças de exclusão ou inclusão. Na relação com o outro diferente, a equação subjetiva Ego/Eu é pessoal e inalienável. É possível partilhar as alegrias, dores e viver por empatia os sofrimentos do outro, porém, ainda que partilháveis, são intransferíveis. O sofrimento egocêntrico torna o outro estranho para nós; a

---

[65]   MORIN, *Métodos*.

[66]   Ibid., p. 65.

abertura altruísta o torna simpático, agradável. Diante do desconhecido, oscilamos entre medo e simpatia.[67]

Aqui, a relação se dá numa grande empatia. O amor relacional se reconhece por empatia mediante a partilha dos mesmos sentimentos e projetos. Unida a isso, está a liberdade como elemento essencial ao equilíbrio. O conceito definitivo da filosofia grega é a ideia do cosmo, da ordem; o primeiro ensinamento bíblico é a ideia da criação. Traduzindo por princípios eternos, o cosmo significa o destino, enquanto a criação significa a liberdade. O universo é o resultado da liberdade.[68]

Na relação, o outro é o nada em relação ao tudo do eu: é um pensamento frágil. A denominada ontologia do declínio é negação pura e simples do pensamento forte, característico da metafísica do fundamento. Aqui podemos perguntar: onde habita o outro? Em tudo isso há uma relação com a dimensão ética de nosso existir. O *éthos* como práxis e como costume e, por outro, o *éthos* como pátria e como morada. Não é possível construir práxis sem morada. Aqui se constroem pensamentos, ideias novas, projetos, visão de mundo. A abertura do pensamento ao vindouro e ao novo é a forma que o *eschaton* da revelação da Trindade imprime à razão teológica, o conteúdo que lhe transmite é o futuro de Deus: não um futuro já colocado nas mãos e na mente do homem como é o *homo absconditus* presente no "princípio esperança" de Ernst Bloch, mas o futuro de Jesus Cristo, revelado como esperança na contradição de sua ressurreição em relação à morte na cruz.[69]

A relação aberta e criativa face a face traz ao ser humano a capacidade de interagir com o meio ambiente e daí a necessidade da objetividade. Para conhecer o outro, faz-se necessário conhecê-lo, percebê-lo objetivamente; estudá-lo objetiva e subjetivamente. Dessa forma, o sujeito não está sozinho, porque o outro e o nós moram nele. O ser humano é complexo por natureza.[70] Contudo, dentro dessa complexidade, existe um equilíbrio em que o ser humano é capaz de projetar-se, sentir-se vivo e coparticipante.

5. Conclusão

Sem dúvida, uma espiritualidade de comunhão projeta novas relações entre os seres humanos: mulher e homem, e deles com o cosmo, o meio ambiente. Faz-se necessário construir a confiança mútua e o respeito ao diferente. A confiança

---

[67] Ibid., p. 77.

[68] HESCHEL, *Deus em busca do homem.*

[69] Ibid., pp. 144-146.

[70] Ibid., p. 81.

é a arte de conviver não apenas com o que se tem de comum mas também com as diversidades.[71]

As comunidades cristãs, pela experiência do Espírito, ultrapassam seus limites, assumindo a missão de Jesus Cristo, instruídos pelo Espírito numa glorificação ao Pai. A comunhão abre uns para os outros, produz a participação de um no outro e cria respeito um pelo outro. A comunhão vive em participação mútua e de reconhecimento mútuo. Essa surge onde seres distintos possuem algo em comum, onde coisas comuns são compartilhadas por seres diferentes.[72]

A nossa fé se encaixa na consciência plena de nossa identidade cristã e de nossa responsabilidade diante dos desafios. Para escapar ao círculo vicioso da sociedade, é preciso tentar estabelecer uma comunicação, um diálogo ou, melhor ainda, uma espécie de pericorese entre fé, unidade e diversidade. Nessa dinâmica, os seres humanos buscam somar um com o outro. Em sua relação com o meio ambiente, através do cuidado e da construção de uma racionalidade ambiental, produzem maior qualidade de vida humano-cósmica. Há um elo de aproximação e cumplicidade entre o ser humano e o cosmo. Portanto, o equilíbrio humano afeta a expansão do criado.

As únicas relações humanas verdadeiras são aquelas de pessoa para pessoa. Uma das características do cristianismo é o amor fraterno, o querer bem às outras pessoas; a capacidade de ultrapassar limites e incluir o diferente na grande comunhão. O seguimento radical de Jesus Cristo, de sua prática de amor para com todas as pessoas, implica diálogo com os membros de outras religiões.

A busca de unidade deve possibilitar a consciência de que a solidariedade com todos os seres humanos e o cosmo constitui uma exigência fundamental. Somos chamados ao exercício da diaconia na comunidade eclesial, na sociedade no universo. Testemunhando Jesus Cristo, enviado para evangelizar os pobres (Mt 11,5; Lc 4,18) na diaconia (Mc 10,45), os cristãos envolvidos no dinamismo pericorético trinitário atestam que esse modo de testemunhar a unidade e a comunhão implica a vocação profética de anúncio do evangelho na sociedade. Assim, expressa o equilíbrio necessário à promoção humana, constituição de um povo unido nos mesmos objetivos. Nisso consistem a comunhão e a unidade da vida humana, capazes de expressar a Beleza infinita do Mistério trinitário de Deus. A espiritualidade de comunhão nos insere no coração da Trindade e nos torna aquilo a que somos destinados: "Em Seu amor desmedido, Deus tornou-se o que somos para que pudéssemos nos tornar o que Ele é" (Santo Irineu).

---

[71] MOLTMANN, *O Espírito da vida.*

[72] Ibid., p. 207.

6. Referências bibliográficas

AGOSTNHO DE HIPONA. *Confissões*. São Paulo: Paulus, 1997. Col. Patrística, vol. 10.

AMBRÓSIO DE MILÃO. *Examerão*. São Paulo: Paulus, 2009. Col. Patrística, vol. 26.

ASSEMBLEIA PLENÁRIA DOS BISPOS. *Via Pulchritudinis*; caminho da beleza. São Paulo: Loyola, 2007.

BERNARD, C. A. *Teologia mística*. São Paulo: Loyola, 2010.

BOBRINSKOV, B. *El misterio de la Trinidad*. Salamanca: Secretariado Trinitario, 2008.

BOFF, L. *A fé na periferia do mundo*. Petrópolis: Vozes, 1978.

_____. *A Trindade é a melhor comunidade*. Petrópolis: Vozes, 1973.

_____. *Paixão de Cristo, paixão do mundo*. Petrópolis: Vozes, 1977.

_____. *Teologia do cativeiro e da libertação*. Petrópolis: Vozes, 1993.

_____. *Trindade e sociedade*. Petrópolis: Vozes, 1987.

_____. *Vida para além da morte*. Petrópolis: Vozes, 1973.

CIRILO DE ALEXANDRIA. *Diálogos III, sobre a Trindade*.

DEBERGÉ, P. *Ética do poder*; abordagem bíblico-teológica. São Paulo: Paulinas, 2002.

EVDOKIMOV, P. *O silêncio amoroso de Deus*. Aparecida: Santuário, 2010.

FORTE, B. *A porta da beleza*; por uma estética teológica. Aparecida: Ideias&Letras, 2006.

GELABERT, M. Experiência. In: *Dicionário teológico o Deus cristão*. São Paulo: Paulus, 1988.

HAMMAN, A. Espiritualidad. In: *Diccionario Patrístico y de la antigüedad cristiana*. I. Salamanca: Sígueme, 1998.

HESCHEL, A. J. *Deus em busca do homem*. São Paulo: Arx, 2006.

LADARIA, L. *A Trindade*; mistério de comunhão. São Paulo: Loyola, 2009.

MACCISE, C. Espiritualidad y realización humana. *Testimonio*, n. 233, mayo/juño de 2009, Santiago de Chile, pp. 93-103.

MARTINI, C. M.; FORTE, B. *Avvolti nel mistero della trasfigurazione*. Milano: Àncora, 1996.

MOIOLI, G. Mística cristã. In: *Dicionário de espiritualidade*. São Paulo: Paulus, 1993.

MOLTMANN, J. *Doutrina ecológica da criação*. Petrópolis: Vozes, 1993.

_____. *O Espírito da vida*. Petrópolis: Vozes, 1991.

_____. *Wer ist Christus für uns heute?* Gütersloh: Gütersloher Verlagshaus, 1994.

MONDIN, B. *La trinità mistero d'amore*. Bologna: ESD, 1993.

MORIN, E. *Métodos*; a humanidade da humanidade a identidade humana. Porto Alegre: Sulina, 2003.

PIKAZA, X. *Trinidad y comunidad cristiana*; el principio social del cristianismo. Salamanca: Secretariado Trinitario, 1990. pp. 156-159.

RICARDO DE SÃO VICTOR, De Trini. IV, 11-12.

SANTANA, L. F. F. O Espírito Santo na vida de Jesus: Por uma cristologia pneumática. *Atualidade Teológica*, fasc. 36, ano XIV, 2010, pp. 265-292.

SOBRINO, J. Cristología sistemática; Jesucristo, el mediador absoluto del reino de Dios. In: SOBRINO, J.; ELLACURIA, I. (orgs.). *Mysterium liberationis*; conceptos fundamentales de teología de la liberación. Madrid: Trotta, 1990.

SPIDLÍK, T. Mística. In: *Diccionario Patrístico y de la antigüedad cristiana*. II. Salamanca: Sígueme, 1998.

ZANELLA, J. C. A beleza quenótica do Crucificado na teologia de Bruno Forte. A relação ética e estética na Teologia. In: *IV Mostra de Pesquisa da Pós--Graduação*. Porto Alegre: PUC-RS, 2009.

ZANGHÍ, G. *Dio che è amore*; Trinità e vita in Cristo. Roma: Città Nuova, 2004.

CAPÍTULO VIII

A eterna questão do mal e do sofrimento

José Roberto Abreu de Mattos

1. Introdução

Sobre os conceitos de bem e mal que, invariavelmente, moveram muitos estudiosos eclesiásticos no século XI, entre eles encontravam-se os que nutriram um entusiasmo lógico para solucionar contradições inerentes a essas concepções, tal como Otloh de Saint Emmeran.

Em seu livro *Dialogues de tribus quaestionibus*,[1] Saint Emmeran aponta a dificuldade de se conceber o mal por herança; como Adão caiu e pecou, entende-se que o mal adentrou no mundo, e toda a humanidade consequentemente ficou também condenada a este estado.

No entanto, o autor não aceita a ideia da desordem que se estabeleceu com o advento dessa condição. No seu entendimento lógico-monástico, faz pensar que é vontade de Deus que os homens não fossem instituídos na bondade através da ação da graça, para que ficassem conscientes do poder do mal e da amplidão da bondade do Criador. Em todo o relato deste tratado existe sempre este contraste: a reta condenação de Deus é confrontada com a misericordiosa redenção do homem. Essa comparação sempre presente de vidas, virtudes e vícios demonstra aos homens como devem ser bons.

A explanação e a busca pela verdade na dialética de Santo Agostinho para solucionar tal dilema o induz a pensar também que o mal é nada, retornando aos problemas epistemológicos e metafísicos que desde o início já o interessavam.

---

[1] Cf. EVANS, *Agostinho*.

Razoável é assentir que "nada" é algo, identificado no princípio debatido por Santo Agostinho no *De Magistro*, de acordo com a ideia de que todo nome finito significa algo.[2] No entanto, sem uma solução definitiva, o grande Doutor da Igreja deixa em aberto o tema, legando sua solução para lógicos ulteriores.

Muitos outros autores, posteriormente, discutiram tal matéria; mas em sua totalidade e estrutura, os alicerces e os elementos fundamentais foram definitivamente aceitos segundo a explanação de Santo Agostinho, não abandonando a problemática do mal em seu conjunto, pois inúmeros obstáculos difíceis e específicos foram e são discutidos e debatidos em cada geração.

Para a compreensão agostiniana que fundamenta a ideia do bem e do mal segundo a doutrina cristã, necessário se faz retornar às raízes do problema, tal como vivido pelo Grande Doutor da Igreja na polêmica maniqueia: o maniqueísmo seguiu insistente e permaneceu nos séculos XII e XIII, assim como inúmeras seitas surgiram na Europa e em outros lugares, com a ideia e convicção gnósticas de que existiam dois princípios distintos e absolutos: o bem e o mal.

A despeito da distância histórica, tais discussões repercutem ainda na concepção do bem e do mal, penetrando no entendimento social. A análise desses conceitos, a partir da retomada das definições agostinianas, possibilita entender como o discurso teológico pode, em vez de substancializar o mal, trazer novas interpretações para a dor e o sofrimento, para que se possa buscar a superação de ambos, religando assim o homem ao divino.

2. Santo Agostinho: a problemática do mal

O entendimento agostiniano do bem e do mal tem por base a reflexão cristã contida no Gênesis (1,1-31), pois, na criação do mundo, viu Deus que tudo que fora criado por Ele era bom. Mas a compreensão de Santo Agostinho de tais conceitos repousa também na reinterpretação da filosofia platônica,[3] da qual o bispo hiponense se serve para refutar a concepção dualista professada pelos maniqueístas.

Com efeito, segundo Santo Agostinho, a criação divina do mundo é revelada pela Escritura como um bem em si mesmo, do qual a existência humana é o exemplo primaz. No evento da criação não há menção a dois princípios, como queriam fazer crer os maniqueístas. Para complementar suas críticas à ideia de Mani de um deus mal criador do homem, Santo Agostinho evoca o bem como verdade eterna passível de intelecção, a partir da interpretação cristã dada ao neoplatonismo.

---

[2] Cf. AGOSTINHO, *De Magistro*, C, X: *omni nomen finitum aliquod significat ut homo, lapis, lignum.*

[3] Cf. COSTA, *O problema do mal na polêmica antimaniqueia de Santo Agostinho.*

Assim, a concepção agostiniana refuta aquela interpretação dualista, sobretudo, seu caráter materialista, pois o maniqueísmo atribuía ao mal a origem da matéria, negando, por essa forma, o sentido principal de sua existência, qual seja, a dimensão moral.

Aqui duas questões merecem destaque, sobre as quais o grande Doutor da Igreja irá se deter. O desdobramento dessas questões remete à possibilidade de atribuir ou não um estatuto ontológico ao mal, do qual, desde o início da Polêmica Maniqueia, será o fulcro da crítica agostiniana à concepção do mal como essência. Trata-se também, como desenvolvido posteriormente por Santo Agostinho, de entender o mal como oriundo da própria condição humana, isto é, da existência de uma defecção na alma advinda do pecado das origens, mas que, antes de ser paradoxal, como pode parecer em princípio, revela a possibilidade do homem não ceder ao mal, partindo das concepções do livre-arbítrio e da graça retificante.

Com relação à primeira questão, em *De Vera Religione*,[4] Santo Agostinho nega o mal como essência. O mal é a *nequitia* relacionando-se à ideia do nada. Como Deus, o Sumo Bem, cria o homem segundo Sua imagem e semelhança, não há aí maldade na origem, mas, por ser só semelhante, o ser humano é passível de corrupção. Quando se perverte, o homem torna-se mau, tendendo então à morte. A vida transviada tende ao nada, e essa perversão é uma escolha do homem. A perversão ou corrupção é se afastar da Suma Vida, ou seja, afastar-se de Deus. O homem corrompe-se ao buscar somente o gozo dos bens corpóreos, e não fruir dos bens divinos (Deus, a alma, as virtudes etc.).

O mal deve, portanto, ser definido *a posteriori*, pois que ele expressa a negação ou a privação temporária do bem. Nisso consiste seu aspecto, digamos, existencial, mas não ontológico, porque ele nega a existência, a essência, em suma, nega Deus.

Com referência ao segundo ponto, retornando às questões que preocuparam a tradição teológica e filosófica da época de Santo Agostinho, tratava-se de esclarecer a bondade de Deus e o livre-arbítrio, pois, se há escolha do arbítrio humano e se Deus a tudo governa, poder-se-ia inferir que:

a) Ele permite que façamos o mal, o que levaria à conclusão de que Ele não é Bom, logo, Deus não seria o que é, pois uma de suas definições é que Ele é a Bondade;

b) se somos governados de tal forma, então, na realidade, não teríamos o livre-arbítrio, conhecendo Deus tudo que irá acontecer de antemão, agiríamos conforme os Seus desígnios, não seríamos, portanto, livres para escolher.

Buscando elucidar as questões, diz Santo Agostinho: o homem age mal quando usa mal seu livre-arbítrio. Ele distingue livre-arbítrio de liberdade. Livre-arbítrio é a

---

4   Cf. AGOSTINHO, *De Vera Religione*, II, XI, 21.

nossa possibilidade sempre presente de escolha, contudo, nem tudo que escolhemos nos conduz à liberdade. O que é a liberdade? É escolhermos aquilo que não nos faz prisioneiros de algo, e implica amarmos o que deve ser amado. Assim, somos tanto ou mais livres quanto mais amamos as coisas que são incorruptíveis, como o espírito e não a matéria, a virtude e não o vício etc.

Por conseguinte, o entendimento agostiniano leva a crer que, se não tivéssemos o livre-arbítrio, seríamos como "máquinas programadas", não havendo sentido para a ética e a moral, já que não seríamos responsáveis por nossos atos, tudo seria consequência da Vontade Divina e não de nossas escolhas.

Mas há que se considerar a graça retificante, que só é possível por meio do livre-arbítrio humano, corrigindo dessa forma a "rota do percurso" para a redenção.

3. Livre-arbítrio: entre o pecado e a graça

Para Santo Agostinho, Deus dota os homens de bens, todos eles entendidos como imateriais, já que fala ele da *mens*, que é, digamos, a ponta fina da alma, transcendente à matéria.[5] A *mens* não é o self, não é o ego, ela é potência da alma.

Esses bens são hierarquizados em inferiores, médios e superiores. Os inferiores podem ser classificados como instintivos, e deles comungam também os outros animais irracionais, que não têm a *mens*, mas têm *anima*. Exemplo disso, o instinto de conservação, que engloba obviamente a conservação da matéria. Os bens superiores se confundem com a virtude, e entre eles podemos citar dentre outros a justiça. Por fim, há os bens medianos dos quais o homem se serve ou para se aperfeiçoar nas virtudes ou, ao contrário, para delas se afastar.

Os bens superiores expressam sempre o grau de perfeição mais elevado do homem, relativo a um determinado tempo e espaço. Assim, aos olhos modernos, alguns costumes de justiça de povos antigos, como os bárbaros, são tidos mais como injustiça, mas representam o grau de perfeição atingido àquela época por essa parcela da humanidade.

Entre os bens medianos, o principal é o livre-arbítrio. O bem médio tem como característica principal ser um meio para se adquirir outros bens. O livre-arbítrio é relativo porque mediano; seu uso não implica necessariamente um fim superior, que é nos aproximarmos do Eterno.

Santo Agostinho fala, sobretudo, do livre-arbítrio da vontade. Quanto mais próximos da divindade nos levam nossas escolhas, mais livre seremos. Isso porque, no entendimento agostiniano, a liberdade é um bem a ser conquistado, e seu grau de perfeição é dado por participação. O conceito de participação é a participação em

---

[5] Cf. AGOSTINHO, *De Trinitate*, VIII, VI, 9.

Deus, porque é a partir Dele que tudo se torna perfeito. O exemplo é o Cristo de Deus, que era único com Ele. Somos livres só e tão somente de forma plena participando da Liberdade Absoluta: Deus.

O bispo hiponense não fala em liberdade absoluta da *mens*, porque o adjetivo absoluto, na filosofia cristã, é utilizado somente para designar a substância, termo latino para a *ousia* grega, que significa essência. Só Deus é, tal como se deu a conhecer a Moisés: Eu sou. Deus é pleno e perfeito: pleno como sinônimo de "repleto", e perfeito significando "feito até o fim", como em perfazer, completo. Em Deus, o espírito é repleto e completo de Liberdade. O ideal de perfeição almejado pela *mens* é a aquisição das verdades eternas, isto é, conhecer-se a si mesma.

O método agostiniano para o conhecimento de tais verdades é o ascensionista: começa-se por se diferenciar o material do imaterial, ascendendo-se cada vez mais àquilo que se aproxima da *mens*.

4. As consequências de nossas escolhas: dor, sofrimento ou felicidade

Santo Agostinho defendeu a autoridade das Escrituras, explicou a sua criação; abordou a origem do mal, debateu sobre a questão do livre-arbítrio, tornando-se assim um defensor da predestinação.

Uma de suas maiores lutas foi contra o *pelagianismo*, doutrina que negava o pecado original e aceitava o livre-arbítrio irrestrito do homem, afirmando que o bem tem o poder de vencer o pecado. Diziam os pelagianos que o homem tinha vontade livre, podia pecar ou não segundo seus pendores volitivos. Mas a argumentação agostiniana tornava complexo tal entendimento, pois a vontade humana dependia da graça divina para a escolha dos bens superiores.

A controvérsia com Pelágio sobre o pecado é o ponto de partida da discussão de Santo Agostinho. Sintetizando, a inter-relação da evolução do conceito de pecado na obra agostiniana é, segundo vários autores, passível de entendimento a partir da compreensão clara da Polêmica Pelagiana.

Dessa forma, o questionamento do pecado conduz o olhar ao pecado das origens ou ao pecado original. Assim, de acordo com a premissa agostiniana de *natura viciata*, qual seja, através do pecado original o homem perverteu a sua natureza, infere-se que depois dele a criatura humana não é mais igual como quando Deus a criou.

Dois pontos merecem atenção nesta questão: segundo o desenvolvimento da teoria de Pelágio, famoso asceta romano, Deus é justo e bom, pois recompensa os bons e castiga os maus; permitindo que os homens tenham acesso as Suas Leis. Depreende-se que crer que Adão e Eva transmitiram à humanidade a pena do pecado original

– o mal moral (pecado e concupiscência) e o mal físico (dor e morte) – é negar a bondade divina. Ora, o homem só peca se quiser pecar, depende apenas de sua vontade. Logo, na concepção de Pelágio, tem-se que, em sua relação com Deus, cada homem parte do início, "cada homem é um novo Adão para si mesmo".[6]

Segundo Pelágio, de Deus irradia todo o poder, no entanto ao homem cabe a liberdade de escolha, podendo resistir ao mal e escolher o bem, se assim o quiser.

Por fim, Pelágio salienta que falar que o homem não pode por sua vontade e força escolher o bem é o mesmo que dizer que o homem não possui livre-arbítrio, como entendiam os maniqueístas.

Santo Agostinho discordava deste entendimento, já que, para ele, de tal teoria inferia-se que a revelação dos conceitos morais dada pelo Cristo acabava por ser apenas um apêndice da vida humana. Da potência da vontade, como queria fazer crer Pelágio, os homens por sua própria conta poderiam se redimir dos pecados, tornando inverídico o entendimento paulino:

> Se por um só homem (Adão), pela falta de um só, reinou a morte, com muito maior razão, pelo único Jesus Cristo, reinaria a vida naqueles que recebem a abundância da graça e do dom da justiça; em suma, sendo assim, como pela falta de um só sucedeu para todos os homens a condenação, assim pela obra de justiça de um só sucede para todos os homens a justificação que dá a vida (Rm 5,17.18).

Conquanto o livre-arbítrio voluntariamente mal usado é o pecado, segundo a tese agostiniana, a essência dos seres não é má, já que a significação precisa do mal está destituída de essência. Conclui-se que, inicialmente, a humanidade não procura o mal, mas a felicidade, onde o ponto mais alto é Deus.

Distanciando-se do Bem Supremo, a alma sofre, trazendo conjuntamente o pecado, a pena pela transgressão, que não interfere no Criador, mas prejudica a própria criatura, pois que o mal se volta contra ela, deturpando assim a sua natureza.

Historicamente, no contexto eclesiástico, a controvérsia pelagiana tem como fundamento a necessidade de uma resposta da Igreja sobre o batismo das crianças.

Claro está que, seguindo a lógica do pensamento pelagiano, se o pecado nasce do ato voluntário e o primeiro sacramento, o batismo, é dado para a remissão dos pecados, e desconhecendo as crianças o que é o bem ou o mal, não haveria necessidade de serem batizadas.

Santo Agostinho rejeita cabalmente estes pontos da teoria de Pelágio, destacando que o livre-arbítrio do homem por intermédio de vontade própria, de ato consciente

---

[6] Cf. GROSSI; LADARIA; LÉCRIVAIN; SESBOÜÉ, *O homem e sua salvação*, p. 143.

A eterna questão do mal e do sofrimento

de sua livre escolha, é que origina o mal. Todas as vezes que os homens dirigem suas vontades para algo que os afasta do bem é que se tornam maus.

Essa atividade da alma, viabilizada pela vontade, a sua livre aceitação, a sua liberdade, é atributo exclusivo do homem. Assim, Santo Agostinho entende que

> o pecado é mau voluntário. De nenhum modo haveria pecado se não fosse voluntário [...]; se o mal não fosse obra da vontade, absolutamente ninguém deveria ser repreendido ou admoestado [...]. Logo, à vontade deve ser atribuído o fato de se cometer pecado. E, como não há dúvida sobre a existência do pecado, tampouco não se haverá de duvidar do que se segue: – que a alma é dotada do livre-arbítrio de sua vontade.[7]

O que é preciso apreender sobre a discussão do pecado original que repercutirá na compreensão agostiniana do livre-arbítrio é aquilo que institui o pecado original, presente na atividade de todo pecado:

> A primeira deformidade da alma racional é a vontade de executar o que a suma e íntima Verdade (Deus) lhe proíbe. Assim, o homem foi expulso do paraíso para este mundo, passando dos bens eternos aos temporais, da abundância à miséria, da estabilidade à fraqueza [...]; passou do bem espiritual ao bem carnal, do bem inteligível ao bem sensível, do Sumo Bem ao bem ínfimo; existe, pois, um bem que a alma racional não pode amar sem pecar; é o bem que é inferior a ela; assim, o mal é o próprio pecado; e não o objeto amado com afeição pecaminosa.[8]

Com a instauração do mal na vida humana através do pecado, surgiu o desequilíbrio interior que se refletiu na vida social, pois se rompeu aquele elo fundamental que mantinha o homem unido a Deus, o estado de graça em que viviam Adão e Eva antes de pecarem. Assim, ao executar aquilo que é proibido pelo mandado divino, o homem busca assumir o lugar de Deus, e, longe de se tornar feliz, encontra padecimentos de toda sorte, morais, físicos, metafísicos, passando a desconfiar de tudo e de todos, tal como Adão que, após comer o fruto proibido, ouve os passos de Deus na viração do dia, e ao seu chamamento responde: "Ouvi a Tua voz no jardim, tive medo, porque estava nu, e me escondi" (Gn 2,10). Adão acusa Eva de lhe ter dado o fruto proibido; esta, por sua vez, acusa a serpente.[9] Enfim, o pecado rompe os laços de confiança.

---

[7]   AGOSTINHO, *De Vera Religione*, II, XVI, 27.

[8]   Ibid., III, XIX, 38.

[9]   A figura da serpente é a representação do orgulho e da ambição latentes na alma humana. As palavras da serpente ao tentar a mulher: "Deus sabe que no dia em que dele comerdes [do fruto proibido da ciência do bem e do mal] vossos olhos se abrirão e *sereis como deuses*" (Gn 3,5 – grifos nossos), exteriorizam o desejo humano de ser não semelhante a Deus, mas de ser o próprio Deus. Santo Agostinho traduz essas palavras como um chamamento a uma imitação perversa de Deus (cf. GROSSI, LADARIA, LÉCRIVAIN; SESBOÜÉ, *O homem e sua salvação*, p. 152).

143

Como depreender esse desequilíbrio em nossos dias? A falta de confiança, o medo, a intranquilidade, a dor como se expressam no convívio social e como se intersectam com o discurso religioso, para que este possa trazer o lenitivo esperado?

Alguns estudiosos têm realizado pesquisas, como Renold J. Blank,[10] que, numa amostra de oitocentas pessoas na cidade de São Paulo, buscou apreender o que traz apreensão e intranquilidade, e que, comumente, passa despercebido para a maioria.

Os cristãos temem a Deus, o inferno e a condenação. Para a grande maioria das pessoas, a mensagem religiosa se transforma em uma mensagem de sombras, de ameaças e de temores, e muitas vezes é usada para sustentar o poder sobre elas.

A Conferência Episcopal de Puebla expôs com precisão, em 1979, o enorme trabalho da Igreja na América Latina na tarefa da evangelização, tornando-se assim muito mais necessária nas épocas seguintes, concluindo que "a Igreja se encontra diante do desafio de renovar a evangelização, de modo que possa ajudar os fiéis a viverem sua vida cristã no quadro dos novos condicionamentos que a sociedade urbano-industrial cria para a vida de santidade".[11]

A essência desse discurso escatológico-pastoral incorpora uma repreensão que requer grave atenção quando se constata que nos países de primeiro mundo há um nível muito baixo de aceitação desse discurso.

Para que isso não aconteça no Brasil, tem-se que refazer esta explanação, aquilo que o autor Paul Eugéne Charboneau constatou, de um modo geral, sobre a mensagem religiosa da teologia tradicional a respeito da vida após a morte.[12]

Essa mensagem teria se transformado em uma teologia hermética e desengajada que transformou o discurso da religação sobre o divino incompreensível aos homens, e que, enfim, os tornaram indiferentes aos princípios éticos nele contidos.

Quando são analisados outros temas escatológicos referidos na pesquisa, os dados dessa intrínseca problemática continuam, porque se descobrem informações que desafiam o discurso da escatologia pastoral com a mesma gravidade dada aos assuntos do primeiro mundo.

Esse é um desafio a abordar, partindo de dados empíricos, trabalho que urge na evangelização, conquanto fundamentada novamente no fato evangélico de que a Boa-Nova de Jesus tem nos pobres a chave para se aproximar e difundir atualmente o Evangelho.

As informações que são transmitidas para muitos cristãos sobre a vida após a morte trazem mais medo do que confiança e esperança.

---

[10] Cf. BLANK, *Esperança que vence o temor.*

[11] CELAM, *Conclusões Conferência de Puebla*, n. 433, citado por BLANK, *Esperança que vence o temor.*

[12] Cf. ibid.

A eterna questão do mal e do sofrimento

Apontando a teologia latino-americana que se alicerçou com a convicção do fato evangélico de que é hoje, no aqui e agora, nos países latino-americanos que se vive o tempo intenso e urgente da história da salvação sob o signo da libertação das escravizações sociais, tem-se que o clamor nesta hora é também o da inclusão. A escatologia deve se valer não do discurso do castigo ou dano, mas se inspirar na esperança e confiança.

Medo e pessimismo são as correntes que prendem e escravizam as pessoas à dor, ao sofrimento, que as privam da liberdade do exercício da religiosidade em sua forma plena, isto é, do seu encontro, da sua religação com o divino, obstaculizando a libertação, toda ela feita de esperança que embasa a confiança num futuro melhor. Um óbice quase que tornado intransponível para a apreensão e participação comunitária do Reino de Deus, já necessário desde agora, se seguirmos detidamente o ideal cristão.

De um lado, é necessária a releitura da obra agostiniana, sobretudo quando a graça se transmuta como amor divino, amor este que deve ser compartilhado entre os semelhantes como bem mais precioso que nos dispõe o Criador.

Por outro, torna-se premente o interesse científico na experiência amorosa, procurando suas origens inconscientes e seus fundamentos antigos, observando sempre as extensões da individualidade.[13]

A experiência de interioridade, da imaginação criadora da experiência, da vivência desse amor, destacando os valores contrários ou não, num processo de harmonização da nossa imaginação, dos nossos desejos com a pessoa sonhada, requer a conquista da sabedoria do próprio ato de amar, para que se possa dedicar verdadeiramente o afeto às pessoas reais.

Das contradições do real e do imaginário surgem os constantes sentimentos de vida e morte, de presença e ausência, de estar unido ou em solidão, de liberdade e pecado, de encanto e tormento, de claridade e escuridão, enfim, de relações que marcam a vida cotidiana, revestindo-a de doçura ou brutalidade.

É nesse embate que se podem procurar mecanismos para superar a dor e o sofrimento, pelo amor possível, pelo equilíbrio tantas vezes visto como distante. É nesse confronto que se dá o entendimento humano do sofrimento, podendo ele ser ressignificado, expressando não mais um "mal" aquém de nós mesmos, um "mal substancial", mas possível de ser transformado, para que dentre outras experiências que geram dor e sofrimento os homens possam saber melhor, não da origem do mal e do sofrimento que atormenta a vida humana, mas da possibilidade do amor sempre presente.

---

[13]   Cf. CAROTENUTO, *Eros e pathos*.

É no *religare* ao divino, tarefa que se coloca como desafio deste século novo que adentramos, que está o poder de transpor e romper os laços que unem os homens à dor, ao sofrimento. É na convicção da religação possível com Deus que deve concentrar-se o discurso pastoral, convidando os homens ao exercício do amor compartilhado na existência da vida comum e cotidiana.

5. Referências bibliográficas

AGOSTINHO. *A Trindade* (*De Trinitate*). São Paulo: Paulus, 1994.

_____. *A Verdadeira Religião* (*De Vera Religione*). São Paulo: Paulus, 2002.

_____. *O Mestre* (*De Magistro*). Coleção *Os Pensadores*. São Paulo: Abril, 1973.

BLANK, R. J. *Esperança que vence o temor*; o medo religioso dos cristãos e sua superação. São Paulo: Paulinas, 1995.

CAROTENUTO, A. *Eros e pathos*; amor e sofrimento. São Paulo: Paulus, 1994.

COSTA, M. R. N. *O problema do mal na polêmica antimaniqueia de Santo Agostinho*. Porto Alegre: Edipuc-RS, 2002.

EVANS, G. R. *Agostinho*; sobre o mal. São Paulo: Paulus, 1995.

GROSSI, V.; LADARIA, L. F.; LÉCRIVAIN, P. H.; SESBOÜÉ, B. *O homem e sua salvação*. Tomo 2. São Paulo: Loyola, 2002.

RINCÓN, O. R. *Práxis cristã*. Volume 1. Moral fundamental. São Paulo: Paulinas, 1983.

CAPÍTULO IX

Celebrar o mistério:
a pessoa enquanto *homo celebrans*

Gabriel Frade

1. Introdução

Com este pequeno artigo, queremos abordar a liturgia da Igreja a partir da categoria antropológica universal da festa. Partindo desse dado, buscamos, sem maiores pretensões, mostrar como eventualmente elementos de uma categoria universalmente aceita possam servir como agentes facilitadores para uma compreensão ulterior da celebração litúrgica.

2. A festa como elemento unificador do homem

Diante de uma cultura preponderantemente materialista e consumista,[1] com contornos marcados por uma fragmentação cada vez mais ampla do indivíduo, como é a cultura contemporânea,[2] um dos valores humanos que, de certo modo, ainda

---

[1] Enquanto terminávamos este texto, foram divulgadas pelo IBGE as informações relativas ao quadro religioso no Brasil. Nos vários comentários que surgiram posteriores à divulgação das informações do censo, encontramos uma reflexão muito interessante produzida pelo demógrafo e professor doutor da Escola Nacional de Ciências Estatísticas do IBGE, o Sr. José Eustáquio Diniz, a qual reproduzimos em parte: "Como disse o sociólogo Flávio Pierucci em artigo póstumo, a sociedade não precisa mais de um Deus transcendente quando os indivíduos pagam pelos serviços prestados em nome dele e transformam os bens tangíveis em ideal divino. Atualmente, o que se considera sagrado é o consumo. O crescimento das correntes evangélicas no país tem sido compatível com o fato de que *o sagrado está cada vez mais comercializado e dessacralizado* [grifos meus]. É o Brasil cada vez mais desencantado". ALVES, A vitória da teologia da prosperidade.

[2] "A cultura moderna se caracteriza pela fragmentação, que origina o pluralismo nas diversas ordens; a estética, que apresenta a beleza como um caminho para a verdade menos exigente que a razão ilustrada; o niilismo, que debilitou o pensamento sobre Deus, o homem e o mundo. Neste contexto, a fé se reduz à moral, o sentimento se propõe como lugar de encontro com Deus e se separa da experiência da teologia; o homem, despersonalizado, se mostra individualista, possessivo, bom por natureza, feliz pelo prazer e não pela virtude, sem história,

147

resistem a esse estilhaçamento do indivíduo e parece ajudar a manter o homem em sua dimensão irredutível de pessoa talvez deva ser percebido na categoria da festa.

De um ponto de vista antropológico, o festejar – realidade extremamente complexa[3] – é aquela dimensão tipicamente humana que possui notas características e que, num primeiro nível humano,[4] implica a presença de uma coletividade – posto que dificilmente se festeja sozinho! – e, num segundo nível, este último na esfera do religioso,[5] implica a abertura do homem para o transcendente.

Em ambos os casos a pessoa dentro do âmbito da festa pode experimentar em diferentes graus a gratuidade, ou seja, a partir de um ponto de vista eminentemente pragmático, trata-se da experiência daquela absoluta "desnecessidade" do festejar, e não obstante é justamente nessa aparente "desnecessidade" que o indivíduo pode fazer a experiência daquele "algo mais" que o tempo e o espaço ordinários, cotidianos, parecem negar-lhe sistematicamente.[6]

O indivíduo, ao entrar num tempo diverso e, num certo sentido, também num espaço diferente, encontra-se diante da possibilidade do celebrar,[7] isto é, de encontrar-se consigo mesmo e, principalmente, com o outro através da alegria da festa. Aliás, estamos diante de um interessante ponto de intersecção com o culto cristão, já que este tema apresenta-se como uma de suas notas características: a festa e a alegria[8] (Veja-se, por exemplo, em At 2,46s, a alegria das primeiras assembleias cúlticas da comunidade cristã primitiva).

---

desvinculado da lei; e o mundo é o lugar dominado e controlado pelo homem conforme os seus interesses". RODRIGUEZ, *Introducción a la liturgia*, pp. 49s. Ver também as interessantíssimas análises do sociólogo polonês Zygmunt Bauman em: BAUMAN, *Ensaios sobre o conceito de cultura*; BAUMAN, *Tempos líquidos*.

[3] Para uma visão da festa dentro do âmbito litúrgico, sugerimos a leitura do texto de BERNAL, *Recuperar la fiesta en la Iglesia*.

[4] Veja-se, por exemplo, o interessantíssimo trabalho sobre a festa no âmbito do Brasil de autoria dos pesquisadores Istvan Jancsó e Iris Kantor: JANCSÓ; KANTOR, *Festa, cultura e sociabilidade na América portuguesa*.

[5] "A festa antiga não era concebível sem divindade; por isso, não havia festa sem culto; ao contrário, a festa nascia do culto. J. Pieper observou que essa ligação festa-culto é um dado constante da história das religiões; as inúmeras tentativas, ao longo da história, de separar polemicamente essa ligação não têm fundamento, como, por exemplo, a Revolução Francesa, ao instituir dias festivos civis, sem referência nenhuma com o culto [...]. A festa é, então, a sentinela que guarda as sagradas raízes da história". BERGAMINI, *Cristo, Festa da Igreja*, p. 133.

[6] Ver, por exemplo, os dois primeiros capítulos da obra de Giuseppe Angelini sobre as relações entre o celebrar no tempo e no espaço. Também recomendamos as considerações de Mircea Eliade, traçadas em sua obra clássica *O sagrado e o profano*. ANGELINI, *Il tempo e Il rito alla luce delle Scritture*, pp. 23-85. ELIADE, *O sagrado e o profano*. Ver também VAN GENNEP, *Os ritos de passagem*.

[7] A palavra latina *celebrare* provém da raiz latina *celeber* e do grego κελλω, que significa "empurrar", "impulsionar". Sem dúvida, a expressão, vinculada à linguagem sagrada, evoca a ideia de algo público e frequente; algo sagrado, solene, venerável, festivo. BERNAL, *Celebrar, un reto apasionante*, p. 14. Ver também o verbete "celebração" de autoria do professor Manlio Sodi (SODI, Celebração, pp. 183-196).

[8] "Entre os diversos promotores da perspectiva festiva da Liturgia, estão: J. Huizinga e H. Rahner, que estudaram a dimensão lúdica do homem; R. Guardini, que falou da liturgia como jogo; J. Pieper, teólogo que tratou do ócio em relação ao culto; J. Mateos, H. Cox, J. Moltmann, que escreveram sobre a festa em relação à celebração etc. A redescoberta da dimensão festiva da liturgia, com seu poder criativo mediante a recuperação de vocábulos

3. Liturgia: a família de Deus em festa[9]

Parece-nos justo dizer que é nessa percepção do celebrar, ou seja, mais precisamente na percepção da gratuidade da festa, que se insere de maneira particular o mistério do culto cristão.[10]

Guardini,[11] já nos inícios do Movimento Litúrgico, bem havia relevado a irredutibilidade da celebração litúrgica a uma finalidade precisa ou, se quisermos, a meras categorias de normas cultuais, de rubricas.[12] Na celebração cristã, mais do que um simples conjunto ordenado de ritos, o homem em sua concretude histórica pode, de fato, fazer uma experiência com um Deus atuante e salvador,[13] que se manifesta particularmente numa comunidade celebrante, que é a Igreja.

Essa experiência é possível porque no centro do culto ritual cristão está, primordialmente, a ação gratuita de Deus por meio do Espírito na pessoa de seu Filho, o Cristo morto e ressuscitado.[14] Também só é igualmente possível esse encontro transformador porque o culto cristão, o celebrar, é na verdade uma sinergia entre o homem concreto – muitas vezes fruto de uma cultura[15] fragmentada – e o Deus encarnado.[16]

---

como "celebração", é mais que uma mera consequência das próprias condições socioculturais de nosso tempo". RODRIGUEZ, *Introducción a la liturgia*, pp. 79s. Ver também nosso artigo: FRADE, Criação e Liturgia.

[9] Tomamos a liberdade de reproduzir um título de autoria de nosso querido mestre e amigo, o Professor Doutor Padre Gregório Lutz, um dos maiores liturgistas do Brasil: LUTZ, *Eucaristia*.

[10] CASEL, *O mistério do culto no cristianismo*. Sobre o mistério em Dom Odo Casel, ver também BOUYER, *Piedad Litúrgica*, pp. 101-115; OÑATIBIA, La presencia de la obra redentora en el misterio del culto, pp. 133.

[11] GUARDINI, *O Espírito da Liturgia*.

[12] "A liturgia não possui 'finalidade prática', ou pelo menos não pode ser compreendida unicamente do ponto de vista dessa finalidade. Ela não é um meio que se emprega para atingir um determinado objetivo, mas – até certo grau pelo menos – ela é sua própria finalidade. A liturgia não é um degrau para um fim situado fora dela, mas *um mundo de vida* [grifos meus] que repousa em si mesmo" (ibid., p. 79).

[13] Numa simples busca no site do vaticano (www.vatican.va), podem-se encontrar algumas alocuções do Papa Bento XVI nas quais ele insiste em apresentar o cristianismo nem tanto como um conjunto de dogmas ou verdades, mas muito mais como uma experiência, como um encontro pessoal com o Cristo.

[14] "Para realizar tão grande obra [a salvação], Cristo está sempre presente na sua igreja, especialmente nas ações litúrgicas". *Sacrosanctum Concilium* (SC) n. 7; ver também o n. 5.

[15] Aliás, é muito interessante a conexão etimológica entre culto e cultura: "A raiz latina da palavra 'cultura' é *colere*, o que pode significar qualquer coisa, desde cultivar e habitar a adorar e proteger. Seu significado de 'habitar' evoluiu do latim *colonus* para o contemporâneo 'colonialismo' [...]. Mas *colere* também desemboca, via o latim *cultus*, no termo religioso 'culto'". EAGLETON, *A ideia de cultura*, p. 10.

[16] "O homem que celebra, precisamente por ser pessoa encarnada e ser em relação, também é produto da mentalidade cultural e da sensibilidade religiosa, das qualidades e das deficiências de cada povo e das necessidades e aspirações de cada ciclo da civilização. Já não é o homem em geral que atua na celebração litúrgica, mas o homem concreto deste ou daquele tempo, com seus valores e defeitos dentro do espaço no qual transcorre sua existência". MARTÍN, *No Espírito e na Verdade*, v. 2, p. 42.

Mas, se a festa é uma das categorias pelas quais o homem, ainda que fragmentado, pode se reencontrar em e com Deus, temos que reconhecer o fato de que nem toda manifestação festiva de per si pode favorecer ao homem a percepção da gratuidade.[17]

Antes, impregnado pela cultura hodierna, o indivíduo tende hoje a "coisificar" suas relações com a alteridade, tal qual uma espécie de "maldição do rei Midas": o homem contemporâneo tende a mercantilizar tudo o que toca, e, ao fazê-lo, desespera-se, posto que todos os valores materiais desenvolvidos ao extremo pelo toque desse *homo faber*, são incapazes de darem uma resposta satisfatória à sua própria existência.

Desse modo, o homem às vezes fica quase impossibilitado de entrar no âmago da festa. Quando muito, resta-lhe o aspecto mais periférico: a "espetacularização". Talvez seja aqui que, em parte, residam as várias incompreensões que tendem a reduzir a celebração litúrgica à simples *show* para as massas.[18]

4. A festa como celebração memorial

Embora seja possível a existência de situações limitantes sobre a festa,[19] nem por isso ela perde de importância como categoria para a compreensão e aprofundamento de outros aspectos da própria celebração litúrgica, como bem intuiu o teólogo americano Harvey Cox:

> A festividade e a fantasia são absolutamente essenciais na vida do homem. Permitem-lhe relacionar-se com o passado e com o futuro de uma forma que não é consentida aos animais. A festa, o momento particular no qual o homem, abandonando o trabalho ordinário, celebra um acontecimento e afirma a bondade das coisas, ou glorifica a memória de um deus ou de um herói, constitui uma atividade especialmente humana [...]. Também a fantasia é exclusivamente humana [...]. Se a festividade permite ao homem prolongar suas próprias experiências

---

[17] "Devo confessar que, sobretudo nas sociedades desenvolvidas, fortemente influenciadas pelo pensamento liberal e pela modernidade, esta [a modernidade] conseguiu atrofiar em nós, em boa medida, a capacidade de festejar." BERNAL, *Para vivir la celebración*, p. 31.

[18] "Apresentemos a relação entre liturgia e espetáculo. O pior que possa acontecer à liturgia é que ela se reduza a um teatro, porém, o teatral, enquanto epifânico, é algo semelhante à celebração litúrgica. Em ambos os casos há uma peça ou ritual que se representa num espaço bem disposto por aqueles que são competentes, e não improvisadores; a arte de falar e a decoração tem sua importância. Porém, na liturgia, todos são atores e não meros expectadores; além do mais, não se trata de uma ficção, mas da verdadeira história de nossa salvação. Contudo, o espetáculo pode desfigurar a liturgia, pois nesta o que interessa é o autor, não os atores ou intérpretes; além disso, o mistério não se representa, mas se experimenta". RODRIGUEZ, *Introducción a la liturgia*, pp. 49s.

[19] Nesse sentido, ver o interessante artigo do jesuíta espanhol Gabino Uribarri. O autor identifica três atitudes contrastantes no campo do cristianismo, e entrevê como possibilidade de resposta à abordagem da liturgia a partir do campo preponderantemente emocional e subjetivo, a liturgia sacramental com sua ritualidade – que não deve ser confundida aqui com o simples ritualismo (URIBARRI, Tres cristianismos insuficientes: emocional, ético y de autorrealización).

Celebrar o mistério

revivendo acontecimentos do passado, a fantasia é uma espécie de jogo que amplia os limites do futuro. A festividade, com efeito, não se concentra somente no passado, da mesma forma como a fantasia não se inclina apenas ao futuro. Às vezes, celebramos também acontecimentos, e nossa mente recria, com frequência, experiências passadas. Apesar de tudo, a festividade está mais estreitamente vinculada à memória e a fantasia se aproxima mais à esperança. Ambas contribuem para fazer do homem uma criatura consciente de que este possui uma origem e um destino, de que não é apenas uma bolha passageira.[20]

De modo que é justamente através da festa que podemos nos deparar com elementos que convergem na direção de algo que é central para a própria liturgia: o memorial.[21]

5. Festa: memorial e símbolo

O conceito de memorial é coisa que afunda suas raízes no Antigo Testamento e entra em cheio já na práxis celebrativa do antigo Israel. Também o culto cristão retoma esse uso judaico carregando-o de sentido novo, do momento que Jesus, ao instituir a Eucaristia, manda seus discípulos celebrarem em sua memória – *"em memória de mim:* εις την εμήν ανάμνησιν" (Lc 22,19; 1Cor 11,4.25).

Não se trata aqui obviamente de uma simples recordação, mas de uma re-presentação – *repraesentare*: no sentido de tornar novamente presente – da presença do Deus salvífico por meio de gestos, palavras e símbolos. Numa palavra: ao celebrarmos a liturgia, fazemos memória[22] da realidade do mistério pascal de Cristo, isto é, a salvação escatológica se faz presente em meio à história concreta dos homens e mulheres.[23]

Nessa história sagrada, isto é, toda a história humana que conhece a intervenção de Deus[24] – e que São Paulo chama de "o mistério":[25] Rm 16,25; 1Cor 2,7; Ef 5,32; Cl 1,26-27 –, Deus continua, de certo modo, revelando-se, falando continuamente

---

[20]   COX, *La festa dei folli*, pp. 21-22.

[21]   Ver a propósito NEUNHEUSER, Memorial, pp. 723-736.

[22]   "A liturgia é o memorial do mistério da salvação". *Catecismo da Igreja Católica*, n. 1099.

[23]   "Em tão grande obra [a liturgia], que permite que Deus seja perfeitamente glorificado e que os homens se santifiquem, Cristo associa sempre a si a Igreja, sua esposa muito amada, a qual invoca o seu Senhor e por meio dele rende culto ao Eterno Pai". Constituição sobre a Liturgia *Sacrosanctum Concilium* (SC), n. 7.

[24]   Para uma síntese da visão de Karl Rahner sobre a questão da graça de Deus presente em toda a história humana, veja-se MALDONADO, *A ação litúrgica*, pp. 9-20. Quanto à crítica sobre a consequente visão rahneriana de sacramento/liturgia, veja-se GRILLO, *Introduzione alla Teologia Liturgica*, pp. 93-116. Ver também GRILLO, *Il rinnovamento liturgico tra prima e seconda svolta antropologica*.

[25]   Para aprofundar esse conceito, remetemos à obra de ROCCHETTA, *Sacramentaria Fondamentale*. Ver também VAGAGGINI, *O sentido teológico da liturgia*, pp. 27ss.

151

aos homens "como seus amigos";[26] ele que se revelou de uma vez por todas em seu Filho, constituindo-o como o sentido e o fundamento de toda a história[27] – principalmente através daquela liturgia existencial inaugurada pelo próprio Cristo em seu mistério pascal, e que a Igreja se encarrega de dar continuidade no tempo e no espaço,[28] ao celebrar cotidianamente no mundo dos homens.[29]

Mundo humano este definido por muitos antropólogos e filósofos como um universo pleno de símbolos; de modo que já se tornou clássica a famosa frase de E. Cassirer, quando classifica o ser humano como *animal simbólico*.[30]

A liturgia, ao celebrar por meio de sinais e símbolos, nada mais faz que corresponder à dimensão mais íntima do homem. De fato, é através da mediação de símbolos que o homem pode chegar à realidade última:

> A condição simbólica é constitutiva do ser humano. Não se trata de um resíduo de mentalidade pré-lógica, [...] mas sim de, como mostrou a investigação antropológica, ser o primeiro de todos os sentidos; é a matriz, o ponto zero da linguagem, a condição que permite ao homem apropriar-se do mundo, da realidade, ou seja, trazê-los à sua presença, fazê-los humanos. O homem, à diferença do animal, rompe com a sua linguagem a materialidade do objeto, dá morte às coisas (Chauvet) e as transforma em significantes, constituindo assim o mundo do sentido, o mundo humano.[31]

---

[26] "Em virtude desta revelação, Deus invisível (cf. Cl 1,15; 1Tm 1,17), na riqueza do seu amor fala aos homens como a amigos (cf. Ex. 33, 11; Jo. 15,1415) e convive com eles (cf. Br 3,38), para os convidar e admitir à comunhão com Ele". Constituição Dogmática *Dei Verbum* sobre a Revelação Divina, n. 2.

[27] "[Tudo foi feito por meio dele e nele todas as coisas subsistem (cf. Cl 1,6-7)]. Isto me levou a afirmar que cada ser é uma cristofania, uma manifestação da aventura crística de toda a realidade encaminhada para o ministério infinito. Toda a realidade, escrevi há mais de quarenta anos, é, em termos cristãos, Pai, Cristo e Espírito Santo: a Fonte de todo ser, o Ser na sua capacidade de ser (vale dizer o seu se tornar, que é o *Christus totus* não ainda plenamente realizado até quando o tempo dura), e o Espírito (o vento, a energia que mantém esta *perichoresis* em movimento). PANIKKAR, *Cristofania*, p. 13.

[28] "Na verdade é justo e necessário, é nosso dever e salvação dar-vos graças, *sempre e em todo o lugar* [grifos meus], Senhor, Pai santo [...]". MISSAL ROMANO. *Oração Eucarística II, Prefácio*.

[29] "Desde então, nunca mais a Igreja deixou de se reunir em assembleia para celebrar o mistério pascal". SC, n. 6; "Portanto, qualquer celebração litúrgica é, por ser obra de Cristo sacerdote e do seu Corpo que é a Igreja, ação sagrada par excelência, cuja eficácia, com o mesmo título e no mesmo grau, não é igualada por nenhuma outra ação da Igreja". SC, n. 7.

[30] CASSIRER, *Antropologia filosófica*, p. 51.

[31] SANCHEZ, Símbolo, p. 1302.

De fato, como a própria etimologia da palavra "símbolo" sugere,[32] é na celebração litúrgica permeada pelos seus sinais visíveis[33] que a união entre o humano e o divino pode a maior razão ocorrer.[34] E, em se tratando de símbolos, talvez o mais primordial destes seja a própria corporeidade do homem:

> Há que se ressaltar igualmente a função simbólica do corpo humano. É evidente que o homem não se projeta no mundo de maneira direta; nem seus pensamentos, nem suas ideias originais, nem seus sentimentos, nem os seus quereres, nem seus projetos, nada do que pertence ao seu mundo interior pode expressar-se, sair para o exterior, de modo direto e desencarnado. Tudo se expressa através do corpo e, de modo singular, através da linguagem. É a sua voz, seus gestos, seus movimentos, suas posturas, suas reações chamadas psicossomáticas que se manifestam no rubor, no choro, na tristeza, nas responsabilidades etc.; tudo isso expressa o ser humano, com seus recursos e diversidades de formas, simboliza a pessoa humana, abrindo-a ao exterior, a projeta e a comunica. O corpo, verdadeiro símbolo do homem e da mulher, é também o lugar de reconhecimento e de encontro; lugar de intercâmbio.[35]

Nesse contexto, a festa e a realidade sacramental – lugares de encontro por excelência – devem necessariamente desembocar na vida concreta,[36] pois é assim que a ação humana passa a ser símbolo da presença do Transcendente e, ao mesmo tempo, revela todo o mistério da própria vida do homem.

6. Conclusão

Não tivemos aqui a pretensão de apresentar uma explanação que quisesse esgotar todo o assunto, apenas quisemos oferecer algumas pistas para outras reflexões mais aprofundadas. Claro está para nós que o ser humano só pode fazer festa ou celebrar

---

[32] "A palavra "símbolo" é de origem grega. Vem de συν-βάλλω (*syn-bállo*), verbo composto de *syn* e *ballo*. Βαλλειν (*ballêin*) significa "lançar", "atirar". Σύν (*syn*) significa "com", "junto", "unir". Συνβάλλειν (*synballêin*) significa, pois, "lançar junto", "unir". O substantivo é σύνβολον (*sýmbolon*). Transparece sempre um movimento de comunhão". BECKHÄUSER, *Os fundamentos da Sagrada Liturgia*, p. 110.

[33] Cf. SC, n. 7.

[34] De certo modo, é o tema da divinização do homem, expresso em alguma medida pelo famoso axioma de Santo Irineu de Lião: "A glória de Deus é o homem que vive e a vida do homem consiste na visão de Deus. Se a manifestação de Deus por meio da criação dá a vida a todos os seres que vivem na terra, com maior razão a manifestação do Pai pelo Verbo dá a vida aos que veem a Deus". IRINEU, *Contra as Heresias*. IV, 20, 7, p. 433.

[35] BERNAL, *Para vivir la celebración*, p. 39.

[36] "A liturgia cristã não consiste em dar coisas a Deus, mas em oferecer Cristo e se oferecer com ele, fazendo de toda a nossa existência uma oferta agradável a Deus. É a festa vivida, o culto autêntico, 'o sábado do coração', como diz Santo Agostinho [...]. A experiência e o cotidiano não ficam de fora ou ao lado da celebração da festa, mas dentro, no sentido de que o cotidiano cristão é uma realidade da própria celebração". BERGAMINI, *Cristo, Festa da Igreja*, p. 136.

num sentido pleno se para isso estiver dedicado com a totalidade de seu ser que, no âmbito do cristianismo, implica um desejo de renovação e abandono ao Senhor, algo que São Paulo havia já bem intuído ao falar, através do símbolo do fermento e, ao mesmo tempo, de modo mui concreto para as comunidades humanas de todos os tempos:

> Não sabeis que um pouco de fermento leveda toda a massa? Purificai-vos do velho fermento, para serdes nova massa, já que sois sem fermento. Pois nossa Páscoa, Cristo, foi imolado. *Celebremos, portanto, a festa*, não com velho fermento nem com fermento de malícia e da perversidade, mas com os pães ázimos: na pureza e na verdade (1Cor 5,6b-8).

"O Cristão do futuro ou será um místico, isto é, uma pessoa que experimentou algo, ou não será cristão."[37]

7. Referências bibliográficas

ALVES, José Eustáquio Diniz. A vitória da teologia da prosperidade. *Folha de S.Paulo*, 6/7/2012.

ANGELINI, Giuseppe. *Il tempo e Il rito alla luce delle Scritture*. Assisi: Cittadella Editrice, 2006.

BAUMAN, Zygmunt. *Ensaios sobre o conceito de cultura*. Rio de Janeiro: Jorge Zahar, 2012.

_____. *Tempos líquidos*. Rio de Janeiro: Jorge Zahar, 2012.

BECKHÄUSER, Alberto. *Os fundamentos da Sagrada Liturgia*. Petrópolis: Vozes, 2004.

BERGAMINI, Augusto. *Cristo, Festa da Igreja*. São Paulo: Paulinas, 1994.

BERNAL, José Manuel. *Celebrar, un reto apasionante*; bases para una comprensión de la liturgia. Salamanca (Espanha): Editorial San Esteban, 2000.

_____. *Para vivir la celebración*; bases para una comprensión de la liturgia. Pamplona (Espanha): Verbo Divino, 2010.

_____. *Recuperar la fiesta en la Iglesia*. Salamanca/Madrid (Espanha): Edibesa, 1998.

BOUYER, Louis. *Piedad Litúrgica*. Cuernavaca (México): Ediciones Beneditinas, 1957. pp. 101-115.

CASEL, Odo. *O mistério do culto no cristianismo*. São Paulo: Loyola, 2009.

CASSIRER, Ernest. *Antropologia filosófica*; ensaio sobre o homem. São Paulo: Mestre Jou, 1977.

Catecismo da Igreja Católica. São Paulo: Loyola, 1999.

---

[37] RAHNER, *Espiritualidad antigua y actual*, p. 25.

COX, Harvey Gallagher. *La festa dei folli*; saggio teologico sulla festività e la fantasia. Milano (Itália): Bompiani, 1971.

EAGLETON, Terry. *A ideia de cultura*. São Paulo: Unesp, 2000.

ELIADE, Mircea. *O sagrado e o profano*. São Paulo: Martins Fontes, 2012.

FRADE, Gabriel. Criação e Liturgia: crer, compreender, celebrar. In: ABREU, Elza Helena de; ZACHARIAS, Ronaldo (orgs.). *Teologia da Criação e marcos do magistério de Bento XVI*; por uma autêntica maturidade eclesial. São Paulo: Paulinas/Unisal, 2011. pp. 86-100.

GRILLO, Andrea. *Il rinnovamento liturgico tra prima e seconda svolta antropologica*; il pressuposto rituale nell'epoca del postmoderno. Roma: Edizioni Vivere, 2004.

_____. *Introduzione alla Teologia Liturgica*. Padova: EMP, 1997.

GUARDINI, Romano. *O Espírito da Liturgia*. Rio de Janeiro: Lumen Christi, 1942.

IRINEU, Santo. *Contra as Heresias*. IV, 20, 7. São Paulo: Paulus: 2009.

JANCSÓ, Istvan.; KANTOR, Iris. *Festa, cultura e sociabilidade na América portuguesa*. São Paulo: Edusp, 2001. 2 vol.

LUTZ, Gregório. *Eucaristia*; a família de Deus em festa. São Paulo: Paulus, 2009.

MALDONADO, Luis. *A ação litúrgica*; sacramento e celebração. São Paulo: Paulus, 1998.

MARTÍN, Julián López. *No Espírito e na Verdade*; introdução antropológica à liturgia. Petrópolis: Vozes, 1997.

NEUNHEUSER, Burkhardt. Memorial. In: SARTORE, Domenico; TRIACCA, Achille (orgs.). *Dicionário de liturgia*. São Paulo: Paulinas, 1992.

OÑATIBIA, Ignacio. La presencia de la obra redentora en el misterio del culto; un estudio sobre la Doctrina del Misterio de Odo Casel. *Cuadernos* Phase, 172, setembro 2007.

PANIKKAR, Raimundo. *Cristofania*. Bologna: Edizione Dehoniane, 1994.

RAHNER, Karl. *Espiritualidad antigua y actual* (Escritos de Teología, v. VII). Madrid: Taurus, 1969.

ROCCHETTA, Carlo. *Sacramentaria Fondamentale*; dal "mysterion" al "sacramentum". Bolonha (Itália): EDB, 1990.

RODRIGUEZ, Pedro Fernandez. *Introducción a la liturgia*; conocer y celebrar. Salamanca-Madrid (Espanha): Edibesa, 2005.

SANCHEZ, Juan José. Símbolo. In: CASIANO, Floristán; TAMAIO, Juan José (eds.). *Conceptos fundamentales del cristianismo*. Madrid: Trota, 1993.

SODI, Manlio. Celebração. In: SARTORE, Domenico; TRIACCA, Achille (orgs.). *Dicionário de liturgia*. São Paulo: Paulinas, 1992.

URIBARRI, Gabino. Tres cristianismos insuficientes: emocional, ético y de autorrealización. Una reflexión sobre la actual inculturación del cristianismo en occidente. *Estudios Eclesiásticos* 78 (2003), pp. 301-331. Disponível em: http://www.diocesisdeteruel.org/pdf%20y%20otros/Pastoral%20Vocacional/

Documentos%20vocacionales/Tres%20cristianismos%20insuficientes.doc.
Acesso em: 2/6/2012.

VAGAGGINI, Cipriano. *O sentido teológico da liturgia*. São Paulo: Loyola, 2009.

VAN GENNEP, Arnold. *Os ritos de passagem*. Petrópolis: Vozes, 2011.

PARTE III

A sociedade
à luz da fé cristã

CAPÍTULO X

O ideal da convivência humana
à luz da fé cristã

Agenor Brighenti

Consequente com o mistério da Encarnação do Verbo, o cristianismo não propõe a seus adeptos e à humanidade nada mais do que ser verdadeiramente humanos, humanos em plenitude. A vida em plenitude resume a missão de Jesus de Nazaré: "Eu vim para que todos tenham vida e a tenham em abundância" (Jo 10,10). Pareceu, então, evidente a Santo Irineu de Lião, na aurora do cristianismo, que a "a glória de Deus é o ser humano pleno de vida" (*gloria Dei homo vivens*). João Paulo II, alinhado a essa tradição, na *Redemptor Hominis* e na *Centesimus Annus* tira as consequências para a ação evangelizadora: "O ser humano é o caminho da Igreja" (RH 13, CA 53). Jesus é o caminho da salvação; o caminho da Igreja é o ser humano, pois ela existe para o serviço da vida plena para todos, a única razão e fim da obra de Jesus.

Para o cristianismo, a mensagem revelada nas Escrituras não é portadora de valores estritamente confessionais, que só serviriam aos cristãos ou a supostas pessoas, vivendo uma vida castradora ou repressora do humano, à margem da marcha da humanidade. Ao contrário de certas religiões que propõem a anulação dos desejos e o aniquilamento do "eu" como caminho de salvação, o cristianismo não reprime nada do que é autenticamente humano, apenas potencia e plenifica a natureza criada por Deus ("a graça se apoia sobre a natureza" – Tomás de Aquino).

No cristianismo, à luz do mistério da Encarnação do Verbo, Jesus de Nazaré é "verdadeiramente homem e verdadeiramente Deus": o plenamente humano é divino e o divino é o autenticamente humano. Na aurora da modernidade, com a irrupção do humanismo, que em grande medida se erigiu contra a Igreja, místicos medievais, entretanto, colocaram em evidência a congruência entre o humano e o divino: enquanto São João da Cruz diviniza o humano, Santa Tereza de Ávila humaniza o divino.[1] Tal como afirmou L. Boff a respeito de Cristo – "Jesus de Nazaré foi tão humano, tão humano, que só podia ser Deus".

Cristianismo não é dolorismo, uma religião apontando para o mundo e a aventura humana como um "vale de lágrimas"; uma religião contra o progresso ou os avanços que contribuem para uma vida mais plena para todos. Fé cristã não é *fuga mundi*, alienação, refúgio na esfera da subjetividade da alma ou escapismo da concretude da história, mas um itinerário que tem em Jesus de Nazaré, a convergência do olhar humano e do olhar divino, num único olhar. No Emanuel, Deus se "humanizou" e, com sua ressurreição, o ser humano, embora sempre seja criatura, foi "cristificado", divinizado.

Salvação, portanto, como explicitou o *Documento de Medellín*, é a passagem de situações menos humanas para situações mais humanas (Med 1,5). Para o Vaticano II, "o mistério do ser humano só se esclarece à luz do mistério do Verbo Encarnado" (GS 22); e Paulo VI, ao encerrar o Concílio, foi ainda mais consequente: "Para conhecer o ser humano verdadeiro e integral, é necessário conhecer a Deus [...] e, para conhecer a Deus, é necessário conhecer o ser humano" (7 de dezembro de 1965). Assim, na aventura humana, o processo de humanização prolonga-se num processo de divinização, e o processo de divinização prolonga-se num processo de humanização.[2]

À luz do mistério do Verbo Encarnado, foi-nos revelado que Deus não é solidão, mas sim *relação*. É um Deus Trindade, em três Pessoas – Pai, Filho e Espírito Santo – uma comunidade de amor – "Deus é Amor", diz São João (1Jo 4,8). Por sua vez, o ser humano, criado à sua imagem e semelhança, criatura cocriadora, dotado de liberdade e capacidade para amar, é também essencialmente *relação*: relação com Deus, vocacionado a ser *filho*; relação com os demais, vocacionado a ser *irmão*; e relação com a natureza, vocacionado a ser *senhor* e não escravo do ter, daquilo que foi dado para todos.

O ser humano, como criatura cocriadora, só se realiza como pessoa, quando toma distância da falsa liberdade da autossuficiência (pecado original) e descentrando-se de si mesmo (o paradoxo da cruz de Jesus), através de uma estreita inter-relação pessoal com Deus e no serviço aos irmãos (*Lava-pés*). Assim, à luz da fé cristã, o ser humano é, por natureza, um ser religioso e social. Na inter-relação com Deus, como "filho" e fiel, cria comunidade de fé; na inter-relação com os demais, como "irmão" que ama, cria comunidades de convivência fraterna; e, como criatura cocriadora e "senhor" da criação, enquanto cidadão, cria sociedade. Sai de si por necessidade, mas, por sua capacidade de amar, é capaz de fazer a passagem da posse ao dom, do

---

[1]   BARRIENTOS; RODRÍGUEZ, *Santa Teresa de Jesús, San Juan de la Cruz, Lira mística*, p. 21.

[2]   BIGO; BASTOS DE ÁVILA, *Fé cristã e compromisso social*, p. 89.

interesse pessoal à gratuidade; é capaz de fazer do bem aos demais seu próprio bem (bem comum). Aliás, fora da gratuidade e da alteridade, o ser humano é um frustrado e infeliz, vazio, e a vida se transforma em náusea e tragédia.

Ser pessoa na inter-relação, viver em comunidade e construir uma sociedade justa e solidária conforma a tríade da realização humana e, consequentemente, da vocação cristã. São três âmbitos de um mesmo mistério, de uma mesma inesgotável grandeza da vocação e da aventura humana. Ninguém pode dar-se, sem antes possuir-se. A alteridade pressupõe a identidade. No âmago de uma comunidade, seja ela eclesial ou social, o ser humano está chamado a ser, antes de tudo, pessoa, a construir a identidade de um ser livre. A partir daí, e somente a partir daí, é que podem nascer verdadeiras comunidades, espaços da convergência de pessoas que, ao se possuírem, se fazem dom, possibilitando a experiência da fraternidade, imprescindível para a realização pessoal. Por sua vez, uma verdadeira sociedade, potenciadora das pessoas, só é possível a partir de verdadeiras comunidades, que se abrem ao serviço de toda a humanidade, o espaço por excelência da pessoa criada cocriadora. É à medida que o ser humano, enquanto pessoa no seio de uma comunidade, humaniza a sociedade que ele próprio se hominiza.

1. Da solidão à inter-relação

> Mas que coisa é homem, que há sob o nome: uma geografia?
> Um ser metafísico? Uma fábula sem signo que a desmonte?
> Como vai o homem junto de outro homem, sem perder o nome?
> Como vive o homem, se é certo que vive? Que oculta na fronte?
>
> Carlos Drumond de Andrade

Ouvi o Pe. Comblin dizer que vivemos em tempos "de triunfo do indivíduo solitário". Nunca o ser humano foi tão livre, mas também nunca foi tão só. Só e condenado a salvar-se sozinho, em meio a milhões de concorrentes. É a solidão no meio da multidão, uma das mais novas faces da pobreza hoje, segundo a *Caritas in Veritate* (n. 53), sobretudo daqueles que fizeram da vida uma aventura consumista, hedonista e narcisista.

a) A ilusão de realizar-se como ilha

Conforme estatísticas da indústria farmacêutica, nunca se consumiu tanto ansiolíticos e antidepressivos como na atualidade. As ansiedades, as frustrações e as depressões são sintomas, em grande medida, de uma anemia espiritual, de uma crise de sentido, que remete o ser humano ao seu próprio mistério. Não há como passar pela vida sem colocar-se, em algum momento, na posição da célebre escultura de

Rodin – *O Pensador*. Sobretudo quando nos deparamos com a tragicidade do sem sentido da vida (Heidegger) ou diante do enigma da morte.

Embora seja tão difícil justificar a existência de Deus quanto negá-la, fora de um possível fundamento que dê sentido ao sem sentido de uma imanência fundada em si mesma, resta a saída do "acaso" do universo e da vida, como seriamente argumentou Jaques Monod, ou do absurdo, mergulhando na "náusea do ser", como teorizou Sartre.

b) "Homem algum é uma ilha"

"Homem algum é uma ilha", afirmou Ortega y Gasset, na aurora do existencialismo; "eu sou eu e minhas circunstâncias", concluía. Se não há saída para o ser humano, fechando-se sobre si mesmo e a natureza, haveria um horizonte de sentido abrindo-se ao outro, ao seu semelhante? O fato é que "estamos inevitavelmente juntos", como afirmou Kant. Seja como for, seria o outro uma instância de realização, de sentido para a vida?

Também em relação ao outro, uma das formas de vê-lo e relacionar-se com ele é restringi-lo unicamente à esfera da imanência, da intra-história, da materialidade da vida. Mas será que haveria, unicamente nesta esfera, saída para o ser humano? Para Sartre, não, pois, na medida em que o semelhante nega minha liberdade, "o outro é meu inferno". Para Freud, não existe gratuidade, pois "não existe o amor; em cada gesto de amor, escondemos um ato de egoísmo". Para Hobbes, por natureza e instinto de sobrevivência, "o homem é lobo do homem".

Mas, olhando para nós mesmos e para a história, apesar de esta estar marcada por tantos atos de egoísmo, violência e guerras, será que as inter-relações entre os seres humanos se resumem a isso? Onde esconderíamos e como negar tantos sentimentos nobres, tantos gestos de ternura, de acolhida, de solidariedade, externando o melhor de nós e da humanidade? Não seria isso também nossa natureza, recebida ou intencionalmente plenificada?

Para Pascal, por mais que se busque negar, "o homem supera infinitamente o homem". Há muito mais na existência do que o meramente sensível e palpável. Há muito mais no ser humano do que o puramente humano. O ser humano é um ser que, naturalmente, se projeta para além de si mesmo. É um projeto inacabado, um vir-a-ser. Um ser imanente, naturalmente habitado por um vínculo com algo que o transcende radicalmente. "Não somos seres ocos e vazios; somos criaturas habitadas" (L. Boff). A própria alteridade, enquanto resultado do descentrar-se de si mesmo no outro é instância de transcendência (E. Lévinas), pois os valores transcendem, a ética é transcendental (Wittgenstein), dado que se funda em verdades de direito e não de fato. Ora, é precisamente aqui que se situa a origem da experiência religiosa, tão antiga quanto o próprio ser humano, portadora de um *surplus* (algo mais), que não é necessariamente alienação ou fuga de si mesmo ou das próprias responsabilidades, mas horizonte de plenificação do humano.

c) O ser humano como relação na revelação judaico-cristã

Diante do ser humano que pergunta, está a revelação de um Deus que responde. Revelação é a resposta de Deus à incógnita do ser humano. De um Deus que se comunica com cada um dos seres humanos, como se comunica também através das diversas experiências religiosas e culturas. Todas as religiões são portadoras de revelações de Deus, ainda que o cristianismo, pela Encarnação do próprio Deus em Jesus de Nazaré, seja portador da plenitude da revelação. Entretanto, ter a plenitude não significa ter a exclusividade da revelação e muito menos tê-la entendido tudo. Como dizia Santo Agostinho, "se compreendes, não é Deus", seria uma criação humana. No diálogo inter-religioso, não só o cristianismo tem a oportunidade e a missão de ser portador desse *surplus* (algo mais) da revelação, como pode, através de revelações presentes na religião do outro, descobrir aspectos da plenitude da revelação de que é depositário, até então mal-entendidos ou escondidos.

A tradição judaica do Antigo Testamento,[3] assumida integralmente pelo cristianismo, define o ser humano não como mera espécie animal, mas como indivíduo-imagem-de-Deus (Gn 1,27). Por isso, ele será sempre um ser digno de respeito e veneração, jamais manipulável ou meio para algum fim. Adão não é um simples animal que evoluiu, nem um espírito caído do céu. Ele é a porção de terra que evoluiu, sim, mas que, ao mesmo tempo, é o sopro vivo de Deus (Gn 2,7), que o torna capaz de falar com Deus, de fazer aliança com ele (como Noé, Abraão ou Moisés: Gn 2,15-17; Gn 9,8-17; 17,1-17; Ex 24,1-8), de encontrar-se com ele em uma relação mútua e exclusiva. Essa relação única e exclusiva de Deus com cada um, dando-lhe um nome irrepetível, faz do ser humano *indivíduo e pessoa* (Gn 15,1; 22,1; Ex 3,4; Jr 1,11; Am 7,8).

O Novo Testamento radicaliza ainda mais o valor pessoal de cada indivíduo. Jesus Cristo torna-se o modelo de pessoa, com sua relação única com Deus (Cl 1,15; Hb 1,3). Por sua vez, cada ser humano é irmão de Jesus Cristo, sua imagem, filho de Deus no Filho (Rm 8,29; Cl 1,18-20; Gl 3,26-29). Como diz o Vaticano II, "o mistério do homem só se esclarece à luz do mistério do Verbo Encarnado" (GS 22). Criatura cocriadora, cada pessoa é incorporada na obra do Pai e de Jesus Cristo, transformando o mundo até que ele chegue à sua plenitude (Rm 8,18ss) e convidada a colocar seus dons pessoais a serviço de seus semelhantes, da comunidade (Mt 20,28). Terminada sua obra, em Pentecostes, Jesus Cristo trouxe-nos o Espírito, que é fonte

---

[3]   IDÍGORAS, *Vocabulário teológico para América Latina*, pp. 371-372.

de liberdade para cada um, libertando-nos dos condicionamentos escravizantes e convocando-nos à edificação de um mundo novo, inspirado na convivência amorosa com os demais e na liberdade (2Cor 3,17s). Os pobres e abandonados são os primeiros nessa eleição privilegiada de Deus (Mt 11,25-30; 22,8-9).

d) *Viver é conviver*

Na perspectiva cristã, graças à concepção de um Deus Amor, vivência é "convivência". A filosofia grega, ainda que propedêutica para a fé, não conferia a Deus o atributo do amor. Faltava-lhe uma visão mais plena, tanto de Deus quanto do ser humano. Para os gregos, o amor tinha sua origem última numa carência (o mesmo que para Freud). Consequentemente, como Deus não pode carecer de nada, não pode existir nenhum impulso amoroso num Deus que é o movente imóvel de todas as coisas móveis. A fé cristã transpõe este umbral. Deus ama e, mais ainda, "Deus é amor" (1Jo 4,8), pois o amor não é consequência de algo que falta, mas de uma plenitude que se comunica.[4] A Criação, e particularmente o ser humano, é fruto do amor de um Deus Amor, que não é solidão, mas família – Pai, Filho e Espírito Santo –, um único Deus, em três pessoas. Na trindade de Deus, tudo é relação, comunhão, impulso amoroso, dom recíproco, comunicação de Pessoas. Entre as três Pessoas, há uma radical relacionalidade, na qual cada Pessoa é irredutível, mas sempre na relação com as demais. Nessa perspectiva, até o pecado é consequência do amor de um Deus que nos criou livre e, portanto, capazes de rejeitá-lo. Sem dúvida, a liberdade do ser humano é o sofrimento de Deus.

Essa plena revelação de Deus em Jesus Cristo, Verbo Encarnado, é a resposta última ao mistério do próprio ser humano. Não há Deus de um lado e o ser humano de outro. Deus e o ser humano estão unidos em Jesus Cristo. O Reino de Deus é o Reino do ser humano em sua plenitude: na liberdade de Deus que o oferece e na liberdade do ser humano que o acolhe. Na Nova Aliança, há uma união entre existência divina e existência humana, numa só existência. Consequentemente, como anunciamos na introdução destas reflexões, o processo de humanização prolonga-se num processo de divinização.[5] O cristianismo não propõe à humanidade nada mais do que ser pessoa à imagem de Deus; nada mais do que buscar sermos plenamente humanos, vivendo a vida do Deus Uno e Trino, na relação com os demais e no cuidado com a natureza.

---

[4]   BIGO; BASTOS DE ÁVILA, *Fé cristã e compromisso social*, p. 87.

[5]   Ibid., pp. 83-84.

e) O processo de divinação como processo de humanização

A identidade do ser humano se tece na conjugação harmônica entre sua natureza individual e social, entre ele e Deus e, neste, com os demais. Desfaz-se esta harmonia, quando a pessoa se fecha no egoísmo ou se deixa absorver ou é agredida pelo universo exterior. A pessoa se afirma pelo dom. Os vínculos se estreitam quando através deles cresce a pessoa. Individualismo, desenraizamento cultural pela migração ou êxodo, ecletismo religioso, modismos, relativismo ético etc. são sintomas de perda de identidade. Ações como acolhida e orientação, aconselhamento pastoral, atenção às necessidades básicas, educação permanente e integral, formação do espírito crítico e outras podem contribuir na reconstrução da identidade pessoal.

Elemento essencial da identidade pessoal é a liberdade, que faz do ser humano, ao mesmo tempo, único e um fim em si mesmo. A pessoa é o ser irrepetível, diferente de qualquer outro e incapaz de ser suprimido por outro, com uma vocação e tarefa própria na história. Na pessoa, dá-se a conexão entre o universal e o particular, a unidade do universal e do infinito, constituindo-se base de direitos inalienáveis e fundamento de sua dignidade. A pessoa é um ser que comporta em si mesmo um destino e uma finalidade. É o eterno do temporal, o infinito do finito, o espírito da matéria. E tudo isso por causa da liberdade que lhe é constitutiva e o torna sujeito de responsabilidades.

Essa valorização da pessoa, raiz de direitos inalienáveis, deve estender-se a todas as circunstâncias, mesmo aos casos extremos, em que a pessoa não se manifesta na plenitude de suas faculdades. Sobre o ser humano, jamais se pode aplicar critérios utilitários.

Mas a dimensão social da pessoa não se limita a esse encontro profundo com sua dignidade personalizada. Ser pessoa é abrir-se no respeito ao outro, a todos, considerando-os iguais e irmãos na dignidade humana. Dignidade que se expressa na igualdade de oportunidades em suas relações sociais e políticas. Brota, daí, a importante tarefa da personalização de grandes contingentes de nossa população, menosprezados em sua condição de explorados ou excluídos. A personalização de uns poucos não pode estar justificada pela escravidão das maiorias. O grande escândalo em nossa sociedade é o do "não homem" (E. Dussel), oprimido por grandes interesses – o escravo, o explorado, o pisoteado, o estrangeiro, o pobre social-econômica-política-racial e culturalmente. Cada pessoa vale tanto quanto qualquer outra; por isso, aos mais abastados pesa a maior responsabilidade de serem promotores da radical igualdade em dignidade de todos.

2. Da reciprocidade à comunidade

> Valeu a pena? Tudo vale a pena
> Se a alma não for pequena.
> Quem quer passar além do Bojador,
> Tem que passar além da dor.
> Deus, ao mar o perigo e o abismo deu,
> Mas nele é que espelhou o céu.
>
> Fernando Pessoa

A comunidade não é um fenômeno espontâneo da natureza. Tal como descentrar-se de si mesmo e transcender ao outro é sempre um ato livre e não sem renúncias ou sacrifícios, a vida em comunidade, além de ser uma opção consciente, é também um processo jamais acabado. Por natureza, nascemos enclausurados em um narcisismo primário, instinto de sobrevivência e defesa, diante da situação de dependência total dos outros. A busca do outro começa pela necessidade. O salto da necessidade para a comunidade só será possível quando o desejo de posse se consumar no gesto do dom, na reciprocidade. Sem isso, não há possibilidade de vida em comunidade.[6]

a) A comunidade no âmbito do humano

A comunidade está para além do desejo de posse ou da necessidade e interesse pessoal. O ser humano, mais do que precisar da comunidade para sobreviver, necessita dela para realizar-se como pessoa. Precisa transcender-se no outro, descentrar-se de si mesmo, saber conviver. Entretanto, só poderá fazer-se dom à medida que possuir a si mesmo e fizer da alteridade instância de gratuidade, numa relação de reciprocidade. Para o bebê, a mãe é mais do que um seio que amamenta. A carícia, o sorriso e a voz materna e paterna o introduzem nas primícias da vida social. Da necessidade, a relação se abre para reciprocidade. Se é a mãe que faz da criança uma pessoa, é a criança que faz da mulher uma mãe. O mesmo acontece na relação conjugal. O amor entre um homem e uma mulher, mais do que apenas um ato de posse, é dom de um ao outro na reciprocidade.

A comunidade é essencial na vida e no desenvolvimento de uma pessoa. Com efeito, todo ser humano nasce no seio de uma comunidade, a família, e dependerá desta para o desenvolvimento de suas possibilidades, no âmbito de outras formas de comunidade e da sociedade. Só consegue personalizar-se e tomar consciência do mundo e dos outros através do encontro pessoal e de amor no seio de uma

---

[6] BAUMAN, *Comunidade*, pp. 82-99.

comunidade concreta.[7] Da mesma forma em que é no encontro do "eu" com um "tu" que desperta a consciência pessoal, a harmonia fundamental da pessoa depende da aprendizagem do gerenciamento de seus conflitos no seio de uma comunidade, transformando-os em relações amorosas.

Em linhas gerais, a vida em comunidade pressupõe uma pluralidade de indivíduos que se unem e se inter-relacionam com vínculos pessoais.[8] A comunidade se diferencia da sociedade pelo fato de não se formar fundada em normas jurídicas ou em objetivos comuns, mas alicerçada em relações interpessoais entre seus membros. Para a existência de uma comunidade, não basta a simples sintonização em torno a objetivos comuns, com colaborações mútuas ocasionais; nem as relações de proximidade e afetividade difusa, que podem dar-se em aglomerações de massas. A comunidade sempre apresenta uma dimensão de amor e, a eclesial, também de fé, que liga e enriquece seus membros.[9]

b) A comunidade humana, sacramento da comunidade divina

A relação comunitária contém, todavia, um mistério mais profundo. Como Deus é amor, toda relação amorosa é portadora de uma sacramentalidade da vida de Deus. Por isso, a Igreja sempre reconheceu, mesmo nos casais não unidos pelo sacramento do matrimônio, uma sacramentalidade no amor que os une. Quando transpassadas pelo amor, toda comunidade humana é historização da comunidade divina, uma comunhão de amor de três Pessoas, na total reciprocidade. Como não somos seres ocos e vazios, mas habitados por Deus, toda autêntica comunidade humana tende à comunhão divina. Ela é abertura, ainda que só intuamos isso genericamente, para algo que nos transcende e do qual, no entanto, precisamos para nos realizar.

A comunidade humana se torna sacramento da comunidade divina sempre que se transforma em sinal e instrumento daquilo que transcende absolutamente a necessidade e o contingente. Sem o reconhecimento desse vínculo imanente a toda relação de amor, não se pode entender o que significa depositar a fé num Deus amor. Numa comunidade fraterna, é revelado o mistério da relação do ser humano com os demais e com Deus: a passagem da necessidade à liberdade e da liberdade à graça.[10]

---

[7]   BENEDETTI, Comunidade: aspectos sócio-antropológicos, pp. 23-26.

[8]   BAUMAN, Comunidade, pp. 112-128.

[9]   IDÍGORAS, Vocabulário teológico para América Latina, pp. 61-62.

[10] BIGO; BASTOS DE ÁVILA, Fé cristã e compromisso social, pp. 90-93.

c) A comunidade eclesial como testemunho e sinal da comunidade divina

Na tradição judaica, as relações comunitárias e a dimensão interpessoal não se encontram muito desenvolvidas. A comunidade religiosa estava indissoluvelmente ligada à organização política do povo. Os vínculos essenciais entre os membros do povo eram estabelecidos pela vocação religiosa (Dt 7,7-8). Somente em uma etapa posterior é que um "resto" ou comunidade começa a se diferenciar da multidão do povo (Is 4,3; Jr 23,3-4).

No Novo Testamento, a dimensão comunitária, tanto da vida quanto da religião, é posta em relevo.[11] A acolhida da própria mensagem pressupõe uma profunda personalização, que sente sua vocação pessoal diante de Deus como única e transcendente. A mensagem cristã se resume na fé e no amor a Deus, mas que passa pela comunidade dos irmãos. A obra de Jesus Cristo é precisamente um Reino de amor, que tem na Igreja seu sacramento. A Igreja está chamada a ser um espaço de realização da vida em comunidade, ícone da Trindade. Para isso, ele escolhe apóstolos que o acompanhem (Mc 3,14-15) e com eles vive em especial intimidade, através da qual lhes foi revelando os mistérios do Reino (Mc 6,30-31; 7,17; 4,10-11). É pela mediação dessa comunidade que surge a fé em Cristo (Mc 8,27ss; Mt 16,13-17) e que se vive a nova experiência do amor e do serviço (Mc 9,33-35; 10,41-45).

A Igreja surge na vivência comunitária dos discípulos reunidos na experiência do novo encontro com o Senhor (Lc 24,33-35; Jo 20,19; Mt 28,16ss). Os novos convertidos aderem ao sacramento da comunidade e, por meio dessa adesão, participam dos dons de Jesus Cristo (At 2,41). Toda a experiência da difusão do cristianismo reside na irradiação evangélica das comunidades cristãs, através das quais se experimenta o novo e contagioso amor de Cristo (At 4,32), nas quais o Espírito dinamiza e faz sentir a experiência antecipada do Reino (At 4,ss).

As novas comunidades acolheram milhares de discípulos que buscavam um mundo novo, e seu fermento vai transformando a face do mundo (At 14,22ss; 18,7-8; 19,9ss). As cartas de Paulo constituem testemunhos vivos de comunidades, onde se vivia o cristianismo em tal unidade, que capaz de superar os antagonismos de raça, classe social, tradições religiosas e culturas (Fm 8,12; 1Cor 7,17-24; 12,12-13; Fl 1,7; 1,27ss).[12]

---

[11] IDÍGORAS, *Vocabulário teológico para América Latina*, pp. 62-63.

[12] ALMEIDA, Ser comunidade hoje à luz da experiência das primeiras comunidades, pp. 46-52.

d) O desafio de refazer o tecido comunitário

Na contemporaneidade, o sistema liberal-capitalista acirrou ainda mais o individualismo, fragmentando as experiências e organizações comunitárias como um todo, a começar pela família. A pessoa se perde no anonimato dos poderes do Estado e das instituições políticas e econômicas.

Para haver pessoas maduras, descentradas de si mesmas e interagindo com a comunidade e a sociedade, a grande tarefa é ajudar os indivíduos a dar o passo do pessoal ao comunitário. A relação "eu-tu" precisa desembocar em um "nós", seja no eclesial, seja no social, acima de particularismos estreitos e estéreis. É uma tarefa que implica abertura para a colaboração, para o trabalho em equipe e a organização social, em todas as esferas da vida. Só verdadeiras comunidades podem contribuir na construção de uma sociedade solidária. Para isso, urge a oferta de oportunidade de encontro, prática solidária e experiências de amizade, bem como de espaços de educação ao relacionamento solidário e fraterno.

No campo religioso, a irrupção do indivíduo, em sua autonomia e subjetividade pessoal opera uma privatização da religião na esfera do pessoal. As grandes tradições perdem terreno para grupos religiosos autônomos, que tendem a fazer de Deus um objeto de desejos particulares. Cada vez mais as pessoas têm dificuldade de crer com os outros e naquilo que os outros creem. A experiência religiosa se volta para o emocional, conformando comunidades invisíveis e virtuais, de fiéis sem comunidade, de "cristãos" sem Igreja. O intimismo reduz o religioso à dimensão invisível e antissocial da pessoa, perdendo-se toda a riqueza do encontro comunitário. O racionalismo frio, bem como o intimismo, seu antagonista, substituem a autêntica vivência comunitária, por um mercado do religioso, no seio de instituições, nas quais o fiel é substituído pelo freguês ou cliente. No âmbito do catolicismo, urge a renovação da paróquia, através da multiplicação de pequenas comunidades, nas quais as pessoas possam fazer a experiência da acolhida pessoal, da partilha e da corresponsabilidade entre todos.

3. Da comunidade à sociedade

> Não conto gozar a vida, nem gozá-la penso.
> Só quero torná-la grande, ainda que para isso tenha
> de ser o meu corpo e a minha alma a lenha desse fogo.
> Só quero torná-la de toda a humanidade,
> ainda que para isso tenha de a perder como minha.

Fernando Pessoa

Para a realização da vocação humana, não basta que as pessoas tenham um espaço conveniente de autonomia e sejam acolhidas ou estejam integradas numa comunidade. Só um tecido de comunidades múltiplas, em rede, garante o espaço, seja de afirmação de direitos, seja de contribuição em prol da humanidade, para que esta viva como uma grande família. A pessoa atomizada ou massificada não pode exprimir-se em toda a riqueza de seu ser, assim como a comunidade a que está integrada, seja ela a família ou comunidades ambientais, religiosas etc. É no espaço da sociedade, da cidadania, que se podem assegurar direitos, sejam eles individuais ou sociais, bem como para colocar o Estado a serviço da nação, promotor do bem comum e do destino universal dos bens.

A realização humana, que implica um lugar social no qual cada pessoa possa expressar todas suas potencialidades, advoga a convivência de cidadãos livres, numa sociedade livre, justa e solidária. Por isso, para a fé cristã, um bom fiel precisa ser sempre um bom cristão, inserido no seio da sociedade, na autonomia do temporal. Como disse o Vaticano II, o Povo de Deus peregrina no seio de uma humanidade toda ela peregrinante, e o destino do Povo de Deus não é diferente do destino de toda a humanidade. A Igreja, enquanto comunidade, igualmente só cumpre sua missão à medida que se fizer missionária, sair de si e exercer um serviço na sociedade, o espaço de edificação do Reino de Deus, que não é uma realidade intimista. O Vaticano II põe a Igreja nesta perspectiva: cabe a cada comunidade eclesial inserir-se no seio da sociedade, numa atitude de diálogo e serviço a todos, em especial aos mais pobres.

a) Sociedade e cidadania

A sociedade é o espaço dos cidadãos. A cidadania está ligada essencialmente à consciência dos direitos cidadãos, direitos individuais e sociais. Esta consciência tem sua evolução histórica.

Segundo Max Weber, nas sociedades primitivas, encontramos um *direito carismático*, revelado pelos profetas ou autoridades religiosas, que interpretavam a vontade de Deus e dos heróis míticos fundadores. Não existe ainda o conceito de normas objetivas, independente dos costumes. No *direito tradicional*, a lei é imposta por poderes seculares ou teocráticos. As normas são tomadas como dadas, como convenções transmitidas pela tradição. É ainda um direito particularista; não está baseado em princípios legais universais. O *direito natural* inaugura o Direito Moderno (século XVII e XVIII), baseado em princípios, tidos como emanados da natureza humana. As normas são promulgadas segundo princípios estabelecidos livremente por acordos racionais. O ser humano passa a ser visto como portador de direitos universais que antecedem a instituição do Estado.

A afirmação de um direito racional, universalmente válido, levou à necessidade de codificação de um estatuto legal, de organização de um sistema lógico, e à corporificação do direito como sistema. Mas só a partir do século XX essas codificações passaram a ser feitas a partir de certos acordos entre os diversos atores sociais, num espírito mais democrático. Nos regimes absolutistas, os direitos do indivíduo são concebidos como dádiva do soberano, em face do direito divino dos reis. Então, o Estado Leviatã é defendido (Hobbes) como a única maneira de evitar a anarquia social, pois "o homem é o lobo do homem". No século XIX, o positivismo considera o Estado como fonte central de todo o Direito, concebido a partir de um paradigma ideal, fixo e imutável, fora de seu contexto social, escamoteando os interesses que se ocultavam por detrás da exaltação da razão.[13]

A consciência de que os cidadãos podem organizar o Estado e a sociedade de acordo com sua vontade, baseada na razão, desconsiderando as tradições e os costumes, foi uma das grandes bandeiras do Iluminismo. Na linha do "Contrato Social" de J.-J. Rousseau, o princípio da legitimidade dinástica é substituído pelo princípio da soberania popular. Invertendo a relação tradicional de direitos dos governantes e deveres dos súditos, agora o indivíduo tem direitos, e o governo obriga-se a garanti-los.

É o nascimento do Estado de Direito, em que se passa do ponto de vista do príncipe para o ponto de vista do cidadão. No Estado despótico, o indivíduo só tem deveres, e não direitos. No Estado absoluto, os indivíduos possuem, em relação ao soberano, direitos privados. No Estado de Direito, o indivíduo tem não só direitos privados, mas também direitos públicos. O Estado de Direito é o Estado de Cidadãos.[14]

b) Estado e sociedade civil

Na Antiguidade, há o conceito aristotélico de *Politike koinonia*, traduzido para o latim por *societas civilis* – sociedade civil. Na Idade Média, a *societas civilis* não distinguia a sociedade do Estado. Na Idade Moderna, está associada a um corpo político onde liberdade e razão deveriam coexistir, fundadas na concepção de contrato social. No século XIX, Hegel a concebe como uma *instância intermediária* entre o Estado, regulador das relações entre indivíduos, e instituições privadas, que se comportam segundo seus interesses próprios. Para ele, a sociedade civil implica determinações individualistas e a procura de um princípio ético que jamais poderia vir do mercado, mas sim das corporações. Para Marx, a sociedade civil não significa instituições intermediárias entre a sociedade e o Estado, no sentido de uma diferenciação entre Estado e sociedade, mas a fusão de ambos.

Na década de 1970, a noção de sociedade civil muda consideravelmente. Ela ressurge como uma *oposição ao Estado*, não para suprimi-lo e, com ele, o mercado, mas

---

[13] VIEIRA, *Cidadania e globalização*, pp. 15-19.

[14] Ibid., pp. 19-21.

para fortalecer as formas societárias de organização. A partir da década de 1980, em função da perda de prestígio dos partidos políticos, aumentou o fosso entre o sistema institucional de representação no plano do Estado e a chamada sociedade civil organizada. As associações da sociedade civil assumiram o papel de formadoras da opinião pública e formadoras da opinião coletiva, nos espaços situados fora do Estado e do mercado. A noção de sociedade civil passa a ser compreendida em *oposição* não apenas ao Estado, mas também ao mercado. Os atores da sociedade civil organizados em movimentos sociais cumprem função pública, absorvendo a ação comunitária existente no mundo da vida e levando-a ao nível da esfera pública. Defendem o interesse público e se constituem como instância de crítica e controle do poder.

Mais recentemente, novas formas de ação social transformadora emergiram no mundo. Trata-se de movimentos populares, os quais, centrados em temas de democratização, cidadania, liberdades, identidade cultural etc., assumiram a forma de organizações não governamentais (ONGs), particularmente transnacionais. Nas últimas décadas, tornaram-se importantes atores de apoio a programas sociais. Nos países em desenvolvimento, elas beneficiam cerca de 250 milhões de pessoas. Estas organizações atuam nos planos local, nacional, regional e internacional. Em muitos países, as ONGs ajudam a formular as políticas públicas. Em outros, seu papel é importante para fiscalizar projetos governamentais, por exemplo.[15]

Assim, a sociedade civil, hoje, tende a autocompreender-se como a esfera de interação social entre a economia e o Estado, composta pela esfera íntima (família), pela esfera associativa (associações voluntárias) e pelos movimentos sociais. Portanto, ela não engloba toda a vida social. A sociedade política (Estado) constitui-se de partidos, organizações políticas, parlamentos etc. A sociedade econômica compõe-se de organizações de produção e distribuição, como empresas e cooperativas, firmas etc. Em outras palavras, as sociedades políticas e econômicas surgem da sociedade civil. Entretanto, enquanto os atores da sociedade política e econômica estão diretamente envolvidos com o poder do Estado e com a produção econômica visando ao lucro, que eles buscam controlar e gerir, o papel da sociedade civil não está diretamente relacionado à conquista e controle do poder, mas à geração de influência na esfera pública cultural.

Para isso, desempenha um papel importante a sociedade política. O papel mediador da sociedade política entre a sociedade civil e o Estado é indispensável, assim como o enraizamento da sociedade política na sociedade civil. Daí a relevância da busca de formas de exercício de uma democracia participativa. O mesmo deve ocorrer entre sociedade civil e sociedade econômica, ainda que sua influência seja bem menor que sobre a sociedade política. Ainda assim, a legalização dos sindicatos e o

---

[15]   Ibid., pp. 51-54.

papel das negociações coletivas testemunham a influência da sociedade civil sobre a vida econômica e acabam desempenhando, por sua vez, um papel mediador entre sociedade civil e o sistema de mercado.[16]

c) Igreja e sociedade: cristão e cidadão

Para a Doutrina Social da Igreja, a essência social do ser humano deriva de sua própria limitação como indivíduo. Surge, assim, a família como complementação do indivíduo. O mesmo acontece no campo do trabalho, no qual somente através da colaboração de muitos é que se podem realizar grandes tarefas, que satisfaçam as necessidades comuns. Do mesmo modo, a organização política, que ajuda os indivíduos na administração dos bens comuns e na sua proteção. Em resumo, a cooperação social consegue em comum o que nunca os indivíduos conseguiriam sozinhos.

Entretanto, através da integração e complementação dos esforços comuns, a sociedade não se limita a agrupar os indivíduos. A partir das comunidades, ela consegue alcançar uma especificidade própria, capaz de novas e diferentes conquistas. Nesse sentido, o fato de o ser humano estar constituído simultaneamente por uma dimensão individual e social historicamente tem levado a concepções extremas. Por um lado, está o liberalismo, que, ao considerar o indivíduo como um ser independente, põe os interesses e objetivos dos indivíduos acima dos da sociedade. A sociedade civil não é necessária, pois restringe as liberdades individuais. Por outro lado, está o coletivismo, para o qual a pessoa se reduz a uma peça na engrenagem da sociedade, submetida a seus fins predeterminados. Consequentemente, subjuga-se a liberdade, visando ao fortalecimento e à organização do coletivo.

Na perspectiva cristã, a sociedade não constitui uma limitação das pessoas e das comunidades, mas sua autêntica complementação. Ao contrário do que preconiza o liberalismo, não há autêntica liberdade senão dentro da sociedade, pois é aí que a pessoa pode desenvolver sua força criadora e social. E, ao contrário do coletivismo, antes de a pessoa ser membro de um Estado, ela pertence a um povo. É nessa dimensão mais espontânea e natural que sua liberdade amadurece e se desenvolve. Povo está ligado a solo, sangue, história, cultura, a formas peculiares de organização social etc. Povo constitui nação, que não se confunde com Estado. O Estado é o resultado do ordenamento jurídico da autoridade a serviço do bem comum. Pode pressupor um ou vários povos. A isso o Estado acrescenta a unidade relacional superior, que engloba e configura as unidades relacionais inferiores, dirigindo-as no sentido de um bem que seja comum a todos.

No horizonte da Doutrina Social da Igreja, a sociedade deve reger-se pelo princípio da *solidariedade*, segundo o qual a pessoa existe para a comunidade e para

---

[16]   Ibid., pp. 58-68.

a sociedade e, estas, para a pessoa. Cada pessoa é responsável pelo bem comum na sociedade. E a sociedade não tem outro objetivo senão buscar uma vida digna para as pessoas. Além deste, cabe à sociedade reger-se igualmente pelo princípio da *complementaridade*, segundo o qual ela deve ajudar a complementar a ação das pessoas ou comunidades, naquilo em que elas não são capazes. É a busca do bem comum, que consiste na estruturação e organização social adequadas, capazes de somar os objetivos, esforços e ideais de todos os membros da sociedade.[17]

Nessa perspectiva, importa hoje reconstruir sem cessar o tecido social, que as tendências anarquistas e totalitárias, bem como a mercantilização das relações humanas e institucionais, operadas pelo sistema liberal capitalista, tendem a fragmentar e destruir. Importa lutar contra a lógica de uma sociedade engendrada pela cultura tecnológica. Uma das missões mais importantes da Igreja, hoje, é a defesa das pessoas e comunidades, assim como a defesa da sociedade em seus "corpos intermediários", organizados enquanto sociedade civil, diante do poder, seja do sistema financeiro e do grande capital, seja dos Estados "herodianos", que se limitam a garantir o progresso econômico de uns poucos. O sistema liberal capitalista tende a submeter as pessoas e as comunidades a seus objetivos pragmáticos, uniformizando povos e culturas. Defender as culturas agredidas por modismos hegemônicos e os valores populares ameaçados de desaparecimento é uma das missões mais prementes da Igreja hoje.

Por outro lado, cabe pressionar o Estado a cumprir com sua finalidade, que é a de estimular as forças adormecidas ou excluídas da sociedade a promover um desenvolvimento solidário, organizando os diversos setores sociais e mobilizando-os em vista da superação da fome e da miséria. As sociedades dos países subdesenvolvidos têm sua situação agravada em virtude das grandes diferenças na distribuição dos bens naturais e dos recursos econômicos, dos grandes desníveis e de educação e capacitação técnica, do desemprego, o déficit habitacional etc. Essas desigualdades aumentam a violência, contribuindo para a instabilidade da situação social.

Mas não bastam ações no âmbito dos Estados nacionais. É preciso desencadear ações em rede, de alcance mundial, encurtando distâncias entre os povos e contribuindo para a criação de uma comunidade internacional, regida por uma instância de autoridade racional comum. Só um poder de todos, consertado internacionalmente, é capaz de regulamentar conflitos internacionais e alcançar uma relação justa e igualitária entre os povos.

---

[17]   BIGO; BASTOS DE ÁVILA, *Fé cristã e compromisso social*, pp. 93-99.

4. Referências bibliográficas

ALMEIDA, J. A. Ser comunidade hoje à luz da experiência das primeiras comunidades. In: BRIGHENTI, A.; CARRANZA, B. *Igreja, comunidade de comunidades*; experiências e avanços. Brasília: Ed. CNBB, 2009.

ASSMANN, H. *Competência e sensibilidade solidária*; educar para a esperança, Petrópolis: Vozes, 2006

BARRIENTOS, A.; RODRÍGUEZ, J. V. *Santa Teresa de Jesús, San Juan de la Cruz, Lira mística*. Madrid: Editorial de Espiritualidad, 1988.

BAUMAN, Z. *Comunidade*; a busca por segurança no mundo atual. Rio de Janeiro: Zahar, 2001.

BENEDETTI, L. R. Comunidade: aspectos sócio-antropológicos. In: BRIGHENTI, A.; Carranza, B. *Igreja, comunidade de comunidades*; experiências e avanços. Brasília: Ed. CNBB, 2009.

BIGO, P.; BASTOS DE ÁVILA, F. *Fé cristã e compromisso social*. São Paulo: Paulinas, 1986.

BOFF, L. *Ecologia*; grito da terra, grito dos pobres. Rio de Janeiro: Rocco, 1995.

BRIGHENTI, A. La mundialización de desafíos hasta entonces continentales. Interpelaciones para la inteligencia de la fe cristiana desde Brasil. *Concilium* 296, 2002, pp. 419-426.

DRUMOND DE ANDRADE, C. *Poesia completa*. Nova Aguilar: Rio de Janeiro, 1998.

FREIRE, P. *Pedagogía de la esperanza*; un reencuentro con la Pedagogía del Oprimido. Madrid: Siglo XXI, 1993.

IDÍGORAS, J. L. *Vocabulário teológico para América Latina*. São Paulo: Paulinas, 1983.

KÜNG, H. *Proyecto de un ethos mundial*. Madrid: Casterman, 1992.

LÉVINAS, E. *Autrement qu'être ou au-delà de l'essence*. Paris: Kluwer Academic, 1971.

MARDONES, L. M. *Por una cultura de la solidaridad*; actitudes ante la crisis. Maliaño/Madrid: Cuadernos Fe y Secularidad/Sal Terrae, 1994.

MONOD, J. *O acaso e a necessidade*. 3. ed. Petrópolis: Vozes, 1976.

PESSOA, F. Mar Português. In: *Poesias*. Porto Alegre: L&PM Pocket, 1997.

TOURRAINE, A. *Crítica da modernidade*. 4. ed. Petrópolis: Vozes, 1997.

VIEIRA, L. *Cidadania e globalização*. Rio de Janeiro/São Paulo: Record, 1997.

WITTGENSTEIN, L. *Tractatus logico-philosophicus*. 2. ed. São Paulo, Edusp, 1994.

CAPÍTULO XI

A Igreja no mundo urbano: preocupações e desafios

Tarcísio Justino Loro

1. Introdução

Desenvolver o tema "A Igreja no mundo urbano: preocupações e desafios" é sem dúvida tarefa difícil, particularmente em nosso caso, uma vez que o Brasil tem dimensões continentais e seu povo é formado de um caldo cultural muito variado. Soma-se a isso o fato de que a identidade é um resultado provisório de um processo que se alimenta de diversos elementos que se vão modificando ao longo da história. O Brasil sofreu nas últimas décadas profundas mudanças culturais. Dentre elas destacamos o rompimento do paradigma hegemônico católico. Como sabemos, convivem no solo brasileiro, especialmente nos grandes centros, numerosas religiões "novas", criadas ao sabor de líderes religiosos, nem sempre bem-intencionados. Com esses pressupostos, desejamos percorrer um caminho para responder algumas questões que se encontram relacionadas com o tema proposto. *Quais são os principais desafios da Igreja Católica na sociedade brasileira em transformação? Como compreender a Igreja diante das novas emergências religiosas?*

2. A quebra do universo simbólico hegemônico

O pluralismo religioso cedeu lugar a interpretações pluralistas. A cultura da mudança aparece em muitos aspectos da vida social, não somente no campo religioso. Apenas para exemplificar, mencionamos a relação do homem com a natureza, a emancipação da mulher, as conquistas dos trabalhadores, a engenharia genética. A mudança cultural trouxe consigo certo relativismo; cresceu na população brasileira a ideia de que todas as religiões são iguais. Há um só Deus para todos. Em grande parte da população está solidificada a ideia de que o importante é crer em algo, não

A Igreja no mundo urbano

importando qual é a doutrina ou a argumentação teológica que alimenta esta ou aquela religião.

Ao lado disso, precisamos reconhecer que o desenvolvimento da tecnologia, da economia, da arte e da política acabou favorecendo o secularismo. O homem encontrou soluções próprias por meio da técnica e pesquisa científica, dispensando de alguma maneira a ação de Deus na história. Há pouco tempo, por exemplo, as pessoas invocavam a Deus como única solução para determinadas doenças.

Como a maioria das sociedades, a brasileira vai se tornando cada vez mais consumista e imediatista, marcada por certo esvaziamento de ideais nobres. A vida eterna já não é o sonho de uma grande parte de cristãos. A utopia se tornou imediata. Cada um deve lutar pelas suas próprias conquistas, seu bem-estar, sua casa, seu progresso profissional, enfim, construir seus sonhos possíveis com suas próprias forças. O apoio familiar nem sempre faz parte dessas conquistas, o individualismo ganha espaço na busca dos concretos sonhos do cotidiano. Nesse universo de transformações, a religião se tornou, para uma grande parcela da população, um produto ou "um anestésico" para os conflitos pessoais, uma resposta às situações concretas do dia, um olhar para o presente muito mais do que uma força para se construir uma sociedade justa, pautada no respeito, em busca da convivência pacífica. As doutrinas religiosas perderam sua força, enquanto o evangelho das curas e bênçãos a largos passos é buscado como "solução de problemas".

Estas questões aqui apontadas mostram a necessidade de repensar a prática do catolicismo. Não há dúvida de que a Igreja Católica necessita rever sua metodologia pastoral e missionária, os conteúdos de sua pregação, sua forma de apresentar o evangelho ao mundo e, sobretudo, sua prática no caminho de Cristo. As *Diretrizes da Ação Evangelizadora, 2011-2015*, indicam o caráter imediato e urgente da ação eclesial no meio do povo:

> Igreja em estado permanente de missão; Igreja: casa da iniciação cristã; Igreja: lugar de animação bíblica da vida e da pastoral; Igreja: comunidade de comunidades; Igreja a serviço da vida plena para todos. Elas indicam um modo pedagógico de expressar um único e grande passo ao qual toda a Igreja é chamada em nossos dias: reconhecer-se em estado permanente de missão. Como partes de um único passo, as urgências necessitam ser assumidas em seu conjunto, não cabendo, durante os planejamentos locais, a escolha de uma ou outra. Todas são igualmente urgências. Optar por algumas e postergar outras significa afetar o conjunto.[1]

---

[1] CNBB, Diretrizes Gerais da Ação Evangelizadora – 2011-2015, p. 12.

3. Um pouco de pesquisa: cristãos brasileiros

O Censo 2010 realizado no Brasil apontou para a queda do número de católicos e para o crescimento dos evangélicos, especialmente dos pentecostais. Neste crescente, se encontram também os que se declaram sem religião, nos últimos dez anos, esses passaram de 7,4% para 8,07%. Em números absolutos, ultrapassaram doze milhões de brasileiros. No início do século XX, mais de 90% dos brasileiros se declaravam católicos, enquanto no último Censo este número caiu para 64,63%. Esta mudança da cartografia religiosa do povo brasileiro merece interpretações. Segundo o *Projeto de Ação Missionária Permanente* (PAMP), do Regional Sul 1, da CNBB,

> a mudança na cartografia religiosa se deve às alterações rápidas das tecnologias e dos valores culturais, que levam a fragmentações sociais e culturais. Neste contexto, as pessoas são impulsionadas a encontrar um sentido para a vida. Se a crença é construída sobre questões existenciais, mais do que sobre a influência familiar ou a tradição, a opção religiosa ou outros tipos de escolha são feitos pelo indivíduo mais como uma resposta à existência humana do que às exigências dos espaços de convívio.[2]

Um pouco mais de dados: o *Atlas da filiação religiosa* confirma a tendência de diminuição do número de católicos e do aumento de adesões aos pentecostais. Segundo o *Atlas*, entre 1991 e 2000, houve uma diminuição de quase 10% dos cristãos católicos. Até 1970, os que se declaravam cristãos católicos eram 91,8%. Em 1991, esse percentual caiu para 83,3%. Em 2000, para 73,9%. Já em 2010 declararam-se católicos 64,63% da população brasileira, confirmando o prognóstico do *Atlas*.[3]

O aumento da população dos evangélicos tem seguido um ritmo acelerado e passou de 4,8 milhões, em 1970, para 13,1 milhões, em 1991. No final de 1996, estimava-se que os evangélicos eram 17,8 milhões, cerca de 11% da população. Já no Censo de 2010, são 42.275.440, totalizando 22,16%. Se permanecer este mesmo índice de crescimento, estima-se que até 2050 eles serão mais da metade da população do país.

---

[2]   CNBB – Regional Sul 1, *Projeto de Ação Missionária Permanente*, p. 6.

[3]   JACOB et al., *Atlas da filiação religiosa*.

4. Refletindo esta nova realidade a partir do PAMP

a) Reflexões extraeclesial

a. A compreensão desse fenômeno não pode ser reduzida à explicação de que a Igreja Católica no Brasil, nas últimas décadas, *se desviou de sua missão estritamente religiosa e se perdeu em questões sociais e políticas*. De fato não podemos negar que a Igreja no Brasil nas décadas 1960, 1970 e 1980 aplicou muito de sua força e influência para combater a ditadura militar. Em decorrência disso, alguns afirmam que seus fiéis migraram para os pentecostais. Os católicos, sem uma compreensão clara da missão da Igreja na luta pela justiça, no combate a toda arbitrariedade e na defesa implacável dos direitos humanos, acabaram abandonando a discussão e reflexão sobre *fé e política* para se enclausurarem numa espiritualidade individualista ou intimista. O importante era encontrar na religião respostas para os problemas individuais, problemas concretos da vida, como desemprego, doenças, problemas conjugais, dependências químicas, abandono familiar, dentre outros. As questões sociais não estavam no centro das preocupações desses fiéis. Assim, podemos dizer que centenas de pessoas, cansadas ou desanimadas diante dos próprios problemas, foram buscar "milagres" para se manterem com a força da esperança. Nem todos entenderam que a missão de Cristo é o caminho da santidade e esta nos conduz ao coração do mundo, conforme nos ensina o Documento de Aparecida: "A santidade não é fuga para o intimismo ou para o individualismo religioso, tampouco abandono da realidade urgente dos grandes problemas econômicos, sociais e políticos da América Latina e muito menos fuga da realidade para o exclusivamente espiritual".[4]

b. A fé individualista passou a excluir o indivíduo do sentido da comunidade e de se comprometer com o outro. O engajamento dos jovens na luta por liberdade e democracia, "diretas já", por melhores escolas, por trabalho, característica das décadas de 1960, 1970 e 1980, fazia parte dos seus sonhos. Hoje, não é fácil motivá-los para o engajamento estudantil no Centro Acadêmico, nas diversas associações políticas ou religiosas. Por outro lado, encontramos os jovens em torno de outras "utopias", a do crime, das drogas e dos jogos escusos.

c. As transformações sociais, culturais e econômicas pelas quais passou a sociedade brasileira colaboraram para a compreensão do problema da evasão dos católicos. Um exemplo significativo encontra-se na *transformação da família tradicional*,

---

[4] BENTO XVI, *Discurso Inaugural de Sua Santidade na 5ª Conferência Geral do Episcopado Latino-Americano.*

formada pelo pai, mãe e filhos, que aos poucos se abriu para modelos diferencia-dos. Filhos de primeiro e do segundo casamento acabaram membros da mesma família, unidos pelo pai ou pela mãe, sob o comando de uma terceira mulher. Surgiu a figura de uma nova família, marcada pela independência dos mem-bros e pela tentativa de uma convivência respeitosa. A religião deixou de ser um amálgama familiar, cada membro passou a optar pela religião que mais lhe con-viesse. Os pais perderam a força na condução religiosa de seus filhos. Os meios de comunicação social, especialmente a televisão e a internet, abriram o leque da diversidade familiar, e novas formas de religião penetraram o horizonte das crianças e jovens.

d. As transformações sociais produziram também *o descartável*: "utilizar enquan-to é necessário, para depois jogar fora". A sociedade se volta para o utilitário e não mais para a manutenção de esquemas e práticas tradicionais inúteis. Utilizar tudo enquanto for útil e necessário. O que não serve mais se joga fora, substitui--se por outro. Esta forma de viver influenciou todos os aspectos da vida humana. Até que ponto o divórcio poderia ser um exemplo de descartável? Hoje, em com-paração com o passado próximo, poucos frequentam os cursos de filosofia. Para que servem? De outro lado, os cursos de computação, engenharia de alimentos, meio ambiente estão com falta de vagas.

e. *O espaço urbano e seus reflexos na vida do cidadão*. O homem urbano pode ocu-par vários espaços no mesmo dia: da moradia, do trabalho, da prática religiosa, do lazer, do estudo, entre outros. A vida na cidade não tem o sentido de per-tença a um lugar. O cidadão está em permanente trânsito. Na cidade, o cida-dão reside raramente próximo do lugar de trabalho, da universidade, do arma-zém, da prefeitura, da igreja, da escola dos filhos. O fenômeno da urbanização colocou as pessoas numa situação de dispersão, num contínuo deslocamento. Cada cidadão pertence a vários lugares e constrói com diferentes espaços o seu próprio território. Este elemento é um complicador para a participação da comu-nidade territorial. Os tempos dos fiéis são diferentes e, por isso, os encontros são mais um desejo do que uma realidade. "A cidade se converteu num lugar próprio das novas culturas que se vão gestando e se impondo, com nova linguagem e nova simbologia. Essa mentalidade urbana se estende também ao próprio mundo rural. Definitivamente, a cidade procura harmonizar a necessidade do desenvol-vimento com o desenvolvimento das necessidades, fracassando frequentemente neste propósito. No mundo urbano, acontecem complexas transformações so-cioeconômicas, culturais, políticas e religiosas que fazem impacto em todas as dimensões da vida. É composto de cidades satélites e bairros periféricos" (DAp, nn. 510-511). O avião, helicóptero, automóvel e outros meios de transporte deram ao cidadão uma nova identidade: *cidadão do mundo*. Morar no Rio de Janeiro e

A Igreja no mundo urbano

trabalhar em São Paulo não espanta mais ninguém. Na Europa, o trânsito aéreo entre os países, transportando sobretudo executivos, já faz parte do cotidiano. A Comunidade dos países europeus criou um novo cidadão. Romperam-se os limites não só dos municípios, estados, mas inclusive dos países. O Brasil já se aproxima dessa realidade. Os horizontes se ampliaram. Vivemos em tempo de globalização. Nesse sentido, o que as pessoas buscam é o "lugar possível" para refletir a Palavra de Deus, espaço que esteja dentro de suas possibilidades.

f. *Os meios de comunicação mudaram a vida das pessoas, apresentaram um novo leque religioso.* O mundo está em rede. Num mundo globalizado, as economias nacionais estão conectadas nas redes da economia mundial, pelas quais correm os fluxos financeiros. Estão também presentes nessa rede as mais diversas religiões do planeta; as diferentes espiritualidades se tornam conhecidas, tanto as de inspiração cristã, como as de outras motivações ideológicas. E isso fascina, especialmente neste mundo marcado pela mudança, pelo desejo de experimentar algo novo. A doutrina milenar perde sua força. Agora o que importa é a experiência do inusitado.

g. *A cidade favorece o individualismo.* As pessoas do mundo urbano podem viver sua vida independentemente de relações comunitárias. Disso nascem algumas consequências: o prazer individual é o único bem possível. O indivíduo é o princípio e o fim da vida moral. Desaparecem os limites. A religião é um assunto privado. Cada pessoa pode escolher os componentes de sua fé, às vezes até contraditórios, como frequentar um centro espírita e ao mesmo tempo acreditar na ressurreição. Nasce um código religioso, criado pela liberdade de escolha e formado por um pluralismo de significados. O próprio conceito de Deus passa a ser entendido como energia, de maneira politeísta, panteísta ou mágica.

h. *O homem urbano é um ser acuado.* A cidade propicia formas de violência. Diariamente, o cidadão se confronta com notícias de assassinatos, tráfico de drogas, assaltos, estupros, vinganças, enfim com uma gama de acontecimentos que lhe causam medo, desconfiança e busca de mais segurança. As ruas e praças, antigamente lugares de passeios, hoje são espaços de vigilância contínua e de passos apressados. Diante disso, o cidadão busca proteção divina, conforto de uma palavra de esperança. Precisa de alguém que expulse os seus "demônios", que lhe dê mais alegria e coragem. As igrejas pentecostais estão de portas abertas diariamente para escutar, aconselhar e abençoar.

i. *A cultura urbana atual leva as pessoas a procurarem a felicidade sobretudo no bem-estar do corpo.* Hoje, proliferam as academias de ginásticas, clínicas estéticas, *personal training,* ofertas de *spas* etc. A ruptura mais profunda que esta cultura promoveu contra a antiga "foi e ainda é a afirmação do corpo contra a men-

181

te, do reino do corpo contra o reino das ideias, das abstrações, das teorias. O deus contemporâneo é corporal. O novo deus é um deus que goza da sua corporeidade e serve como modelo para todos, porque todos aspiram integrar-se nele [...]. As necessidades humanas nos centros urbanos apresentam-se, não raro, em formas também contraditórias. Neste sentido encontramos o neopentecostalismo como o protótipo da religião do pensamento atual. Deixando de lado os elementos os elementos cristãos de doutrina e da moral e colocando no lugar interesses como prosperidade econômica, saúde, libertação dos demônios e de outras forças do mal, o neopentecostalismo resgatou a religião natural, pré-cristã, numa reinterpretação moderna".[5]

Dadas as circunstâncias conflitantes do reajustamento social, bem como as tendências religiosas imediatistas, utilitaristas e pragmáticas do homem da cultura urbana, o conceito de "salvação" sofre um processo de materialização muito peculiar que faz com que ela seja entendida principalmente como "cura". De fato, "o problema central vivido pela humanidade é a doença, e a religião é o remédio para a doença. Noventa e cinco por cento das orações dos seres humanos, desde sempre, tiveram por motivo a doença e a espera da saúde".[6]

b) *Reflexões intraeclesiais*

Podemos também refletir sobre o *nomadismo* religioso da Igreja Católica no Brasil para os pentecostais analisando a pastoral da própria Igreja. Começamos admitindo que existem muitas lacunas e que existe um grande esforço em âmbitos diversos para corrigir o que é possível.[7] O Projeto de Ação Missionária Permanente, como também o Documento de Aparecida (2007) são exemplos desse esforço. Ambos falam da necessidade de uma ação missionária junto a todos os fiéis. Neste último documento, percebemos a necessidade da formação de discípulos missionários e de uma conversão pastoral profunda. A Igreja Católica em todo o continente latino-americano precisa rever suas estruturas, sua linguagem e o conteúdo de sua missão para responder mais efetivamente à identidade da própria Igreja. Mas, ao lado desta visão geral, gostaríamos de destacar alguns elementos que devem ser revistos:

---

[5]   COMBLIN, *Os desafios da cidade no século XXI*, pp. 37 e 46.

[6]   Ibid., pp. 23-24.

[7]   No fiel cumprimento de sua vocação batismal, o discípulo deve levar em consideração os desafios que o mundo de hoje apresenta à Igreja de Jesus, entre outros: o êxodo de fiéis para seitas e outros grupos religiosos; as correntes culturais contrárias a Cristo e à Igreja; a desmotivação de sacerdotes diante do vasto trabalho pastoral; a escassez de sacerdotes em muitos lugares; a mudança de paradigmas culturais; o fenômeno da globalização e a secularização; os graves problemas de violência, pobreza e injustiça; a crescente cultura de morte que afeta a vida em todas as suas formas (DAp, n. 185).

A Igreja no mundo urbano

a. *Revisão sobre a missão dos agentes de pastoral: leigos, diáconos, sacerdotes e bispos.* Todos são enviados como discípulos missionários. É o sacramento do batismo que confere este direito e esta graça. A missão, a exemplo do Mestre, passa necessariamente pelo acolhimento das pessoas. Estas buscam a igreja porque precisam ser ouvidas, acolhidas e receber respostas para sua situação, uma resposta que reflita o amor misericordioso de Cristo, muito mais do que "normas canônicas", que, se não forem bem compreendidas, acabam excluindo os cidadãos. A maior norma canônica é a caridade. A burocracia invadiu as relações e estruturas eclesiais, tornou-se um canal temido e excludente. Isso acontece, sobremaneira, nos pedidos de sacramentos. Os padres são formados muito mais para a aplicação de normas canônicas, do que para viver a caridade. Infelizmente, em alguns casos os agentes se colocam como juízes dos outros e não como irmãos. Os próprios leigos, quando assumem posições de liderança na Igreja, correm o risco de repetir o esquema de aplicação de normas, no lugar de, fraternalmente, encontrar solução para cada caso. O que falta de maneira geral em todos os agentes de pastoral é aquilo que Jesus vivia: a *compaixão pela multidão*.

b. *Mais evangelho, menos doutrina.* Sem negar a validade da doutrina, é de fundamental importância a evangelização das pessoas. A doutrina é o passo posterior. O que falta ao povo é o encontro com o Senhor; forma autêntica para conhecer Jesus Cristo e seu Evangelho. É dessa maneira que as pessoas se apaixonam pelo Senhor e passam a ter forças para viver seus ensinamentos. O sacramento do batismo é o passo seguinte a esse conhecimento. Na preparação aos sacramentos, é comum enfatizar-se mais a doutrina sacramentária do que a experiência com o Senhor. Essa experiência deve ser motivação para a recepção dos sacramentos da Igreja.

c. *Mais pregações cristológicas, menos depoimentos pessoais.* As homilias de sacerdotes e bispos com muita frequência estão vazias do anúncio explícito de Jesus Cristo e do seu Evangelho; as pregações assumem a função de relatórios de viagens, avisos paroquiais, testemunhos pessoais. Ou ainda seguem o caminho do conteúdo moralista, da descrição de normas e cobranças. O pregador jamais deve substituir o conteúdo cristológico, eclesiológico por opiniões pessoais sobre tudo o que existe na sociedade. O paradigma cristológico deve iluminar a realidade; daí a urgência de propor a vida e obra de Cristo como paradigma de vida.

d. *Mais testemunho de vida, menos receitas de comportamento.* A falta de testemunho de vida dos pregadores acaba desmotivando aqueles que desejam viver o conteúdo da pregação. A fé sem testemunho perde sua legitimidade. O testemunho de vida tem sempre uma dimensão comunitária. O pregador e o fiel são chamados a serem sal e luz, na família, na comunidade e na sociedade. O testemunho de fé ecoa as Palavras e a prática de Jesus, que disse: "Vós sois testemunhas disso" (Lc 24,48). De fato, a pregação deve se prolongar com a e na vida dos pregadores. E não apenas na dos fiéis. Como nunca, as pessoas podem hoje escutar e meditar a Palavra, não só nos templos que existem espalhados pela cidade, como também por meio dos meios de comunicação social. Por outro lado, a falta de compromisso dos pregadores com a Palavra torna-se um empecilho à vida no seguimento de Cristo. A falta de testemunho do pregador pode ser uma motivação para que fiéis busquem novos areópagos.

e. *Mais participação criativa, menos mecanicismo.* As celebrações eucarísticas nem sempre deixam espaço para as pessoas terem uma participação criativa. As respostas dos fiéis são mecânicas, a tal ponto que os repetidores já perderam o sentido daquilo que estão repetindo. É tudo automático. Algumas pessoas avaliam a celebração eucarística pelo cumprimento do rito, deixando de lado a satisfação e a criatividade das pessoas de participarem da missa. Acreditamos que a Igreja deveria rever a estrutura da Santa Missa, torná-la mais dinâmica, participativa e envolvente. Importante entender que o centro da celebração é a Pessoa de Cristo e não a do celebrante. Por isso, em alguns momentos deveria aparecer a "improvisação", a oração construída no momento, colhendo a realidade das pessoas e dando a estas a oportunidade de se expressarem.

f. *Mais pastores missionários.* Falta preparação missionária para sacerdotes e bispos; falta uma pedagogia verdadeiramente missionária, cuja fonte é o encontro pessoal com o Cristo. Isso não se aprende nos bancos da universidade; espiritualidade missionária tem apenas um mestre, o próprio Cristo que nos ensina pela meditação de sua Palavra e de sua prática pastoral.

g. *Perda do caráter místico das vivências religiosas tradicionais.* Na primeira metade do século XX, as celebrações devocionais católicas envolviam o corpo com uniformes, fitas, estandartes; as emoções eram marcadas pelos diferentes grupos como casais, jovens e adolescentes.[8] Celebrações devocionais, novenas, romarias, retiros e bênçãos cederam lugar a celebrações de "denúncia", as caminhadas de protesto, encontros para análise do contexto social-religioso. Entendemos que o cristão deve ser "fermento de justiça" e fraternidade no mundo em que vive, mas precisa encontrar, na contemplação de Jesus Cristo, as razões para isso. "A piedade popular penetra delicadamente a existência pessoal de cada fiel e, ainda que se viva em uma multidão, não é uma espiritualidade de massa. Nos diferentes momentos da luta cotidiana, muitos recorrem a algum pequeno sinal de amor de Deus: um crucifixo, um rosário, uma vela que se acende para acompanhar o filho em sua enfermidade, um Pai-Nosso recitado entre lágrimas, um olhar

---

8   Entre as expressões dessa espiritualidade contam-se: as festas patronais, as novenas, rosários e vias-sacras, as procissões, as danças e os cânticos do folclore religioso, o carinho aos santos e aos anjos, as promessas, as orações em família. Destacamos as peregrinações, nas quais é possível reconhecer o Povo de Deus a caminho (DAp, n. 259).

entranhável a uma imagem querida de Maria, um sorriso dirigido ao céu em meio a uma alegria singela" (DAp, n. 261).

As igrejas pentecostais detectaram estrategicamente o espaço descoberto. Souberam substituir a devoção católica aos santos pela força simbólica da Bíblia; a prática das procissões, pelas marchas por Jesus e os cultos-shows em praças e em grandes estádios; as bênçãos sobre o povo pelas bênçãos do toque no indivíduo. Trabalharam "o sentimento", deram atenção ao indivíduo, escutando seus problemas. Enfim, entraram pelo caminho da subjetividade.

Segundo Antoniazzi, a compreensão bíblico-cristã de religião como relação com Deus a quem se deve obediência e adoração sofre uma inversão na sociedade moderna. Em lugar de servir a Deus, a religião passa a "servir-se" de Deus, transformada num espaço para resolução de problemas, de consolo e de compensação. O utilitarismo ofusca o sentido da Verdade de Deus. A antiga religião da "salvação" se transforma em religião da "saúde".[9]

5. Novo e velho paradigma pastoral: alguns elementos da linguagem e do método dos pentecostais

As religiões pentecostais competem entre si na conquista de adeptos. A manifestação do pluralismo valorizou sobremaneira a pedagogia missionária e a publicidade. Para alcançar o homem moderno, os pentecostais utilizam os meios de comunicação, especialmente rádio, televisão e imprensa. A linguagem é adequada ao homem moderno, inclusive preparada pelas técnicas da propaganda. O conteúdo segue o critério de acolher e responder às necessidades do público. Para cada assembleia, um conteúdo próprio. A intenção é envolver, arregimentar adeptos e responder às expectativas desses adeptos.

Faz parte da pedagogia missionária dos pentecostais não esperar os adeptos, mas sair em sua conquista, e até mesmo servir-se de pessoas que tenham sobre eles certa ascendência, como amigos, vizinhos, o(a) namorado(a), o(a) professor(a) ou pais, e transformá-las em missionárias, emissárias, portadoras de um convite. Há visitas domiciliares insistentes dos obreiros. A missão é da comunidade evangélica. É missão de todos conquistar adeptos, promover sua inclusão e participação ativa no grupo dos crentes.

No culto, procura-se acolher, dar atenção às pessoas e ouvir suas dificuldades, valorizá-las, conhecê-las pelo nome, endereço, profissão... A pessoa não pode ser

---

[9]   ANTONIAZZI, O sagrado e as religiões, p. 16.

transformada apenas num número. Os irmãos têm nome. O que se busca é envolvê-la no culto, ajudá-la a participar ativamente da celebração, da música, do canto, dos gestos, a manifestar seus sentimentos. A equipe do culto se faz presente no meio da assembleia para orientar o manuseio da Bíblia, a gestualidade e monitorar os fiéis para a uniformidade de atitudes, segundo os estímulos do pastor. O testemunho de vida dos "convertidos" e de adeptos, bem como de pessoas de projeção social, proporciona maior impacto.

Há descentralização do espaço do culto, implantação permanente de "salas" de culto em bairros diferentes, em lugares onde os transeuntes estão em grande número. Uma garagem, um antigo cinema ou um hotel desativado, tudo pode ser transformado em lugar para a comunidade se formar e celebrar a Palavra.

Usa-se a Bíblia para dar "veracidade" à pregação. As reuniões são feitas para proclamar e meditar a Palavra de Deus. Doa-se a Bíblia às pessoas convertidas.

A cobrança de compromissos de fidelidade à Igreja, o recurso à conduta moral como um meio de gerar dependência e atrativo, escolas dominicais ou bíblicas, grandes caminhadas e concentrações, auxílio financeiro em momentos de necessidade, a cobrança do dízimo, o vestuário "padronizado", como forma de identificar os "irmãos", e a multiplicação de atividades e tarefas em torno do mesmo grupo geram uma continuidade que acaba por dificultar o arejamento das ideias religiosas.

A linguagem utilizada é simples, concreta e compreensível, mas intimista e emotiva, acompanhada de elementos paralinguísticos, como o silêncio, a lágrima e diferentes entonações de voz. Também são usadas a linguagem de *show* e a teatral, para determinados eventos, como dramatizações de textos bíblicos, e a linguagem dos símbolos, tais como óleo, água, semente, chaves etc. Outros recursos são a realização de entrevistas na igreja, nos meios de comunicação ou em outros ambientes, e convites, feitos com alto grau de persuasão. A proclamação da Palavra de Deus é feita de maneira clara, destacando, por meio de acentos diferenciados de voz, os termos-chave do texto. Há farto emprego da gestualidade (movimentos dos braços, da cabeça, dos olhos, expressões faciais de alegria, sofrimento etc.). Investe-se nos meios de comunicação social, na internet, na televisão e no rádio, que são empregados para divulgar a agenda da Igreja, transmitir o culto, oferecer cursos de formação bíblica, exibir testemunhos de vida e trabalhos nos campos espiritual e social, pregações e orações. Utiliza-se a dança como espetáculo religioso.

A preocupação fundamental é o anúncio da presença de Deus na história. Iniciando pelo Antigo Testamento, a pregação alcança Jesus Cristo para ser apresentado como único Salvador, aquele que tem o poder, que realiza milagres e grandes transformações nos corações das pessoas. O uso abundante da Sagrada Escritura como luz para a vida diária e como o mais forte argumento nas reflexões teológico-espirituais é sem dúvida o eixo de toda pregação evangélica. Todo conteúdo se

A Igreja no mundo urbano

reporta à fé como fonte de esperança vital. É possível melhorar no campo da saúde, dos negócios, dos relacionamentos por meio da fé no Senhor. Há ênfase na conversão pessoal, na mudança de comportamento, como deixar os vícios, fazer as pazes etc. A pregação é também utilizada para conscientizar as pessoas sobre o poder demoníaco que domina as pessoas, gerando medo e dependência. O demônio é apresentado como responsável por todos os males pessoais e sociais. Como forma de demonstrar a originalidade da própria igreja, são frequentes os ataques a outras religiões, de modo particular, à Igreja Católica.

6. Conclusão

Parte dos cidadãos, apesar de todo conforto que encontram nas coisas materiais, no fundo, não se sentem realizados, pois vivem o desejo profundo de encontrar Deus e de viver com Ele a comunhão. Para isso, não basta uma religião preocupada com os "demônios", com promessas de milagres ou com soluções provisórias. A comunhão com Deus exige algo muito mais profundo. Ela deve apresentar às pessoas a dimensão da aliança que Deus estabeleceu com os seres humanos desde Abraão; o sacrifício desta aliança realizado por Cristo na cruz com a oferta da própria vida, escola de renúncia e despojamento. Jesus se despojou de tudo para servir à humanidade na entrega total de si mesmo. A religião não pode iludir as pessoas com as coisas deste mundo, como a prosperidade material, curas e libertação dos espíritos do mal. Deve, sim, ensinar as pessoas a viver a dimensão da cruz e, sobretudo, da ressurreição; a cruz aparece no esforço pessoal e comunitário de conversão, no aperfeiçoamento da própria vida e na construção da vida eterna. Deus Pai nos ajuda nessa tarefa com sua Palavra, com o exemplo de seu Filho e com a assistência do Espírito Santo. A partir destes elementos, cada um deve fazer sua parte, afastar a ideia de ser "marionete" nas mãos do Criador e de delegar a Ele aquilo que podemos e devemos fazer.

A pessoa sente sede de Deus, deseja encontrá-lo na vida presente, de forma imediata e subjetiva. Manifestações dessa sede são as buscas de todos os tipos de espiritualidade, desde adivinhos, cartomantes, cultos pentecostais, dentre outros, sempre em vista de uma experiência com o "sobrenatural". A Igreja não pode ignorar esta realidade, como também se omitir diante da legítima sede de Deus que está viva em cada ser humano. O que a Igreja propõe como atividade pastoral nem sempre responde a essas expectativas. Acreditamos na necessidade de criar ou propor às pessoas novas experiências religiosas, especialmente as marcadas pelo encontro com o Senhor na Palavra, nos pobres ou excluídos, nos problemas emergentes como o meio ambiente, a fome na África, a violência urbana, as drogas e o tráfico de seres humanos. A motivação para estas novas experiências está no desejo de encontrar um sentido para a própria vida, para a própria fé; sentido este que vai aparecendo à

187

medida que percebemos a presença de Deus na história como aliado e força propulsora de transformação.

A ação missionária da Igreja é a forma mais original e autêntica para os cristãos responderem aos desafios de uma sociedade individualista e consumista. O conteúdo dessa ação é Jesus Cristo e seu Reino, antídoto para que a vida urbana não sucumba ao egoísmo, individualismo e ditames de uma consciência perversa. Neste mundo urbano, cada cristão é chamado a ser inspirador de novas relações sociais, pautadas no diálogo construtivo e respeitoso. A atitude de fé dos discípulos missionários deve fazer nascer um novo paradigma social. As diretrizes da Ação Evangelizadora da Igreja no Brasil nos alerta que "a paixão pelo reino de Deus nos leva a desejá-lo cada vez mais presente entre nós".[10] Esta paixão deve habitar, especialmente, os corações dos agentes de pastoral. Para isso, é necessário que nos convertamos para o outro, no desejo sincero de partilhar nossa vida em todas as suas dimensões, especialmente, religiosa, social ou comunitária. As relações entre as pessoas não podem ser construídas apenas a partir de elementos burocráticos, ou respostas às exigências legalistas. Devem ser sustentadas por todas as expressões de "afeto pastoral", como resposta às necessidades do indivíduo e da comunidade. A prática da fé cristã não é só comunidade, também é indivíduo; não é só indivíduo, é também comunidade. Esses dois braços da vida religiosa devem estar profundamente coordenados pelas luzes do Evangelho.

7. Referências bibliográficas

ANTONIAZZI, A. O sagrado e as religiões. In: CALIMAN, C. *A sedução do sagrado*. Petrópolis: Vozes, 1998.

BENTO XVI. Discurso Inaugural de Sua Santidade na 5a Conferência Geral do Episcopado Latino-Americano.

CNBB. *Diretrizes Gerais da Ação Evangelizadora da Igreja no Brasil – 2008-2010*. São Paulo: Paulinas, 2008.

_____. *Diretrizes Gerais da Ação Evangelizadora – 2011-2015*. São Paulo: Paulinas, 2011.

CNBB – Regional Sul 1. *Projeto de Ação Missionária Permanente*.

COMBLIN, J. *Os desafios da cidade no século XXI*. São Paulo: Paulus, 2002.

DAp: CELAM. *Texto conclusivo da V Conferência Geral do Episcopado Latino-Americano e do Caribe*. São Paulo: Paulinas, 2007.

JACOB, C. R. et al. *Atlas da filiação religiosa*. São Paulo: Loyola.

---

[10] CNBB, *Diretrizes Gerais da Ação Evangelizadora da Igreja no Brasil – 2008-2010*, n. 213.

CAPÍTULO XII

O problema do desenvolvimento econômico na moderna doutrina social católica

Antonio Carlos Alves dos Santos

Com a publicação da *Rerum Novarum* (RN) em 1871, a Igreja[1] procura oferecer sua própria leitura dos problemas que surgem com a Revolução Industrial,[2] posicionar-se diante deles e em relação aos modelos econômicos em disputa: o capitalismo liberal e o socialista. Trata-se de reconhecer a questão social e fazer uma defesa enérgica dos direitos dos trabalhadores e de todos aqueles que sofrem com o processo desencadeado pela industrialização, sem, contudo, negar a contribuição dos empresários e demais participantes do processo econômico. A *Quadragesimo Anno* (QA), como o próprio nome indica, comemora os quarenta anos da *Rerum Novarum* e reafirma seus princípios básicos, apresentando uma novidade: o conceito de subsidiariedade, que é uma defesa da esfera intermediária na tomada de decisões econômicas e políticas.[3]

Estas duas encíclicas inauguram o que poderíamos chamar de fase moderna do pensamento social católico,[4] em contraste ao período anterior de difícil relação com esta mesma modernidade.[5] Isto não implica afirmar que a Igreja nunca esteve preocupada com as questões sociais. Muito pelo contrário, significa apenas que eles são respostas a problemas típicos da modernidade, como é o caso da relação entre o capital e o trabalho, direitos dos trabalhadores, condições de trabalhadores etc.

---

[1] No texto, "Igreja" é sempre sinônimo de "Igreja Católica".

[2] HOLLAND, *Modern catholic social teaching*.

[3] O municipalismo e a ênfase no poder local são alguns dos seus subprodutos mais conhecidos.

[4] BARRERA. *Modern catholic social documents and political economy*.

[5] HOLLAND, *Modern catholic social teaching*.

No período posterior à Segunda Guerra Mundial, a estes problemas vem juntar-se um outro: a questão do desenvolvimento econômico, principalmente, mas não exclusivamente, dos países subdesenvolvidos, que torna-se ainda mais premente devido ao processo de descolonização. A Igreja, naturalmente, não é a única preocupada com essa questão. Esta é a grande questão discutida pelos economistas e trabalhos seminais são publicados no período.[6]

O objetivo desse *paper* é analisar[7] a visão da Igreja, a partir dos documentos do seu Magistério, ou seja, as encíclicas, cartas apostólicas e a constituição pastoral do Concílio Vaticano II, cobrindo o período do papado de João XXIII, Paulo VI e João Paulo II.

1. João XXIII

A Carta Encíclica *Mater et Magistra* (MM), de 1961, é um dos primeiros documentos a discutir a questão do desenvolvimento econômico. Ao analisar a remuneração do trabalho e reconhecer e deplorar as terríveis condições de vida dos trabalhadores, João XXIII argumenta que "isto deve-se também a estar nos seus primórdios, ou numa fase de insuficiente desenvolvimento, o processo da industrialização nessas nações e continentes" (MM, 65), ou seja o problema seria decorrência da fase ainda embrionária do processo de industrialização e é possível inferir que, superada esta fase, o problema poderia ser solucionado. O ponto importante é o reconhecimento da industrialização como sinônimo de desenvolvimento econômico, que, contudo, não garante necessariamente a justa distribuição dos seus frutos, como fica claro no alerta de que "o progresso social deve acompanhar e igualar o desenvolvimento econômico, de modo que todas as categorias sociais tenham parte nos produtos obtidos em maior quantidade" (MM, 70).

A delicada relação entre os setores da economia não é esquecida, sendo o maior deles o desequilíbrio entre os setores agrícola e industrial e suas consequências, como, por exemplo, êxodo rural e as condições precárias de habitação nos centros urbanos. A opção sugerida é o "desenvolvimento gradual e harmônico entre todos os setores produtivos" (MM, 125), que, naturalmente, não é nada fácil de ser alcançado.

Ainda em relação ao setor industrial, reconhece-se um tópico que ainda causa controvérsia na comunidade de economistas: "A separação entre propriedade dos bens produtivos e as responsabilidades na direção" (MM, 101). Vale notar, também, que o texto capta uma das consequências desta separação: o desejo de ser proprietário

---

[6]   AGARWALA; SINGH, *A economia do subdesenvolvimento*; THIRWALL, *A natureza do crescimento econômico*; RODRIGUES, *Teoria do subdesenvolvimento da Cepal.*

[7]   Esta é uma leitura a partir do ponto de vista econômico, ou mais precisamente de um economista, e por isso não aborda o importante aspecto teológico dos documentos.

é substituído pelo de obter as habilidades necessárias para assumir a administração desses bens.

No que tange às relações com a economia mundial, enfatiza-se que o respeito ao bem comum exige que se evite "qualquer forma de concorrência desleal", sendo dever dos países desenvolvidos "cooperar para o desenvolvimento econômico dos países menos progressivos" (MM, 77). A economia nacional é vista a partir do ponto de vista da economia-mundo, o que implica afirmar que o desenvolvimento de um dado país não pode ocorrer em detrimento de outro país ou região. Aplica-se à economia mundial a mesma regra observada no âmbito nacional: o objetivo é um crescimento equilibrado e cooperativo entre as nações guiado sempre pelo objetivo maior, que é sempre o bem comum da humanidade.

João XXIII reconhece, no entanto, que esta relação está longe de respeitar o bem comum: "O maior problema da época moderna talvez seja o das relações entre as comunidades políticas economicamente desenvolvidas e as que se encontram em fase de desenvolvimento econômico" (MM, 154). Este desnível econômico tem sérias implicações sociais e políticas e por isso mesmo deve ser corrigido, sendo essa correção do interesse de ambas as comunidades e condição necessária para uma paz "durável e fecunda".

Em síntese, João XXIII insere o problema do desenvolvimento na lista de preocupações da Igreja e o faz incorporando o consenso existente à época entre os economistas sobre o papel fundamental da industrialização no processo de desenvolvimento econômico. Ele acrescenta, no entanto, uma preocupação com a justiça social, nem sempre presente na literatura econômica desse período.[8]

A *Gaudium et Spes* (GS),[9] Constituição Pastoral do Concílio Vaticano II (1962-1965), aloca uma seção inteira à analise da questão do desenvolvimento, seguindo as linhas gerais apresentadas no documento anterior, indicando, nesse sentido, uma clara linha de continuidade nos documentos da doutrina social católica.

Ela reconhece que a atividade econômica é regulada "pelas leis e métodos próprios", mas que deve ser exercida "dentro dos limites da ordem moral" (GS, 90). Ao reconhecer essa autonomia, ela permite a abertura de um diálogo com diferentes escolas do pensamento econômico, ou seja, *a priori* não é possível excluir da conversa nenhuma linha teórica e, portanto, descarta a necessidade da criação de uma escola especificamente católica do pensamento econômico.[10] Já a referência à ordem moral, como sendo um limite, será o ponto de partida, em outros documen-

---

[8] Ver JONES, *Modernas teorias do desenvolvimento econômico*; SOUZA, *Desenvolvimento econômico*.

[9] Ela inclui o período do papado de Paulo VI, mas, como o Papa João XXIII foi o responsável pela convocação do Concílio, parece adequado a sua inclusão no período do seu papado.

[10] Para uma análise da contribuição católica ao pensamento econômico, ver RONCAGLIA, *The wealth of ideas*; CHAFUEN, *Faith and liberty*; TEIXEIRA; ALMODOVAR, Catholic economic thought.

tos do Magistério, à defesa da tese do desenvolvimento como sendo uma questão fundamentalmente moral. Uma segunda leitura, que, aliás, condiz com as encíclicas precedentes e futuras, é indicar as dificuldades que se colocam em um diálogo com o pensamento econômico defensor do livre mercado e com o marxista.

Esta última leitura parece ser corroborada pela passagem em que se define com clareza o caminho que o desenvolvimento deve tomar: "Não se deve abandonar ao simples curso mecânico da atividade econômica, ou à autoridade pública somente". Em outras palavras, todos são responsáveis pelo desenvolvimento econômico, sendo que devem ser denunciadas "como errôneas tanto as doutrinas que, a pretexto duma falsa liberdade, se opõem às necessárias reformas, como as que sacrificam os direitos fundamentais dos indivíduos e das associações à organização coletiva da produção" (GS, 65). A primeira visão errônea parece ser uma crítica a posições conservadoras no espectro político e os defensores do livre mercado na arena econômica; a segunda ao socialismo marxista. Apesar de respeitar a autonomia da área de conhecimento, a Constituição explicita sua posição contrária a duas posições polares no debate econômico, optando claramente por uma via intermediária, uma espécie de terceira via.

Apesar de defender a importância do respeito às tradições e costumes das comunidades, ela, no entanto, não o considera uma justificativa aceitável à não implementação de reformas necessárias e urgentes em sociedades economicamente menos desenvolvidas. Nelas, "deve evitar-se considerar certos costumes como absolutamente imutáveis se já não correspondem às exigências do tempo atual" (GS, 69). Em outras palavras, explicita sua rejeição à visão de um passado idílico e em contraposição ao caos da modernidade. Assumindo, desse modo, mais uma vez, uma posição pragmática, porém, sempre norteada pela busca do bem comum.

Posição semelhante é adotada em relação à espinhosa questão da propriedade privada. Por um lado, considera que "certo domínio sobre os bens externos assegura a cada um a indispensável esfera de autonomia pessoal e familiar, e deve ser considerado como que uma questão da extensão da liberdade humana".[11] Por outro, reconhece que ele não é absoluto e por isso mesmo "não é incompatível com as várias formas legítimas de direito de propriedade pública" (GS, 71).

Em relação à propriedade fundiária em regiões subdesenvolvidas, a opção é pelas "reformas necessárias, segundo os vários casos [..., incluindo] distribuir terras não suficientemente cultivadas àqueles que as possam tornar produtivas" (GS, 71). Há, contudo, um detalhe importante: mesmo quando a expropriação for uma exigência do bem comum, ela está sujeita à devida compensação. Este é um ponto que se relaciona a outro, também, controverso, e recorrente nos países em desenvolvimento: quando é legítimo apropriar-se dos bens de outros? Antes de responder, é preciso

---

[11] Ponto que será retomado por SEN, *Desenvolvimento como liberdade*.

lembrar que "todos têm o direito de ter uma parte de bens suficientes para si e suas famílias" (GS, 69); quando isso não ocorrer e tratar-se de "extrema necessidade", tem-se o "direito a tomar, dos bens dos outros, o que necessita" (GS, 69). É uma resposta que recoloca outra questão: como definir extrema necessidade?[12]

2. Paulo VI

Publicada em 1967 e fortemente influenciada pelo pensamento do Padre Lebret,[13] a encíclica *Populorum Progressio* (PP) apresenta o que pode ser considerada a Teologia Católica do Desenvolvimento e consolida os ensinamentos da Igreja sobre diferentes aspectos do desenvolvimento econômico. É, também, um documento que reflete, naturalmente, a ebulição política, econômica e social do período.

Centra-se na ideia de um desenvolvimento integral do homem e no desenvolvimento solidário da humanidade, ou seja, o processo de desenvolvimento não é visto somente a partir de uma caso individual, mas como um processo que reflete a interdependência entre as nações, o que requer a cooperação e o comportamento fraterno e solidário entre as nações.

A industrialização continua sendo percebida como o caminho para a superação do subdesenvolvimento; "a introdução da indústria é, ao mesmo tempo, sinal e fator de desenvolvimento" (PP, 25). Reconhece e critica os abusos e os vários problemas criados ao longo desse processo, inocentando, no entanto, o processo de industrialização e responsabilizando "certo capitalismo", mais precisamente o capitalismo liberal: "É, contudo, sem motivo que se atribuem à industrialização males que são devidos ao nefasto sistema que a acompanhava" (PP, 26). Este sistema considera "o lucro como motor essencial do progresso econômico, a concorrência como lei suprema da economia, a propriedade privada dos bens de produção como direito absoluto, sem limite nem obrigações sociais correspondentes" (PP, 25).[14]

Crítica no mesmo sentido encontra-se em documentos precedentes, como o *Quadragesimo Anno* (QA), que demonstra a manutenção da linha de continuidade entre os documentos da doutrina social do período anterior ao Vaticano II, com os publicados no período posterior. Esta crítica reforça nossa leitura sobre as dificuldades

---

[12] Para uma análise dessa controversa questão, ver LANGHOLM, *L'economia in Tommaso d'Aquino*; FLEISCHACKER, *A short history of distributive justice*.

[13] Ver o volume 5, da *Revista Dominicana de Teologia*, dedicada ao pensamento do Padre Lebret.

[14] Para obter o destino universal dos bens, ou seja, assegurar a observância da justiça no acesso aos bens necessários a uma vida digna, "todos os outros direitos, quaisquer que sejam, incluindo os de propriedade e de comércio livre, estão-lhe subordinados: não devem, portanto, impedir, mas, pelo contrário, facilitar a sua realização" (PP, 22). É necessário recordar que em documento anterior já havia sido apresentado argumento semelhante, recordando, no entanto, que no caso da expropriação faz-se necessária a devida compensação financeira.

de conciliação entre essa forma de capitalismo com as demandas da doutrina social católica.

A apreciação positiva da industrialização não é diferente de avaliações semelhantes em trabalhos da área econômica do período.[15] Desenvolvimento é sinônimo de industrialização, e as reformas defendidas são pensadas a partir desse objetivo, ou seja, não serem um obstáculo ao processo de desenvolvimento, como é o caso das reformas no setor agrícola,[16] que evitaria, também, o risco de um desenvolvimento desequilibrado.

Citando o Padre Lebret, o documento faz uma clara distinção entre crescimento econômico e desenvolvimento que apresenta grandes afinidades com as *capabilities* de Sen,[17] "o desenvolvimento não se reduz a um simples crescimento econômico. Para ser autêntico, deve ser integral, quer dizer, promover todos os homens e o homem todo" (PP, 14). Em outras palavras, o documento antecipa-se a discussões que hoje se fazem a respeito do significado do desenvolvimento econômico e a visão limitada deste processo presente na literatura econômica.

A avaliação crítica do chamado capitalismo liberal e o reconhecimento dos limites da ação individual, da concorrência e das forças de mercado como um todo, para o sucesso do processo de desenvolvimento econômico, não implicam, contudo, negar o papel da iniciativa privada neste mesmo processo: "Tenham porém o cuidado de associar-se a esta obra as iniciativas privadas e os organismos intermediários" (PP, 33), ou seja, o argumento é semelhante ao utilizado para defender o processo de industrialização, separando-o do sistema econômico em que ela se insere. Trata-se, aqui, de uma crítica a uma forma particular de economia de mercado e de mercado que se desenvolve no capitalismo liberal e não a forma em si. A participação da iniciativa privada e dos órgãos intermediários associada a formas de planificação a elas compatíveis "evitarão o perigo de uma coletivização integral ou de uma planificação arbitrária que, privando os homens da liberdade, poriam de parte o exercício dos direitos fundamentais da pessoa humana" (PP, 33). Em outras palavras, a alternativa – planificação socialista marxista –, mesmo se aceitarmos como válida a hipótese de que ela ofereceria um resultado econômico melhor, não resolveria o problema do desenvolvimento econômico, que, como vimos, não se limita à questão econômica – ela é a condição necessária, porém não suficiente. O desenvolvimento implica criação e respeito aos direitos da pessoa humana,[18] e não sua supressão, como historicamente se verificou e, ainda, verifica-se em países de orientação socialista marxista.

---

[15]   HIRSCHMANN, *Essays in trespassing.*

[16]   "O desenvolvimento exige transformações audaciosas, profundamente inovadoras. Devem empreender-se, sem demora, reformas urgentes" (PP, 32).

[17]   SEN, *Desenvolvimento como liberdade.*

[18]   Esta passagem deixa isto claro: "Qualquer programa feito para aumentar a produção não tem, afinal, razão de ser senão colocado ao serviço da pessoa humana" (PP, 34).

O problema do desenvolvimento econômico na moderna doutrina social católica

O capitalismo liberal e a planificação socialista não são, contudo, os únicos riscos de desvirtuamento do desenvolvimento econômico, da sua transformação em um simples processo de crescimento econômico sem o devido e necessário progresso social. A técnica desprovida de preocupação com a pessoa humana pode levar ao surgimento da tecnocracia com resultados ainda piores que o liberalismo de ontem (PP, 34). Não se trata de uma crítica ludista ao progresso técnico, mas de uma lembrança de que "economia e técnica não têm sentido, senão em função do homem, ao qual devem servir" (PP, 34).

Antecipando, mais uma vez, um tópico do debate atual, o documento reconhece que "a educação de base é o primeiro objetivo dum plano de desenvolvimento", pois "saber ler e escrever, adquirir uma formação profissional, é ganhar confiança em si mesmo e descobrir que pode avançar com os outros" (PP, 35). Ela é, portanto, importante pela sua contribuição ao processo de desenvolvimento econômico – como argumentam os teóricos do capital humano – e por resolver o problema da falta de mão de obra qualificada em um ambiente econômico em que prevalece, via de regra, um excesso na oferta de mão de obra, e, também, por tornar as pessoas participantes ativos desse mesmo processo. Ou seja, a educação é importante não somente pelo seu lado utilitarista – mais e melhor mão de obra para o processo produtivo –, mas também por permitir o florescimento da cidadania, que por sua vez contribui para um processo de desenvolvimento econômico acompanhado de desenvolvimento social, ou seja, de distribuição equitativa dos frutos desse mesmo processo.

O documento não descuida de outro problema "espinhoso" do desenvolvimento econômico: a relação comercial entre os países desenvolvidos e subdesenvolvidos. A solidariedade e a preocupação com o bem comum, que devem nortear a relação interna ao espaço econômico nacional, também se aplicam às relações econômicas internacionais. Isso porque o "desenvolvimento integral do homem não pode realizar-se sem o desenvolvimento solidário da humanidade" (PP, 43), o que leva Paulo XVI a fazer uma série de perguntas que tocam no âmago do problema: "Compete a cada um examinar a própria consciência, que agora fala com voz nova para a nossa época. Estará o rico pronto a dar do seu dinheiro, para sustentar as obras e missões organizadas em favor dos mais pobres? Estará disposto a pagar mais impostos para que os poderes públicos intensifiquem os esforços pelo desenvolvimento? A comprar mais caro os produtos importados, para remunerar com maior justiça o produtos? E, se é jovem, a deixar a pátria, sendo necessário, para ir levar ajuda ao crescimento das nações novas" (PP, 47).

Um ponto corretamente enfatizado no documento é a necessidade de equidade nas relações comerciais e não permitir que a ajuda necessária e importante aos países subdesenvolvidos se transforme em uma nova forma de neocolonialismo dissimulado (PP, 52, 56), ou seja, "a justiça social exige do comércio internacional, para

195

ser humano e moral, que restabeleça, entre as duas partes, pelo menos certa igualdade de possibilidades", sendo importante a criação de convenções internacionais que "estabeleceriam normas gerais capazes de regular certos preços, garantir certas produções e sustentar certas indústrias nascentes" (PP, 61). Percebe-se que a industrialização e, em particular, a proteção à indústria nascente é vista como sendo vital para a superação do subdesenvolvimento econômico. Ela é, como já mencionado, a condição necessária para o desenvolvimento econômico.

Como há um desequilíbrio nas relações econômicas internacionais entre países desenvolvidos e subdesenvolvidos, é fundamental sair do isolamento através de "acordos regionais entre os povos mais fracos a fim de se apoiarem, mutuamente, as relações mais amplas para se entre ajudarem e as convenções mais audazes, entre uns e outros, para estabelecerem programas comuns", e, desse modo, tornarem-se responsáveis pelo seu próprio desenvolvimento. Este é um aspecto fundamental: o desenvolvimento é a tarefa de todos, mas "sãos os povos os autores e primeiros responsáveis do próprio desenvolvimento" (PP, 77).

A Carta Apostólica *Octogesima Adveniens* (AO), de 1971, celebra os oitenta anos da *Rerum Novarum* e pouco acrescenta à *Populorum Progressio*, mas ajuda a esclarecer a visão da Igreja sobre a alternativa marxista. É importante lembrar que este é um período"complicado" da política italiana e, também, da experiência socialista (marxista) chilena, do amplo diálogo entre cristãos e marxistas na América Latina e nas demais regiões em desenvolvimento, visando à construção de uma alternativa revolucionária cristão-marxista.

Ela reconhece que os "cristãos, hoje em dia, sentem-se atraídos pelas correntes socialistas e pelas suas diversas evoluções" (AO, 31), sendo que outros cristãos "perguntam-se se uma evolução histórica do marxismo não permitiria algumas aproximações concretas". O documento reconhece a diversidade e as diversas expressões do marxismo, mas conclui que "seria ilusório, e perigoso mesmo, chegar-se ao ponto de esquecer a ligação íntima que os une radicalmente, e de aceitar os elementos de análise marxista, sem reconhecer as suas relações com a ideologia, e ainda, de entrar na prática da luta de classes e da sua interpretação marxista, esquecendo-se de atender ao tipo de sociedade totalitária e violenta, a que conduz este processo" (OA, 32).

Essa rejeição ao marxismo não implica, contudo, uma opção pelo liberalismo. Apesar de reconhecer que ele está correto em relação à iniciativa pessoal que deve ser conservada e desenvolvida" (AO, 35), questiona se "os cristãos que se comprometem nesta linha não terão também eles tendência para idealizar o liberalismo, o qual se torna então uma proclamação em favor da liberdade" (AO, 35). Um discernimento atento também se faz necessário em relação ao liberalismo e não somente ao marxismo, sendo que o cristão não se deve "deixar atrair e depois aprisionar num sistema, cujas limitações e cujo totalitarismo ele se arriscará a ver só quando é já demasiado

O problema do desenvolvimento econômico na moderna doutrina social católica

tarde, se não se apercebe deles nas suas raízes" (PP, 36). Em outras palavras, a opção marxista é totalmente rejeitada.

3. João Paulo II

Do longo e produtivo papado do João Paulo II, escolhemos dois documentos que tratam da problemática do desenvolvimento e oferecem a primeira leitura da Igreja sobre a grande novidade: a queda do comunismo no continente europeu.

O primeiro documento, a Carta Encíclica *Solicitudo Rei Socialis* (SRC), de 1987, apresenta uma avaliação muito negativa das realizações do processo de desenvolvimento econômico. Referindo-se ao ambiente de otimismo com relação ao desenvolvimento do período da publicação da *Populorum Progressio*, argumenta que "as esperanças de desenvolvimento, então bem vivas, aparecem hoje muito longe de sua realização" (SRC). Sendo que, malgrado alguns aspectos positivos, "não se pode negar que a situação atual do mundo, sob o ponto de vista do desenvolvimento, nos deixa uma impressão prevalentemente negativa" (SRC, 13). Quais seriam os motivos para uma avaliação tão pessimista e negativa do processo de desenvolvimento que em vários países tem início na década de 1950 e ganha força na de 1960?

A situação intolerável de miséria de crianças, idosos e de grande parcelas da população é um dos motivos. Outro é a ampliação do fosso entre Norte, desenvolvido, e o Sul subdesenvolvido, resultado de uma caminhada em velocidade de aceleração diferente (SRC, 14), entre países desenvolvidos e em vias de desenvolvimento. Além do aspecto econômico e social, deve adicionar-se, também, o "analfabetismo, a dificuldade ou impossibilidade de ter acesso aos níveis superiores de instrução, a incapacidade de participar da construção da própria comunidade nacional, as diversas formas de exploração e de opressão, as discriminações de todos os tipos" (SRC, 15). João Paulo II, filósofo e professor de filosofia, não altera a definição de desenvolvimento encontrada nos documentos que o precedem, mas renova o olhar sobre eles ao colocar mais ênfase nos aspectos não econômicos do desenvolvimento. Os aspectos econômico e o social continuam sendo importantes, ou seja, ainda constituem condição necessária, mas não são, como já alertado em outros documentos, condição suficiente para um desenvolvimento integral do homem ou, em linguagem de Sen (2000), para a criação e ampliação de *capabilities*.

Altera-se, no entanto, a visão sobre o setor privado da economia. Mudança de foco ou de ênfase, o fato é que as cores não são tão carregadas como nos documentos da década de 1960 e ganha uma importância maior, como fica claro na passagem a seguir: "É forçoso aqui notar que, no mundo de hoje entre outros direitos, é com frequência sufocado o direito de iniciativa econômica", sendo que "negação deste direito ou a sua limitação, em nome de uma pretensa 'igualdade' de todos na sociedade, é

197

algo que reduz, se é que não chega mesmo a destruir de fato, o espírito de iniciativa, isto é, a subjetividade criadora do cidadão" (SRC, 15). Em outras palavras, não se pode considerar como sendo positivo um processo de desenvolvimento econômico que nega a liberdade econômica das pessoas, porque isso seria o equivalente à aprovação do tolhimento da subjetividade criadora da pessoa humana e um dos seus aspectos fundamentais: a pessoa humana nasce com a vocação para desenvolver-se e ser livre ao mesmo tempo. Compatibilizar esses dois lados é o grande desafio e teste fundamental do desenvolvimento econômico.

Esse estado de coisas o leva a perguntar se "a realidade tão triste de hoje não será, pelo menos em parte, o resultado de uma concepção demasiado limitado, ou seja, predominantemente econômica do desenvolvimento" (SRC, 15). É uma questão pertinente e é a mesma de Sen, ou seja, há convergência entre a crítica de João Paulo II à visão "economicista" do desenvolvimento e a mesma crítica apresentada por Sen. Em comum, eles têm, por caminhos diferentes, a eudemonia aristotélica.

Outro aspecto a ser considerado é o papel da política internacional no processo de desenvolvimento econômico. Um mundo dividido em dois blocos políticos representando dois modelos econômicos antagônicos, tem como consequência a transformação dos países em desenvolvimento em "peões" no grande tabuleiro das relações internacionais, levando à transformação da ajuda técnica, financeira e humanitária em formas disfarçadas de imperialismo, em que o objetivo deixa de ser o bem-estar dos povos em desenvolvimento e passa a ser a ampliação da área de domínio ou de influência. Este diagnóstico é válido para o que poderíamos chamar de "periferia" dos dois grandes blocos de poder. É por isso que ele a considera "um obstáculo direto à verdadeira transformação das condições de subdesenvolvimento nos países em vias de desenvolvimento e nos menos desenvolvidos" (SRC, 22).

Se de um lado encontramos um desenvolvimento que não deu todos os frutos prometidos ou esperados, há outro resultado também inesperado, e que aparece como outro lado da moeda, ou seja, como contrapartida das falhas e ou insuficiências do processo de desenvolvimento pensado enquanto processo integral de todos os povos e não apenas de um novo em particular e em detrimento de outros. Estamos falando do superdesenvolvimento, que "consiste na excessiva disponibilidade de todo gênero de bens materiais em favor de algumas camadas socais" e no que se "chama de civilização do 'consumo', ou consumismo, que comporta tantos 'desperdícios' e 'estragos'" (SRC, 28). Em outras palavras, trata-se da existência de situações de miséria em meio à abundância material e de diferentes bens, já descrito por vários economistas.

Ele redefine, também, o conceito de desenvolvimento, incorporando a realidade transcendente do ser humano, o que implica afirmar que ele não deve ficar, como já mencionado, limitado a questões econômicas e sociais, mas deve ser integral, ou seja, ele "deve realizar-se no quadro da solidariedade e da liberdade sem jamais sacrificar uma e outra sob nenhum pretexto" (SRC, 33).

Outro ponto a ser notado neste documento de João Paulo II é a reafirmação do caráter moral do desenvolvimento e é partir deste seu aspecto que é introduzido o conceito de "estruturas do pecado", a qual o mundo encontra-se submetido. É esta submissão que explica o cenário negativo do desenvolvimento econômico. As "estruturas do pecado" "se radicam no pecado pessoal e, por consequência, estão sempre ligadas a atos concretos das pessoas, que as fazem aparecer, as consolidam e tornam difícil removê-las" (SRC, 36), o que permite concluir que "as verdadeiras responsabilidades, portanto, são das pessoas. Uma situação – e de igual modo uma instituição, uma estrutura, uma sociedade – não é, de per si, sujeito de atos morais; por isso, não pode ser, em si mesma, boa ou má" (AAS 77, apud SRC, 36).

Este novo conceito muda a discussão do problema, ao colocar definitivamente o foco no agir humano. As decisões que têm impacto positivo ou negativo sobre as condições de vida e de bem-estar dos povos são tomadas por indivíduos e não por entidades abstratas denominadas "Mercado" ou "Capital". As estruturas são resultado do agir humano; ele pode ser individual ou coletivo, mas é sempre um agir humano, com consequências sobre a vida de pessoas humanas. Essa mudança, que poderíamos definir, por falta de termo melhor, de "cultural" reafirma, com outro nome, um ponto presente em todos os documentos: o desenvolvimento econômico é tarefa de todos.

Publicada em 1991, dois anos após a queda do Muro de Berlim, que simboliza a libertação da Europa do totalitarismo comunista, a Encíclica *Centesimus Annus* apresenta a primeira reflexão sistemática da Igreja sobre os novos tempos. É um evento, naturalmente, importante, se lembrarmos que João Paulo II argumenta na *Solicitudo Rei Socialis* que a divisão do mundo em dois blocos políticos e econômicos era uma forte barreira ao processo de desenvolvimento econômico integral. A questão que se coloca agora não é mais como responder à alternativa oferecida pelo marxismo ou as propostas de um diálogo visando à constituição de um híbrido, um cristianismo marxista, mas o liberalismo econômico, que, apesar de dividir com a Igreja o apreço pela liberdade de escolha, não compartilha da sua preocupação social, sendo criticado em vários documentos pelo seu agir guiado exclusivamente pela concorrência, ênfase desmesurada no lucro e idolatria do dinheiro.

O documento segue em linhas gerais o tom do documento de 1987, mas avança na clarificação da posição da Igreja sobre a economia de mercado. Na avaliação dos motivos para a queda do comunismo, ele já indica qual será a linha do documento. Ele argumenta que "o segundo fator de crise [do comunismo] é com certeza a ineficácia do sistema econômico, que não deve ser considerada apenas como um problema técnico, mas sobretudo como consequência da violação dos direitos humanos à iniciativa, à propriedade e à liberdade no setor da economia" (CA, 24). Se este era um ponto frágil do sistema, então pode-se argumentar que seria um aspecto em que o sistema existente na Europa Ocidental expressaria a sua superioridade *vis-à-vis* o da Europa Oriental. Em outras palavras, está aberta a possibilidade de existência de uma economia de mercado com face humana, que não seria, obviamente, a Nova Jerusalém, mas tampouco a Babilônia. Manutenção na aposta de uma terceira via ou trabalhar pela melhoria do sistema existente. A escolha parece ser pela última opção.

O documento não deixa dúvidas quanto ao papel e importância do livre mercado na oferta dos bens que ele chama de "comercializáveis". Para esse tipo de bens, "tanto no âmbito de cada nação, como no das relações internacionais, o livre mercado parece ser o instrumento mais eficaz para dinamizar os recursos e corresponder eficazmente às necessidades" (CA, 34). Contudo, em relação aos bens que não são atrativos ao setor privado e, portanto, cuja oferta não necessariamente corresponde a sua demanda, é fundamental que eles sejam supridos "por uma sociedade do trabalho livre, da empresa e da participação". Esta organização "não se contrapõe ao livre mercado, mas requer que ele seja oportunamente controlado pelas forças sociais e estatais, de modo a garantir a satisfação das exigências fundamentais de toda a sociedade" (CA, 35). Em outras palavras, o que está sendo proposto é um modelo de economia mista em que caberia ao mercado a oferta de um conjunto de bens, em que, em razão de suas características atraírem o interesse do setor privado para a sua produção, caberia ao setor estatal o fornecimento dos bens que não despertam o interesse do setor privado.

Ainda em relação ao papel do Estado na esfera econômica, o documento reconhece que ele tem o "direito de intervir quando situações particulares de monopólio criem atrasos ou obstáculos ao desenvolvimento". Ou seja, neste modelo há espaço, em situações emergenciais, para a participação direta do Estado na economia. Contudo, essas intervenções "devem ser, quanto possível, limitadas no tempo, para não retirar permanentemente [...] de setores e sistemas de empresas as competências que lhe são próprias e para não ampliar excessivamente o âmbito da intervenção estatal, tornando-se prejudicial tanto à liberdade econômica como à civil" (CA, 48). Trata-se da defesa de um modelo de Estado regulamentador, e não de um sistema baseado na gestão estatal direta, ainda que parcial, de setores da economia tradicionalmente de responsabilidade do setor privado. Percebe-se claramente a defesa da tese da correlação entre liberdade econômica e liberdade da pessoa humana, o que é perfeitamente justificável a partir da trágica experiência da Europa Oriental.

Estas observações críticas ao setor estatal incluem, também, reparos ao Estado do bem-estar. "Ao intervir diretamente, irresponsabilizando a sociedade, o Estado assistencial provoca a perda de energias humanas e o aumento exagerado do setor estatal, dominado mais por lógicas burocráticas do que pela preocupação de servir os usuários com um acréscimo enorme das despesas" (CA, 48). Nesse caso, a alternativa proposta não é deixar, simplesmente, prevalecerem as regras do livre mercado, mas sim respeitar o princípio da subsidiariedade. Em outras palavras, em setores onde o mercado não tem interesse em atuar, cabe à própria comunidade organizada oferecer alternativas, que podem ser na forma, por exemplo, das chamadas Organizações Públicas Não Estatais. O importante é garantir certa autonomia em relação ao poder estatal.

O documento reconhece, também, a função do lucro, considerando-a justa e como sinal de "que os fatores produtivos foram adequadamente usados e as correlativas necessidades humanas devidamente satisfeitas" (CA, 35). Isso não implica afirmar ser ele um objetivo em si mesmo, mas um meio para garantir a "própria existência da empresa como comunidade de homens que, de diverso, procuram a satisfação das suas necessidades fundamentais e constituem um grupo especial ao serviço de toda a sociedade" (CA, 35). Ou seja, ele é importante quando o objetivo a ser alcançado é o bem comum e torna-se injusto quando dele se descola.

A partir dessa defesa da forma capitalista da economia de mercado, torna-se inevitável perguntar se este seria o modelo a ser proposto aos países em desenvolvimento, os chamados países do Terceiro Mundo. João Paulo II reconhece que a resposta é "obviamente complexa" (CA, 42) e depende fundamentalmente do que se entende por capitalismo: "Se indica um sistema econômico que reconhece o papel fundamental e positivo da empresa, do mercado, da propriedade privada e da consequente responsabilidade pelos meios de produção, da livre criatividade humana no seio da economia, a resposta é positiva" (CA, 42). Ele argumenta que, neste caso, seria mais apropriado "falar de 'economia de empresa', ou de 'economia de mercado', ou simplesmente de 'economia livre'". Independente do nome que se queira dar, não resta dúvida de que se trata da defesa do modelo de economia social de mercado e do modelo social democrata com menos intervenção direta do Estado na economia, o que inclui, como mencionado, um sistema de bem-estar social em que as decisões relevantes estão mais próximas dos seus beneficiários.

Em que pese a defesa de certo modelo de economia de mercado, João Paulo II não nega, contudo, que "a crise do marxismo não elimina as situações de injustiça e de opressão no mundo, nas quais o próprio marxismo, instrumentalizando-as, tirava proveito", levando, inclusive vários "crentes a procurar de diversos modos um compromisso impossível entre marxismo e cristianismo" (CA, 26). A injustiça[19] continua a existir, e a explicação para sua recorrência já havido sido apresentada na encíclica anterior e continua sendo válida: as estruturas do pecado.

---

[19] "A solução marxista faliu, mas permanecem no mundo fenômenos de marginalização e de exploração especialmente no Terceiro Mundo" (CA, 42).

4. Conclusões

Os documentos analisados deixam claro que a Igreja está comprometida com a defesa dos direitos dos trabalhadores e com um modelo de desenvolvimento econômico que coloca em primeiro lugar os direitos da pessoa humana. Este modelo tem como base a preocupação em observar sempre o princípio do bem comum, o que implica afirmar que o desenvolvimento econômico de um país não pode ocorrer em detrimento do desenvolvimento de outro. A busca de um desenvolvimento equilibrado entre os diversos setores da economia nacional, a defesa da ajuda humanitária desinteressada e das relações econômicas internacionais guiadas pelo princípio da justiça são pontos fundamentais defendidos nos documentos estudados.

Em relação ao sistema econômico, rejeita-se o modelo marxista e o liberalismo econômico, optando por um modelo de economia de mercado que reconhece a importância dos diversos atores do processo de desenvolvimento econômico, negando a ideia da inevitabilidade do conflito de classes, reconhecendo, porém, que em algumas situações, regiões e setores da economia ele de fato existe em razão das existências das estruturas do pecado. Os documentos apresentam uma visão de desenvolvimento econômico bastante similar à defendida por Sen – desenvolvimento como liberdade.

5. Referências bibliográficas

AGARWALA, A. N.; SINGH, S. P. *A economia do subdesenvolvimento*. Rio de Janeiro: Forense, 1969.

BARRERA, A. *Modern catholic social documents and political economy*. Washington, DC: Georgetown University Press, 2001.

CHAFUEN, A. A. *Faith and liberty*; the economic thought of the late scholastics. Maryland: Lexington Books, 2003.

FLEISCHACKER, S. *A short history of distributive justice*. Cambridge: Harvard University Press, 2005.

HIRSCHMANN, A. *Essays in trespassing*. Cambridge: Cambridge University Press, 1981.

HOLLAND, J. *Modern catholic social teaching*. New York: Paulist Press, 2003.

JONES, H. *Modernas teorias do desenvolvimento econômico*. São Paulo: Atlas, 1977.

LANGHOLM, O. *L'economia in Tommaso d'Aquino*. Milano: Vita e Pensiero, 1996.

RODRIGUES, O. *Teoria do subdesenvolvimento da Cepal*. Rio de Janeiro: Paz e Terra, 1984.

RONCAGLIA, A. *The wealth of ideas*. Cambridge: Cambridge University Press, 2006.

SEN, A. *Desenvolvimento como liberdade*. São Paulo: Cia. das Letras, 2000.

SOUZA, N. de J. *Desenvolvimento econômico*. São Paulo: Atlas, 1997.

TEIXEIRA, P.; ALMODOVAR, A. Catholic economic thought. In: DURLAUF, S. N.; BLUME, L. E. (eds.). *The New Palgrave Dictionary of Economics*. Palgrave: Macmillan, 2008.

THIRWALL, A. P. *A natureza do crescimento econômico*; um referencial alternativo para compreender o desempenho das nações. Brasília, DF: IPEA, 2005.

CAPÍTULO XIII

Esperança e justiça em um mundo de violência

Luiz Alexandre Solano Rossi

1. Introdução

Um fragmento de texto de um exilado russo e filósofo da Sorbonne, Leon Shestov, me chegou às mãos. A densidade do texto me impressionou. As palavras que estavam diante dos meus olhos deslizavam pela realidade e a mostrava de uma maneira nua e crua. A tendência primeira é a de ficarmos chocados diante de expressões que nos alertam para aquilo que costumeiramente fechamos os olhos.

Olhamos para o mundo em que vivemos e afirmamos, sem titubear, que este é um mundo feito para pessoas duras. Um mundo onde as pessoas estão relegadas a se basearem unicamente em seus próprios ardis. O desejo que move e orienta cada uma e todas as pessoas é tão somente o desejo de superar uns aos outros. A pessoa que está ao meu lado é inevitavelmente alguém de quem devo desconfiar. Tememos os outros porque condenamos a confiança a uma vida cheia de frustração. Sentimentos próprios de uma sociedade hipercompetitiva.

Mas voltemos ao exilado russo, que sabiamente escreveu "*homo homini lupus* é uma das máximas inabaláveis da moral eterna. Em cada um de nossos vizinhos tememos um lobo [...]. Somos tão pobres, tão fracos, tão facilmente arruináveis e destrutíveis! Como podemos deixar de ter medo? [...]. Enxergamos o perigo, apenas o perigo". Nesse ambiente e processo de relações interindividuais, o outro se torna necessariamente tanto o nosso inferno quanto a nossa fonte primordial da violência. E por que não dizer que em muitos casos projetamos nos outros o inferno interior e exterior que vivemos?

Como podemos deixar de ter medo, se ao conhecer um estranho a primeira atitude é a de nos fecharmos vigilantemente em copas e tendo como segunda e terceira

Esperança e justiça em um mundo de violência

atitudes o redobrar da vigilância? A suavidade escapa por entre nossos dedos. Somos ensinados a ser mais duros e menos escrupulosos do que todos os outros que estão ao nosso redor, caso contrário seríamos liquidados por eles. Nessa nova versão do mundo darwiniano, triste mundo darwiniano, é o mais apto que invariavelmente sobrevive.

O compromisso com outras pessoas, o colocar-se ombro a ombro, a confiança, a compaixão, a solidariedade, o carinho num mundo de medos e de infernos que se multiplicam acabam se tornando fatores suicidas. Mas existe algo de que nos esquecemos porque é demasiadamente óbvio: compaixão, carinho, solidariedade, confiança são elementos que se apresentam a partir da proximidade e pela presença imediata de outro ser humano. A proximidade nos humaniza e expulsa o inferno da violência que nos constrange ao individualismo mórbido.

É a presença de outro ser humano – fraco, vulnerável e precisando de auxílio – que nos liberta e traz alívio para a maioria dos nossos medos. Talvez seja na proximidade com outros iguais e mesmo diferentes a nós que descobrimos que a ação que ajuda, defende, alivia, cura e salva seja a condição primeira e única que nos torna humanos. Afinal, descobrimos nossa própria humanidade afirmando a plena humanidade dos outros.

Ao longo do texto utilizo o termo "violência" como todo tipo de ações e reações que violam a integridade do ser humano seja física seja simbolicamente. Merton[1] nos ajuda a perceber melhor a questão ao afirmar:

> Quando um sistema, sem precisar recorrer à força manifesta, consegue compelir pessoas a viverem em condições de abjeção, impotência e miséria, que as mantêm no plano de bestas e não de seres humanos, este sistema é completamente violento. Obrigar pessoas, contra sua vontade, a viverem num nível sub-humano e constrangê-las de tal modo que não tenham esperança alguma de escapar de suas condições é um exercício injusto da força.

Ampliando o tema da violência a partir da linguagem teológica, é possível concordar com a afirmação de Moltmann[2] de que os atos de violência de seres humanos contra seres humanos e de seres humanos contra criaturas mais fracas devem ser considerados pecados e constituem um crime contra a vida.

---

[1] Citado por HORSLEY, R. A. *Jesus e a espiral da violência*, p. 20.

[2] MOLTMANN, *O Espírito da vida*, p. 130.

2. O fascínio pela violência e pela linguagem do mais forte

Todavia, o caminho da desumanização não nos é estranho. Vivemos uma relação quase emblemática com a violência, assim como com a temática do mais forte. Sucumbimos à afirmação de que a sociedade é construída pelos fortes e, portanto, vitoriosos, em cima do tecido social dos mais vulneráveis. Nesse imaginário que rege nosso comportamento, até mesmo Deus se apresenta como aquele que detém o *imperium* da vitória e a distribui àqueles que são destinados a ser vitoriosos.

Atualmente, explora-se a atração que muitos de nós temos pela violência em geral. Gostamos de filmes de ação e somos atraídos para a imagem de Deus como um herói conquistador violento. No final do dia queremos um Deus que se preocupa o suficiente para estar com raiva, envolvido o suficiente para fazer algo e divino o suficiente para realizar o que os seres humanos não devem nem tentar. Até mesmo a imagem de Deus como um vingador violento ensopado de sangue (Isaías 63,1-6) nos atrai, porque desejamos que nossos heróis conquistadores sejam maiores do que a vida. De certa forma, a imagem da divindade coberta de sangue é uma glorificação bem trabalhada de Deus que apavora mas também nos atrai.

Nogueira[3] constata que as guerras e o mundo militar exercem fascínio sobre todos nós, seja como objeto de estudo, seja como tema da indústria de divertimento. Um fascínio que atinge até mesmo a nossa subjetividade, levando-nos a nos divertir com cenas brutalizadoras de milhares de homens massacrando os adversários em prol de ideais como liberdade ou honra. Mas, também, poderíamos ver esse mesmo fascínio que atinge e influencia o comportamento de centenas de pessoas que, ao saírem dos estádios de futebol, vivem uma verdadeira batalha campal. Seria possível afirmar que a concepção de Deus como um imperador dado a guerras e batalhas é o ápice de uma série de associações a que o nosso fascínio pelas armas pode nos levar.

Estamos acostumados a pensar a partir da lógica dos vencedores e da vitória. No entanto, precisamos desconstruir a imagem dualista da violência justa, do poder de Deus como vitória esmagadora. A construção da imagem da vitória somente se dá a partir da derrota daquele que lhe é contrário. Vitoriosos estabelecem seu território sobre o corpo de todos aqueles que são derrotados. Dessa forma, o estabelecimento de um acontece pela exclusão do outro.

Nesse sentido, todos aqueles que morrem antes do tempo por causa da pobreza ou ainda de alguma doença facilmente curável é porque já estavam fadados à derrota. São vítimas porque são derrotados e são derrotados porque o Deus da vitória não se encontra ao seu lado. Nessa lógica, Deus se encontra ao lado daqueles que são

---

[3]   ROSSI, *Cultura militar e de violência no mundo antigo*, p. 5.

vitoriosos em meio a uma multidão de derrotados. Essa parece ser a chave hermenêutica utilizada por Franz Hinkelammert quando, ao analisar o Messias de Händel sendo cantado pela primeira vez em Londres, associa-o também às tropas inglesas em marcha para a conquista da Índia. O messias caminha a passos largos para dominar as forças pagãs da Índia. Mas, como bem conclui Hinkelammert,[4] "Jesus também estava na Índia, e, todavia, não estava ao lado desse Messias". O próprio Deus passa a ser representado a partir da lógica daquele que detém o domínio social, econômico e político. Nessa representação, Deus sempre é estereotipado como representante do rico e do dominador. Agora, tanto o céu quanto a terra passam para o controle dos ricos e dominadores. Suas portas são severamente vigiadas e não é possível a entrada de qualquer um. A vítima deixa de ter direitos no céu como na terra. E a diminuição de seus direitos na terra é o mais justo reflexo da realidade celestial. Consequentemente, Deus não está mais ao lado dos pobres e excluídos. Ao contrário, está contra!

No entanto, não se pode dizer que essa concepção seja nova na história. A identificação da vitória com a verdade e a justiça alinhadas ao lado dos que dominam pode ser encontrada, por exemplo, quando Josefo narra o pronunciamento do general Agripa aos judeus numa tentativa de dissuadi-los a iniciar uma guerra contra o Império Romano:

> Pois todos os que vivem debaixo do céu temem e honram as armas dos romanos, quereis vós fazer-lhes guerra? [...] Pois a quem tomareis por companheiros para a guerra? [...] Pois não há outra ajuda nem socorro senão o de Deus; mas a este também os romanos o têm, porque sem sua particular ajuda seria impossível que o império tal e tão grande permanecesse e se conservasse.[5]

Não há como escapar da cilada conceitual que reside no interior do conceito de vitória relativo à violência: de um lado está o autor da violência, do outro a vítima da violência. De um lado exalta-se o senhor e o explorador, enquanto do outro perde o escravo e o explorado! De qualquer forma, é uma relação em que a primeira vista um dos lados vive a plena vitória. Todavia, um olhar mais cuidadoso indicaria que ambos os lados, necessariamente, saem perdendo: o autor da violência torna-se desumano e injusto, e a vítima torna-se desumanizada e injustiçada.

a) A violência como produtora de vítimas

Jamais o conjunto dos seres humanos foi tão ameaçado em sua sobrevivência. A lógica que prevalece é a da exclusão. E cada vez mais a esse extenso grupo de

---

[4]   HINKELAMMERT, *Sacrifícios humanos e sociedade ocidental*, p. 39.

[5]   JOSEFO, *Las guerras de los judíos*, pp. 258-260.

excluídos vai sendo incorporada uma multidão de incapacitados. Vivemos, por exemplo, em um sistema econômico que não apresenta lugar para todos. Nele a exclusão é decretada para a ampla maioria da humanidade. Não seria demais afirmar que o neoliberalismo pode ser considerado como o maior muro que já se levantou para fazer a separação entre uma minoria de privilegiados e a maioria dos excluídos. Exclusão cada vez mais sofrida por seres conscientes de que não foram feitos para se tornarem miseráveis, famintos, vítimas. E, assim, acabam por ingressar numa crise histórico-existencial, ou seja, excluídos de uma sociedade que os rejeita e que não funciona mais, mas fora da qual não há salvação. Uma verdadeira encruzilhada sócio-teológica! Quem sabe um muro mais vitimador e excludente que o muro de Berlim já representou para a história da humanidade. Um mundo com seus limites bem divididos: aqueles que sacrificam e aqueles que são sacrificados. Os vitimadores e as vítimas. Os que têm e podem viver bem e, por isso, estão incluídos no sistema, e, do outro lado, os que não têm e não são e, consequentemente, sobram. Peças descartáveis de um sistema ao mesmo tempo homicida, suicida e ecocida.

Nesse tipo de ambiente, a humanidade aos poucos perde seu espaço e seu direito à vida. Quanto mais o mercado se impõe, menos possibilidade o ser humano tem para sobreviver. Quanto mais total e absoluto, mais a vida é relativizada. Vivemos na era da globalização, e a condição para tornar-se parte do mercado global é que o povo pague um alto custo social. Assim, aqueles que não são capazes de pagar são simplesmente excluídos. São dispensáveis e, por isso, não contam. E, portanto, não têm o direito assegurado ao desenvolvimento. Há a necessidade de negar a primazia e a totalidade do mercado. O ser humano não se resume somente em comprar e vender. O lucro a todo custo e o consumismo desenfreado matam fisicamente os que não têm acesso e matam moralmente os supostamente beneficiados. Numa sociedade de mercado regida por uma religião de mercado, há um grupo grande – na verdade a grande maioria – que constantemente perde no jogo do mercado. Perde mas não se cala. A partir das vítimas, questiona-se todo o edifício que o mercado está construindo e as relações sociais que está disseminando e impondo a todos. Certamente, são relações sociais vitimatórias e excludentes; são excludentes das grandes maiorias e produtoras de morte; negam a participação e o direito à vida para todos e não se orientam pelas necessidades da vida humana. As leis do mercado são leis que devem ser seguidas a qualquer custo. Leis religiosas, leis consagradas e, consequentemente, consideradas leis de Deus. Assim, qualquer realização da vida passa necessariamente pelo mercado. A vida passa a ser legitimada como verdadeira a partir do mercado. Fora do mercado não há possibilidade de vida. Por isso, quem não se ajusta é naturalmente excluído.

Nisso consiste também a ideologia daqueles que exercem a dominação. A vítima, para eles, não é um subproduto mas sim um grupo social que tem a possibilidade

Esperança e justiça em um mundo de violência

de encontrar em seus algozes a libertação plena. Ou seja, para o inferior e, portanto, bárbaro, o encontro com o superior somente pode redundar em emancipação, ainda que num primeiro momento seja necessário o uso da dominação pelo uso da força e da violência. É necessário afirmar que a vítima não surge como resultado de um processo natural da sociedade. Mas, sim, é consequência de fatores que confluem para seu surgimento e manutenção. Portanto, falar de vítima é falar de violência. Para Dussel,[6] o mito da modernidade consiste em "vitimar o inocente declarando-o causa culpável de sua própria vitimação e atribuindo ao sujeito moderno plena inocência com respeito ao ato sacrificial". O que se deve reter desse texto como afirmação central é o esforço sobre-humano de qualificar como justa a vitimação do inocente. Não somente é correto como profundamente justo e, por isso, um favor que se faz à vítima. E a sociedade burguesa transforma a construção da justiça divina em construção da justiça humana através da produção de vítimas e de excluídos. Nesse sentido, afirma Hinkelammert:

> A pobreza é também uma forma de impagabilidade, a do sustento da vida. É culpável, portanto justa. O pobre não pode reclamar direitos, devendo, antes, pagar com sangue essa sua impagabilidade culpável. Que isso seja assim é bom para todos, até para o pobre; logo, a predileção para com o pobre exige não fazer nada por ele, a não ser cobrar-lhe sua impagabilidade culpável até com sangue.[7]

b) A solidariedade divina como reação à violência

Na história paradigmática do êxodo, a situação inicial é de opressão ostensiva, isto é, a violência estrutural do trabalho forçado dos escravos. "Que se coloquem trabalhos mais pesados sobre esses homens" (Êxodo 5,9) indica um programa político eivado de violência pelo faraó. Sob o peso do trabalho forçado e violento, a única coisa que resta aos escravos é a transcendência de si mesmos a partir de um "grito por socorro". O sofrimento implementado pela violência faz com que eles se transcendam, mas não para se alienarem da realidade; ao contrário, gritam para buscar e, se possível encontrar, em Deus o princípio da solidariedade. Não se trata de aceitar a derrota e adotar a vida como um inferno irreparável. Mas, sim, de compreender a relação com a divindade como expressão de sua solidariedade para com as vítimas da violência, da fome, da miséria e da morte.

A experiência do êxodo pode ser lida como exemplo de uma história de encontro. Ela mostra a relação intrínseca entre o Deus libertador, que se insere na história, e o povo, que vive a experiência de violência na periferia da história. Deus usa uma

---

[6]   DUSSEL, *1492 – O encobrimento do outro*, p. 76.

[7]   HINKELAMMERT, *Sacrifícios humanos e sociedade ocidental*, p. 99.

situação histórica de dor e de derrota para se revelar e, assim, agir. Ele se manifesta para ser veículo de liberdade. Sua manifestação é intencional e sua presença não é desinteressada. Javé não está mais nas alturas, local onde os povos nos tempos do Antigo Testamento imaginavam ser a morada de Deus. Por isso, temos a tendência de localizar a autorrevelação de Javé na história do povo oprimido em uma situação de antivida. A autorrevelação é, portanto, o projeto da história de Javé libertador, irrompendo na anti-história, levando-nos a compreender o seu domínio sobre a própria história da humanidade. A libertação dos escravos estava no coração de um Deus solidário. A passagem seguinte torna claro o propósito multifacetado de Deus no êxodo:

> Eu ouvi os gemidos dos filhos de Israel, escravizados pelos egípcios, e me lembrei da minha aliança. Portanto, diga aos filhos de Israel: Eu sou Javé. Eu tirarei de cima de vocês as cargas do Egito. Eu os libertarei da escravidão e os resgatarei com mão estendida, fazendo justiça solene. Eu os adotarei como meu povo e serei o Deus de vocês, aquele que tira de cima de vocês as cargas do Egito (Êxodo 6,5-7).

A autorrevelação de Javé se faz concreta num caminho que desvenda o desejo de Deus em revelar seus atos libertadores na história das pessoas que sofrem e que são vitimizadas pela sociedade. Como diz Gustavo Gutiérrez, "Javé é um Deus que age a partir do reverso da história",[8] ou seja, atua na impossibilidade dos que não têm condições de gerar história. Age numa situação de plena antivida, de opressão e violência, para criar um projeto sociopolítico e igualitário.

Em momento de profunda negação da vida humana, Javé se apresenta solidariamente na história. Começa, então, a ser redigida uma história e, por que não dizer, uma teologia a partir do fracassado, do oprimido, do marginalizado. Ao irromper na história do povo que vivia na periferia, Javé propõe vida, ao invés de morte. A história daquele que por sua vulnerabilidade sofre a violência passa a ser o lugar privilegiado em que Javé revela a sua face. Ela é a experiência do encontro com Deus que vive e participa da luta pela libertação, comprometido com a transformação da realidade para a libertação dos oprimidos.

No entanto, não há como deixar de perceber uma necessária mudança na maneira de visualizar a questão. Essa mudança pode muito bem ser iniciada por um jogo de perguntas muito bem feitas por Moltmann. Diz ele que numa sociedade desestruturada socialmente, onde os sinais de miséria e de violência estão espalhados cronicamente por todos os lados, a pergunta que costumeiramente se faz é basicamente a seguinte: "Como Deus pode permitir isso?". Mas essa é a questão levantada a partir de um ângulo distorcido e unilateral. É a pergunta de quem assiste passivamente a

---

[8]   GUTIÉRREZ, *A força histórica dos pobres*, p. 328.

morte violenta de seus semelhantes; penalizado, sim; todavia, passivamente. Contudo, Moltmann propõe uma nova pergunta; esta sim a partir das vítimas e que lança um novo olhar sobre a realidade: "Onde está Deus?".[9] Pergunta da própria vítima que procura compreender Deus não a partir da vitória dos que a produziram. Ao contrário, esse questionamento sugere a compreensão de uma nova dimensão existencial, qual seja, a comunhão solidária de Javé no sofrimento da vítima; comunhão solidária junto às vítimas produzidas pelo ambiente social de caos e de degradação humana; vítimas que se multiplicam; vítimas cada vez mais numerosas e cada vez mais pobres.

A companhia de Deus na história humana já deveria ser sinal suficiente de que as ameaças de tortura e violência dos mecanismos vitimadores da existência não podem existir como fundamento da nossa sociedade. A presença e a justiça de Deus junto aos mais vulneráveis constituem a quintessência da misericórdia divina (Salmo 146,7; 103,6; Deuteronômio 10,18; Isaías 1,17). Segundo Moltmann, o significado mais básico dessa compreensão seria o de que Deus está ao lado daqueles que são obrigados a padecer violência justamente porque eles não podem e não têm condições de se defender. E afirma: "Deus põe os fracos e os vulneráveis sob sua divina proteção. Quem os fere, fere a ele".[10] Nesse caso, é possível concluir que o próprio Deus é vítima – diria a vítima primeira – daqueles que praticam a violência. E, sendo a primeira vítima da violência, é também o primeiro sujeito da ação solidária junto a todas as outras vítimas da violência.

É preciso mudar essa lógica perversa que condena tanto o ser humano quanto o próprio Deus. E, ao inverter a lógica, começamos a perceber que, quando um ser humano sofre o tormento da fome, o próprio Deus é atormentado; quando um sem-teto morre de frio, o próprio Deus sofre a morte do sem-teto. "Se eu faço a minha cama no inferno, você está lá", diz o Salmo 139,8 a respeito da onipresença de Deus; mesmo no inferno da fome, do fracasso, da doença e do sofrimento, Deus está lá – não como o Senhor da História, mas como uma vítima entre milhões de outras vítimas. Precisamos nos libertar, assim como libertar nossa teologia, da história triunfalista e nos abrir novamente para os relatos bíblicos sobre o sofrimento do povo de Deus. Moltmann enfatiza esta ideia dizendo: "Os vitoriosos da história são intocáveis e apáticos porque são todo-poderosos. Eles não têm nenhum sentimento pelo sofrimento de suas vítimas porque são incapazes de sentir culpa. Igual a seu Deus, eles são onipotentes e impassíveis".[11]

---

[9]   MOLTMANN, *Quem é Jesus Cristo para nós hoje?*, p. 33.

[10]   Id., *O Espírito da vida*, p. 128.

[11]   Ibid., p. 182.

Essa visão triunfal se esquece das palavras de Bonhoeffer[12] quando diz que a Bíblia "dirige (o ser humano) para um Deus sem poder e sofredor. Ele é fraco e sem poder no mundo, e este é exatamente o modo, o único modo, pelo qual Ele pode estar conosco e nos socorrer".[13] O próprio Bonhoeffer, a partir de sua experiência pessoal, em 1944, no interior de sua cela, descobriu que "somente o Deus sofredor pode ajudar".

A preocupação proposta por Kitamori[14] é fundamental quando ele propõe que o próprio Deus foi sacudido, ferido e sofreu por ter abraçado aqueles que não deveriam ser abraçados. Depois de tal afirmação, é totalmente óbvio que um Deus que não se envolve com nada e que não se identifica com ninguém é um Deus sem dor. Podemos dizer que o Deus que sofre é o único que pode abraçar as vítimas da história com solidariedade. Alves acrescenta:

> O escravo pode esquecer do seu sofrimento, mas Deus não. Deus é o Deus do sofrimento, o Deus que não permite que as dores da história sejam sempre contempladas do alto e curadas pelo poder hipnótico da política da preservação [...]. Deus não é a explicação das dores do mundo. Ao contrário, ele é o poder permanente que nega a justiça e o direito de sofrer na história sendo ele mesmo: o Deus que sofre.[15]

Hegel, entretanto, tinha outra concepção quando afirma que Deus, apesar de abraçar a todos, não padece de dor. "Ele continua sendo um ser universal, imperturbável e invulnerável; um Deus que se protege de qualquer problema".[16] Nesse sentido, o Deus de Hegel não é capaz de sofrer com nenhum tipo de ferida. Ele é apresentado como a representação do Deus que engloba tudo. O Deus de Hegel não pode chorar, porque não tem lágrimas. Mas um Deus que não pode sofrer, também não pode amar; ele é um Deus sem amor. Se alguém é capaz de sofrer, é porque é capaz de amar, e sofre sempre à medida que ama. Se alguém matar todo o amor que há em si, não sofrerá mais, mas se tornará apático.

É quase inevitável concordar com Moltmann quando ele afirma:

> Um Deus que não pode sofrer é mais pobre do que qualquer homem. Pois um Deus que é incapaz de sofrer é um ser que não pode ser envolvido. Sofrimento

---

[12]   BONHOEFFER, *Letters and papers from prison*, pp. 219-220.

[13]   Ibid., pp. 361ss.

[14]   KITAMORI, *Teología del dolor de Dios*, p. 23.

[15]   ALVES, *A theology of human hope*, pp. 116-117.

[16]   Citado por KITAMORI, *Teología del dolor de Dios*, p. 33.

e injustiça não o afetam. E, porque ele é completamente insensível, não pode ser afetado ou sacudido por ninguém.[17]

A representação de uma divindade a partir de uma qualidade abstrata em meio a situações extremamente concretas de violência chega ao limite da inconsequência. Esse tipo de representação certamente ignora a história humana marcada pela violência, sofrimento, pobreza e vitimização do pobre. Qualquer teologia que fracassa em sua contribuição decisiva para o conceito de um Deus que se solidariza com as vítimas da sociedade deveria se abster de se pronunciar definitivamente sobre qualquer assunto. Mas quem são as vítimas? De forma simples, poderíamos dizer que são aqueles destinados ao ciclo do "surgir e morrer". São, portanto, seres humanos que nascem predispostos a morrer antes do tempo. Pois, uma coisa é saber da inevitabilidade da morte à qual todos estamos sujeitos, mas outra é vivermos em uma sociedade em que a morte é antecipada. Pior ainda é morrer antes mesmo de viver! Em suma, são sujeitos históricos.

Na experiência do êxodo, quando vemos Deus privilegiando a história como local de atuação, temos em mente a solidarização divina sendo efetivada. Poderíamos denominar esse fato como a ação do Deus solidário. Esse é o sentido mais provável da presença de Javé: o fato de solidarizar-se com a causa dos que vivem na periferia. O ambiente de dor e de derrota é o lugar onde se vive a experiência de Deus. Onde está o pobre, o oprimido, o pequeno, lá está o Deus que vem agir solidariamente. O sofrimento é, pois, o elemento que estabelece a solidariedade de Javé em sua relação com o povo oprimido.

Trata-se de um binômio composto de solidariedade e de dor. São dois processos de uma só história. Quanto maior a opressão, a dor, maior será a solidariedade. Quanto maior a opressão e a dor, maior será a presença de Javé, maior será a relação entre libertador e libertado, e maior será a vivência de uma espiritualidade libertadora; uma espiritualidade que nasce num contexto de solidariedade para com a vida, que rompe definitivamente com as amarras da opressão. Portanto, podemos dizer que Deus já está presente, porque ele mora entre as vítimas e os sofredores, confortando-os por meio de seu eterno companheirismo.

Entretanto, precisamos também observar que a ação simpática de Deus provoca uma resposta nas pessoas. Elas mesmas saem de seu estado de letargia e se abrem em solidariedade para o mundo das outras pessoas. Quebra-se, portanto, também a possibilidade do individualismo e da apatia no convívio humano. Segundo Moltmann,

> no âmbito de um Deus apático, o homem se torna um *homo apatheticus*. Na situação do *pathos* de Deus, ele se torna *homo sympatheticus*. O *pathos* divino é refleti-

---

[17] MOLTMANN, *O Espírito da vida*, p. 222.

do na participação do homem, em suas esperanças e em suas orações. Simpatia é a abertura de uma pessoa para o presente de outra. Ela tem a estrutura do diálogo. No *pathos* de Deus, o homem é preenchido com o espírito de Deus. Ele torna-se amigo de Deus, sente simpatia por Deus e com Deus. Ele sofre com o sofrimento de Deus. Ele ama com o amor de Deus. Ele espera com a esperança de Deus.[18]

Javé é, com efeito, um Deus que se coloca junto ao ser humano, junto à sua dor, ao seu drama de sobreviver em meio às situações injustas, estreitamente interessado em sua vida, em seu desenvolvimento rumo a uma vida digna. Quando Deus entra e participa do contexto social da vida humana, Ele se apropria das ideias e ações dos que vivem na periferia como se elas fossem suas. As palavras e ações dos oprimidos se transformam em palavra e ação do próprio Deus. Elas não pertencem mais aos oprimidos. Devemos entender que o fato de Deus se solidarizar em favor dos vulneráveis é absoluto, pois Javé toma sobre si a condição humilhada deles e assim abre-lhes um novo futuro. O companheirismo e a solidariedade de Deus são o começo e o fim da libertação. Tal solidariedade para com o povo é a força motriz que efetiva a transformação radical de sua condição. A solidariedade para com a vida implica o exercício do amor, do comprometimento com a justiça e a não solidarização com o cultivo da violência.

3. Conclusão

Santos[19] afirma que o momento do sofrimento humano deve ser entendido como o momento em que o sofrimento humano é traduzido em sofrimento-feito-pelo-homem. Para ele, esse momento se reveste de extrema importância, porque a dominação para ser hegemônica se fundamenta fundamentalmente na ocultação do sofrimento humano e, quando isso não é possível, na sua naturalização como fatalidade ou necessidade ou na sua trivialização como espetáculo midiático.

Consequentemente, experiências dominantes (de uma classe, sexo, raça, etnia ou mesmo religião) seriam transformandas em experiências universais que nos levariam a uma expressão – "sociologia das ausências" – extraída de Santos[20] para designar o instrumento através do qual os silêncios, as necessidades e as aspirações impronunciáveis daqueles que foram silenciados pela ação violenta de sujeitos violentos. E, de forma contínua, a ignorância da reciprocidade e/ou solidariedade geraria a incapacidade de conceber o outro a não ser como objeto. Mas, por outro lado,

---

[18] Id., *Quem é Jesus Cristo para nós hoje?*, p. 272.

[19] SANTOS, *A crítica da razão indolente*, p. 379.

[20] Ibid., p. 30.

a ênfase na solidariedade converteria a comunidade no campo privilegiado para o estabelecimento de relações interindividuais de companheirismo.

Utilizando a terminologia de Lévinas, é possível dizer que é a responsabilidade pelo Outro que se apresenta como a "estrutura essencial, primária e fundamental" de nossa subjetividade. A face do Outro, quando entra ou irrompe no meu campo de visão, me acena, abrindo a possibilidade de fugir do "isolamento da existência" – e assim me conclama a ser, o que, diferentemente da mera "existência", é inconcebível sem compartilhar. Assim entendida, a responsabilidade precede, podemos dizer, toda intencionalidade de minha parte.

Santos descreve de forma memorável a maneira pela qual as relações interindividuais devem ser construídas: "O objetivo não é conquistar poder num mundo corrupto, mas criar um mundo alternativo onde seja possível recuperar a humanidade do humano".[21] E Gandhi, por sua vez, afirma:

> Na nossa situação atual, somos metade homens, metade animais, e na nossa ignorância e até arrogância dizemos que cumprimos plenamente os desígnios da nossa espécie sempre que a um ataque respondemos com outro ataque e que, para tal, desenvolvemos o necessário grau de agressividade.[22]

E acrescentaríamos que, a partir da experiência de um Deus não violento e solidário, Jesus propõe uma prática de resistência não violenta à injustiça que provoca a violência. E, nesse sentido, a solução seria a de organizar a sociedade não no rumo e no ritmo da violência, mas no rumo e no ritmo da solidariedade e da compaixão.

Enfim, para tornar a violência desnecessária é necessário fazer justiça a todas as pessoas que vivem sem ela. Talvez seja essa a meta diante do desafio da violência: a criação de relações de comunhão dos seres humanos entre si a fim de que, através da comunhão fraterna e solidária, os atos de violência sejam banidos. Assim sendo, faz-se necessário viver o discipulado de Jesus de uma maneira que nos liberte da violência cotidiana que se apodera facilmente de todos, desmascarando a falta de humanidade contida em toda sociedade que se constrói sobre a violência e vive indiferente ao sofrimento das vítimas.

---

[21] Ibid., p. 374.

[22] Citado por ibid., p. 374.

4. Referências bibliográficas

ALVES, R. *A theology of human hope*. New York: Corpus Book, 1969.

BONHOEFFER, D. *Letters and papers from prison*. London: SCM Press, 1971.

COMBLIN, J. *A força da Palavra*. Petrópolis: Vozes, 1986.

DUSSEL, E. *1492 – O encobrimento do outro*. Petrópolis: Vozes, 1993.

GUTIÉRREZ, G. *A força histórica dos pobres*. Petrópolis: Vozes, 1984.

HINKELAMMERT, F. *Cultura de la esperanza y sociedad sin exclusión*. Costa Rica: DEI, 1995.

_____. *Sacrifícios humanos e sociedade ocidental*; lúcifer e a besta. São Paulo, Paulus, 1995.

HORSLEY, R. A. *Jesus e a espiral da violência*. São Paulo: Paulus, 2010.

JOSEFO, F. *Las guerras de los judíos*. Tomo I. Barcelona: Clie, 1988.

KITAMORI, S. *Teología del dolor de Dios*. Salamanca: Sígueme, 1986.

MOLTMANN, J. *O Espírito da vida*. Petrópolis: Vozes, 1999.

_____. *Quem é Jesus Cristo para nós hoje?* Petrópolis: Vozes, 1997.

ROSSI, L. A. S. *Cultura militar e de violência no mundo antigo*. São Paulo: Annablume, 2008.

SANTOS, B. S. *A crítica da razão indolente*. São Paulo: Cortez, 2000.

CAPÍTULO XIV

Busca de justiça e paz

Mauro Negro

Para iniciar o tema "justiça e paz" e sua busca, reflexão esta que é uma procura de caminhos e respostas, considerem-se alguns cenários, situações concretas que, próprias de locais e épocas, podem ser ampliadas em novas circunstâncias, infelizmente.

Primeiro cenário: Na madrugada do dia 1º de maio de 2011, Osama Bin Laden foi morto por um ataque de forças norte-americanas em um esconderijo no Paquistão. Lendo jornais do dia e assistindo a noticiários, pôde-se ouvir com insistência que "foi feita justiça". Um sentimento de euforia tomou conta de milhares, se não milhões, de pessoas em diversas partes do mundo, como uma espécie de alegria havia muito tempo contida. Outros demonstravam felicidade, como depois de uma vitória em uma final de campeonato. O homem morto pelos soldados especiais dos Estados Unidos foi considerado por muitos um criminoso que merecia uma punição mais do que exemplar: uma punição "decisiva". Paradoxalmente, uma quantia enorme de partidários do modo de pensar dos que o Ocidente considera "terroristas" identificava o ex-líder da Al Qaeda um "mártir". Sim, exatamente o contrário dos que o tinham por criminoso. Para uma parte do mundo, ele era um... herói! E os soldados que o mataram, com o governo e as lideranças que os enviaram, é que faziam o papel de bandidos. O quadro é até relativamente claro para quem o observa sob o prisma político e religioso, mas não deixa de ser ambíguo, difícil de ser compreendido e, muito menos, partilhado ou apoiado sob um ponto de vista ético e mesmo histórico. Prós e contras aqui são um desafio não apenas conceitual, mas humano.

Outro cenário. É fácil imaginar o que sente alguém que perdeu um filho, um parente, um amigo em algum atentado, seja qual for o motivo, declarado ou não. No mesmo ano, 2011, alguns dias antes do fuzilamento do famoso terrorista, o Brasil viu a brutal agressão a alunos de uma escola em um bairro carioca. Ela veio da parte de um homem perturbado. E subitamente aquela escola, aquele bairro, aquela cidade e as pessoas envolvidas se tornaram famosas. Triste e tragicamente famosas. A violência lhes deu este "presente". É provável que o desejo de qualquer um que tivesse um jovem parente entre os mortos daquele dia seria de trucidar um agressor tão covarde como aquele.

Um terceiro cenário. Pode-se ampliar este horizonte e seu debate com dados sempre novos. O que dizer de milhões de crianças e jovens que são assassinados lentamente pela droga? Os criminosos não entram nas escolas armados com fuzis, mas destroem a vida de grande parte da população pelas suas ações. Violento foi o jovem desequilibrado que entrou na escola e assassinou crianças e adolescentes. Mas não é violento e terrorista (que impõe terror, medo, intimidação) o adulto bem apessoado que comanda o tráfico de drogas? Aquele que posa de bom moço, que ajuda a "comunidade" de um lado e comanda a droga, a prostituição, a violência de outro, na mesma comunidade e alhures, pode ser chamado de "justo" ou "pacífico"?

No final da Segunda Guerra Mundial, os países aliados decidiram por algo inédito: julgar os criminosos de guerra. Em um tribunal internacional, não sem questionamentos vários e intensos, os juízes presentes, provenientes de nações, filosofias e credos diferentes, constataram a culpa ou a inocência (rara) entre os acusados. Estes foram então condenados e sentenciados. A nação que organizou este tribunal em meados da década de 1940 é a mesma que, na calada da noite e com enorme poder, invadiu um país soberano e executou um homem sem julgamento. Isso terá sido "justo"? Gerou a "paz"?

Vem à mente e ao coração o desejo de que tudo isso, de ontem e de sempre, jamais tivesse existido. É possível e necessário perguntar: a revanche, vingança, o acerto de contas ou qualquer coisa semelhante leva a alguma solução? Esse tipo de ação é justa? Isso é justiça? Leva à paz?

Uma certeza deve-se ter: justiça e paz não são resultados de impressões ou reações – elas são caminhos de conquista constante, o que as torna, no seu conjunto, um problema de fundo na experiência humana: algo não secundário, mas fundamental e que exige uma posição, uma resposta baseada não apenas na cidadania, nos valores políticos, mas também na fé. O que as religiões têm a dizer e a propor neste mundo conturbado? Se é correto pensar que as religiões, cada uma a seu modo, propõem estilos de vida, deve ser possível olhar o mundo e, com alguns critérios, buscar a justiça e a paz.[1]

1.   Justiça: um conceito amplo e pontual

Dizer que um conceito é amplo e pontual é aparentemente contraditório. Mas os conceitos mais elementares são assim: amplos na sua concepção e na extensão de sua

---

[1]   Os temas "justiça" e "paz" são abundantes na literatura filosófica, teológica, política, histórica e de outros campos. Sua compreensão e busca foram sempre constantes na humanidade. Algumas opções bibliográficas são apresentadas no final.

aplicação e pontuais na experiência de quem os vive. Em outras palavras: a justiça é complexa para ser exposta como princípio, mas quem dela precisa percebe-a como algo bem delimitado. Talvez seja essa a questão em evidência para alguém que, refletindo sobre "justiça", precise de uma ação "justa".

Segundo o *Dicionário Houaiss*,[2] justiça é, entre outras coisas: "(1) Qualidade do que está em conformidade com o que é direito; maneira de perceber, avaliar o que é direito, justo [...]. (2) O reconhecimento do mérito de alguém ou de algo". Seguem-se outras definições, mas o que interessa aqui é sobretudo o item 1 em suas duas partes dependentes.

2. Conformidade com um paradigma

A justiça que se busca para construir a paz precisa ser encontrada em um paradigma. Se ela for baseada na razão ou afeto de quem a busca, o risco de particularismo é enorme. Ela não seria justiça, mas vingança.

A profusão de leis em diversos países e o volume de atos que geram sofrimento e dor são contrastantes. Com tantas leis e normas, por exemplo, no Brasil, não seria de se esperar que todos fossem muito felizes? Todos protegidos pelas leis, amparados em seus direitos e cada vez mais livres para se expor... E tanto sofrimento pessoal e social, tantas pessoas desajustadas, desequilibradas, com um crescente nível de ansiedade e depressão. Como justificar, com tantas possibilidades... É curioso, mas parece que quanto mais cada um deseja fazer o que quer, sem limites ou referências fundamentais, mais leis devem ser criadas para proteger mais interesses particulares. E chega-se a ponto de ninguém mais se entender, todos têm direitos, tudo se pode, pois o homem é seu próprio deus. Paz e felicidade? Onde estão?

Curioso é outro lado da questão. Quando uma vítima de alguma violência ou maldade afirma algo assim: "Deus é justo!" ou: "Deus vai fazer justiça". Ou ainda: "A justiça de Deus não é justiça dos homens!". Cada uma dessas afirmações seria um tema ou ponto de partida muito interessante para novas reflexões. O que se estará dizendo com tais afirmações ou observações? Que Deus será o vingador? Que o sistema e o conceito humanos de justiça são falhos, desacreditados e fadados ao fracasso, e somente Deus pode fazer justiça, sendo "justiceiro"?

Tais afirmações parecem ser a aplicação prática da proposta de um paradigma. Quem lança sobre Deus a capacidade de "fazer justiça" deve tê-lo como paradigma. Então, deve-se ir até Deus e buscar com Ele ou com alguém que o conhece o que pode ser justiça. Essa parece ser a tarefa das religiões e, muito especialmente, da teologia, que tenta explicar as religiões.

---

[2] HOUAISS; VILLAR, *Dicionário Houaiss da língua portuguesa*, p. 1141.

a) Paradigmas teológicos

Dada a extensão reduzida deste capítulo, não é possível analisar em profundidade os temas justiça e paz. O que aqui se fará será olhar para três referências bíblicas de justiça e paz sob o ponto de vista teológico, não sem alguma referência filosófica.

A primeira é o Decálogo ou, como se diz costumeiramente, os Dez Mandamentos. A segunda é uma análise do discurso de Jesus quando inicia sua pregação, na sinagoga de Nazaré. No fim, propõe-se um texto como fonte de novas e renovadas perspectivas, também bíblico, que merecerá ulteriores considerações, oportunamente em novos estudos e reflexões.[3]

É notável que este tema, justiça e paz, tem uma base conceitual enorme, devendo o pesquisador atento e curioso buscar em Platão, em Aristóteles, nos clássicos da antiguidade, também nos escritos patrísticos, nos filósofos medievais, nos pensadores antigos e nos modernos, elementos para sua reflexão. O que aqui se faz é uma pequena investigação do tema em fontes teológico-bíblicas. Justiça e paz e sua busca não são apenas conceitos políticos ou sociais. São filosóficos e teológicos e, exatamente por isso, estão acima de opções particulares. No dizer de João Paulo II, "uma filosofia, na qual já resplandeça algo da verdade de Cristo, única resposta definitiva aos problemas do homem, será um apoio eficaz para aquela ética verdadeira e simultaneamente universal de que, hoje, a unidade tem necessidade".[4]

3. Decálogo: caminho de justiça

A Bíblia judaica e cristã[5] apresenta duas versões do Decálogo, cada uma atribuída a uma tradição literária e teológica,[6] fruto de situações e histórias complexas. Este é um dado importante de se considerar: uma proposta teológica, que gera uma

---

[3] O autor do presente texto está ciente das incontáveis possibilidades e fontes que tem à disposição para o desenvolvimento de argumentos pertinentes. A patrística, a filosofia antiga e moderna, a filosofia política e tantos outros caminhos poderiam ser trilhados. A escolha dos textos bíblicos é opção metodológica, pois parece ser oportuna a busca de luz e argumentos para situações concretas no texto que inspira de modo tão marcante o mundo Ocidental.

[4] JOÃO PAULO II, *Fides et Ratio*, n. 104. O Papa desenvolve nesse texto as relações entre a filosofia e a teologia. A investigação do fenômeno humano sob estes dois prismas pode indicar o caminho da paz.

[5] Ao dizer "Bíblia judaica e cristã", afirma-se que o livro chamado "Bíblia" ou "Sagrada Escritura" é de duas tradições religiosas muito bem definidas. O Antigo Testamento é a Sagrada Escritura do judaísmo. Já para o cristianismo, o que vale é o Antigo e o Novo Testamento juntos. A Nova Aliança, estabelecida em Jesus Cristo, não pode revogar a Antiga, estabelecida com Israel. Essa continuidade e complementaridade são temas importantes na documentação da Igreja Católica e fruto de intensos estudos. Por isso, no texto se diz "Bíblia judaica e cristã" no singular, e não a Bíblia judaica e a Bíblia cristã, como sendo duas expressões independentes. Se isso pode ser válido para a teologia judaica, não o é para a teologia cristã.

[6] As "tradições literárias" presentes no texto bíblico são expressões de circunstâncias históricas, políticas e religiosas. A maioria dos livros bíblicos, do Antigo e do Novo Testamento, apresenta, cada uma a seu modo, tradições ou fontes.

resposta ética, é fruto de experiências históricas, não algo feito em gabinete. Não é, tampouco, um elemento meramente cultural, ligado e limitado ao tempo de sua composição e das crises de sua existência. O texto bíblico, com suas propostas e perspectivas, não é uma construção teórica. Deve assim ser abordado com respeito e sob a consideração de sua validade como caminho de opções. O Decálogo é uma situação proposta com responsabilidade histórica por quem o fez.

O Decálogo[7] é apresentado na Bíblia em duas "versões". Uma está no livro do Êxodo 20,1-21; outra está no do Deuteronômio 5,1-22. Prescindindo das diferenças teológicas e literárias entre ambas, os dois textos apresentam uma estrutura que pode ser resumida assim: Dois blocos de Mandamentos. Um primeiro bloco composto do primeiro ao terceiro Mandamento; o segundo composto do quarto Mandamento até o final.[8] Seguindo a formulação catequética[9] que em poucas palavras indica o caminho ou proposta de cada Mandamento, os três primeiros referem-se a Deus. Trata-se do modo de se relacionar com o Divino. Os Mandamentos restantes são relativos às pessoas em suas situações concretas: proximidade, parentesco, intimidades, amizades, dependências etc.

Os três primeiros mandamentos centralizam a unicidade[10] de Deus. Esta é a sua identidade e personalidade – Ele é o "único". Por isso, não deve ser imitado por estátuas que o limitem a uma criatura ou criação. Não deve ser chamado inutilmente nem sequer nomeado sem sentido. Ele deve ser respeitado como o totalmente Outro.

Por isso, Ele exige que o homem pare um dia na semana e lhe dê atenção. Nesse dia, a criação deve retornar ao seu estado original e encontrar no Criador o sentido de sua existência. O Sábado não é um simples dia de descanso – é um dia de justiça! O reconhecimento da origem de tudo e a referência ao seu princípio.

O paradigma disso tudo está em Deus. Referência absoluta na experiência proposta pelo Decálogo, o Deus ali apresentado é o eixo em torno do qual tudo deve girar. Ele está já na vida do Povo da Aliança e como tal deve ser buscado: sentido da existência deste povo. Por causa desse Deus e de sua posição de referência absoluta, o Sábado, dia em que Ele descansou, é o dia em que tudo retorna à sua origem. Não apenas os seres humanos ou somente o Povo da Aliança:[11] todos, também estrangei-

---

[7] A respeito do Decálogo, existem obras muito interessantes. Elas estão elencadas no final deste texto. Note-se que aqui se faz apenas uma menção ao Decálogo em sua estrutura geral.

[8] Curiosamente, é difícil determinar qual a extensão de alguns Mandamentos.

[9] Entende-se por "formulação catequética" o texto apresentado na instrução cristã. Por ser de índole educativa, ele é simplificado e esquemático. É essa a formulação que normalmente se utiliza.

[10] A "unicidade" de Deus é a sua qualidade de "único". Esta é a grande marca que o Antigo Testamento apresenta. A justiça e a paz somente são alcançadas quando este Deus é cultuado (respeitado, seguido, crido) como único, sem ídolos que o obscureçam.

[11] "Povo da Aliança" é um conceito marcante na teologia bíblica. A expressão refere-se ao povo hebreu ou os judeus.

ros e até animais, devem cessar[12] suas atividades. O retorno à sua ordem original é a justiça que gera paz, pois tudo tem seu lugar. O paradigma é Deus!

Note-se que esse Deus tem uma identidade absoluta – Ele é "o Existente".[13] É este o sentido do Nome[14] pelo qual o Povo da Aliança o chamava como se lê no Antigo Testamento: YHWH. É o "tetragrama", isto é, as quatro letras. Subentende-se "quatro letras sagradas", pois referidas a Deus.[15] Um nome impronunciável da forma que está grafado e que devia ser respeitado como o Absoluto pelos seus seguidores. Se Ele é Absoluto, ele é também "distinto", "diferente" de sua própria Criação. Esta deve prestar-lhe reverência e nele encontrar sua razão de ser e viver.

A justiça no Antigo Testamento, parte da Bíblia, é uma referência ao Deus da Aliança estabelecida com seu Povo. Ele faz a justiça e é nele que esta justiça pode ser construída. O Mandamento do Sábado estabelece essa relação intrínseca: tudo deve retornar à sua origem, como na Criação, em que tudo era orientado para o bem e a verdade de si mesmo.[16]

Analisando a história de Israel, vê-se que o afastamento desse projeto[17] de vida baseado em Deus gerou injustiça.[18] Sem justiça não houve paz. Justiça, para o homem do Antigo Testamento, era a adesão a este projeto: o monoteísmo.

A mensagem é clara: para o Antigo Testamento há uma fonte segura de justiça: Deus. Ele deve ser buscado no comportamento originado no Único Deus e pontuado no Decálogo. Trata-se de um caminho. A referência fundamental ou o ponto de partida é o Deus único, assim declarado no primeiro Mandamento. Ele é o Criador, Aquele que existe, e assim deve ser identificado, conforme o segundo Mandamento. Ele recria no tempo e no espaço: o Mandamento do Sábado é o que resgata os valores do Divino impressos no ser humano. As consequências disso se expressam nas relações humanas que se seguem, nos demais Mandamentos.[19] Seguindo-os desde

---

[12] Na origem da palavra "sábado", em hebraico transliterado *shābat*, está o verbo "cessar", que pode ser também "descansar". Veja a respeito o artigo a respeito em HARRIS; ASCHER; WALTER, *Dicionário internacional de teologia do Antigo Testamento*, p. 1520-1523. Também SCHÖKEL, *Dicionário bíblico hebraico-português*, p. 657.

[13] O texto bíblico de Êxodo 6,1-3 expõe, de modo muito interessante e com uma estrutura literária marcada pela teologia, a ideia de Deus como ser que existe desde sempre. Ele é o "vivente".

[14] Uma maneira de se referir a Deus é dizer "O Nome". O substantivo "nome", usado de modo majestoso, é uma antonomásia para Deus e seu próprio nome.

[15] Um estudo interessante a respeito encontra-se em MARTINS TERRA, *Elohim, Deus dos Patriarcas*.

[16] O texto indica muitos conceitos que merecem aprofundamento e correlações.

[17] Pode-se consultar a este respeito GRENZER, *O projeto do Êxodo*.

[18] Existem muitos textos sobre a história de Israel. Nem todos enfocam o tema sob a ótica do monoteísmo e da vivência da justiça. Esse modo de ver a história não é propriamente "historiográfico", mas teológico. Sugere-se como fonte para pesquisa: história de um modo abrangente: KESSLER, *História social do Antigo Israel*; história mais em termos teológicos: LIVERANI, *Para além da Bíblia* (especialmente pp. 413-436). Ainda em termos teológicos, a obra antiga mas sempre oportuna: FOHRER, *História da religião de Israel*.

[19] Um estudo muito interessante a respeito encontra-se em WÉNIN, *O homem bíblico* (especialmente pp. 73-112).

Busca de justiça e paz

seu ponto de partida, o homem encontra sua felicidade, o sentido de sua existência. Encontra a paz.

4. Anúncio da graça do Senhor

Os profetas são figuras excepcionais do Antigo Testamento. Cada um deles é o "oráculo do Senhor".[20] Toda pessoa marcada pela presença de Deus torna-se um profeta, embora nem todos sejam reconhecidos na Bíblia de modo explícito.

O Novo Testamento tem os seus profetas que seguem, claramente ou não, o estilo daqueles do Antigo Testamento. João Batista é um profeta; aliás, no dizer de Jesus Cristo, o "maior nascido de mulher" (Lucas 7,28).

Na sua pregação profética, João Batista é forte, chegando a ser rude. Veja o texto de Lucas 3,1-18, onde o profeta fala com autoridade e ameaça com destruição e castigo a quem não seguir a proposta do Evangelho. Ora, considerando que tal palavra, "evangelho", significa "boa-nova" ou "boa notícia" e considerando também que João Batista anuncia um "evangelho", é de notar que esta boa notícia é, no caso do Profeta do Deserto, muito estranha: ameaças, castigos, palavras de recriminação. Para quem está fora do caminho traçado pelo Decálogo, tais palavras fazem eco. Por isso, Lucas indica que havia multidões que buscavam ouvir João Batista (Lucas 3,7.10). Suas palavras eram de autoridade e de coerência, tinham o paradigma fundamental: o Deus da Aliança. Infelizmente, Lucas e os demais evangelistas não se pronunciam como João Batista chegou a este ponto, com essa reputação sobre o povo judaico. Sabe-se apenas o que o próprio Lucas apresenta em seu primeiro capítulo, de modo que o caminho de vida de João pode ser entendido como o caminho de um profeta: em Lucas 1,80, lê-se a respeito de João, depois de seu nascimento: "O menino crescia e se fortalecia em espírito. E habitava nos desertos, até o dia em que se manifestou a Israel".

Essa menção ao deserto[21] não é casual. Ele, o deserto, legitima a mensagem do profeta. E João Batista assume a identidade de arauto.[22] Prepara a vinda de um personagem importante e decisivo na história: o Messias na língua hebraica, em grego

---

[20] "Oráculo" é palavra sagrada, inspirada por Deus e que por isso vai além da expectativa humana. "Senhor" é uma possível tradução do Nome de Deus no Antigo Testamento. Assim, "Oráculo do Senhor" é a palavra sagrada de Deus, dita (metaforicamente) por fatos, eventos, pessoas e situações.

[21] O tema "deserto" na Bíblia, tanto no Antigo quanto no Novo Testamento, é interessante e instigante. O deserto é o local e a situação da provação, da tentação, da escolha, do encontro. Todo personagem bíblico que determina a história deve passar pelo deserto. Israel passou por desertos: na saída do Egito, no Exílio, durante as dominações etc. Jesus deve enfrentar o deserto no início de sua missão (os "quarenta dias"), durante sua pregação (com rejeições do povo), na sua paixão e morte (o deserto do sofrimento físico e espiritual). O deserto, por antonomásia, é o local onde Deus se revela. Por isso, João Batista deve ser bem considerado pelas pessoas: ele é profeta, pois se liga ao deserto.

[22] O "arauto" é quem anuncia o fato ou a pessoa antes de seu acontecimento. João, portanto, anuncia alguém especial, mas não como fruto de sua imaginação, e sim como cumprimento das profecias. Ele anuncia um Messias.

223

traduzido por Cristo, e que significa "ungido", com o sentido de "escolhido", "selecionado". Essa seleção e escolha são para manter a comunhão com o Deus da Aliança.

Note-se que o anúncio de João Batista e a aparição seguinte de Jesus, com o reconhecimento de sua messianidade,[23] são uma continuidade profética e também uma evolução significativa. O contexto das palavras atribuídas a João Batista em Lucas 3, especialmente nos versículos 7-10 e 17, não é de tranquilidade e paz: antes, supõe uma espécie de vingança da parte de Deus! Parece que a justiça, para João, é a retribuição à maldade e infidelidade ou à bondade e fidelidade. Vem daí a paz – é ação de Deus que coloca tudo em seus lugares, ou seja, "recria". Quem é bom é recriado para a paz, quem não o é será recolhido para a perdição.

A evolução significativa vem com Jesus. Depois de sua apresentação a João Batista e seu batismo, Ele vai para o deserto, onde João já estava. Lá, Jesus tem sua adesão à Aliança "testada" pela tentação e pelo Divisor.[24] Ele vence esse momento dramático e fica pronto para agir na história.

Imediatamente, vê-se, em Lucas, que Jesus vai ao encontro das pessoas e as ensina (4,15). Na sinagoga[25] de Nazara ou Nazaré, cidade de sua infância e juventude, Jesus faz o anúncio fundamental de sua missão. É aqui que reside a evolução na sua mensagem. Em Lucas 4,17-22, Jesus propõe um caminho de justiça que ultrapassa aquele de João Batista. Enquanto este parecia um vingador da parte de Deus, Jesus apresenta-se como a testemunha de um Deus misericordioso e compassivo. O texto de Lucas atribui a Jesus a recordação e atualização de uma profecia do profeta Isaías.

No versículo 18, o texto faz referência à unção, que é escolha; esta é, para o anúncio e seus ouvintes, os pobres. Continua com sinais que vão muito além de uma justiça de retribuição: remissão aos presos, vista aos cegos, liberdade aos oprimidos. No versículo 19, encontra-se a bela expressão: "Para proclamar um ano de graça do Senhor!".

Essa é a novidade da busca da justiça na mensagem de Jesus. Ele não nega o paradigma fundamental apresentado no Decálogo, que é o Deus Único da Aliança. Ele se coloca como revelador desse Deus, o Messias, o escolhido para esta missão. Ela

---

[23] Messianidade é a qualidade e a missão do Messias, do Cristo ou Ungido. Ele devia realizar sinais de sua qualidade e é isso que Jesus fará na sua pregação.

[24] "Divisor" é quem divide! O substantivo de origem grega "diabo" tem esse sentido: aquele que divide, separa. A separação ou divisão, no caso, é entre o Povo da Aliança e cada pessoa que dele faz parte e o Deus da Aliança. O Diabo, nessa visão, "separa" de Deus. A resistência de Jesus e de quem passa por esta experiência é no sentido de não aceitar esse estado de coisas e retornar ao ideal da Aliança: a comunhão com Deus.

[25] Sinagoga era o grupo de judeus que se reuniam para ouvir a palavra da Torá (primeira parte da Bíblia, conhecida entre os cristãos como Pentateuco) e os Profetas, bem como outros textos de exortação e exemplos. Era também, por extensão, o local de encontro dos judeus para estes atos elencados. O Templo, local absoluto de encontro do povo judeu com seu Deus, estava em Jerusalém. As sinagogas podiam estar em todos os lugares, desde que reunissem dez homens adultos.

acontece na proclamação de um tempo novo, quando o anúncio de justiça é proposta de misericórdia, de compaixão, de libertação. A proposta de paz que o Decálogo fazia como resultado de um caminho de adesão à Aliança agora é o resultado dessa Aliança apresentada por Jesus. Não há ruptura nem uma simples continuidade. Há uma evolução que não nega, mas completa, vai além do que se poderia esperar.

Talvez o leitor moderno desses textos se surpreenda com tudo isso. Falar de compaixão e misericórdia não é tão novo assim, embora não seja vivenciado minimamente, como poderia e deveria. Mas é algo previsível. A filosofia no Ocidente elogiou e desprezou a compaixão e até hoje, com roupagens diferentes, esse debate assume características sempre curiosas.[26] Se Aristóteles[27] a valorizava, seguido por outros pensadores, Spinoza e, sobretudo, Nietzsche a desprezavam, considerando-a fraqueza,[28] justamente no contexto de confronto com o cristianismo, inclusive sua herança judaica.

A proposta que Jesus, considerado Messias ou Cristo, apresenta é algo comum e até obvio, mas apenas na aparência. É ainda uma atitude a ser conquistada. Não sem crises e até ambiguidades. O anúncio de Jesus na sinagoga de Nazaré talvez não solucione, de imediato, questões éticas extremas, como os genocídios perpetrados no último século e ainda, infelizmente, em ascensão em muitos lugares. É notório que o século XX foi o tempo em que mais se matou seres humanos por ideologias políticas e religiosas. Não só: também por opções pessoais, autoglorificação ou deificação, expressas nos cultos à personalidade dos ditadores e "libertadores" nacionais, sempre à custa de inúmeras vidas, especialmente dos fracos e pobres. Acrescente-se a isso a voracidade do mercado capitalista, que exclui quem não consome e gera lucros. E milhões são deixados à margem, opressos, presos e cegos à vida. Com frequência, o mundo "normal" dos que têm recursos e são "bem-nascidos" esbarra com o mundo dos marginalizados. Não seria aqui também um lugar para o anúncio de Jesus, o Messias?

Não se faz aqui apologia da violência e de tudo o que ela comporta ou em que está assentada. Pelo contrário: estes são sinais de morte, de injustiça! Alguém (muitos!) não está observando o Único Deus que a todos cria e recria com justiça.

5. Paz: consequência da justiça

Não existe uma só fórmula para chegar à paz. Ela é fruto de escolhas e decisões feitas constantemente pela pessoa livre e racional. Ela não pode ser apenas o prêmio

---

[26] NOGARE, *Humanismos e anti-humanismos*, pp. 243-255.

[27] ABBAGNANO, *Dicionário de filosofia*, p. 155.

[28] Chamava-a de "instinto depressivo e contagioso", "multiplicador das misérias", "instrumento de decadência do homem" (ibid.).

de quem cumpre seu dever. Os carrascos nazistas, acusados em Nuremberg, afirmavam que "apenas cumpriam o dever". Tal atitude, que não passa de uma atitude de escondimento e de alegada não responsabilidade perante a culpa, não ajuda em nada a conquista da paz. Antes, é atitude de guerra, agressão ética e irresponsabilidade. Em nome de certa "consciência", já se fez muita maldade neste mundo. A história é testemunha dessa situação. É curioso e perturbador que, sob o imperativo do dever, se esconda, com frequência, a vingança, a maldade, o erro.[29]

E é sob a ideia de dever, de honra, de lealdade como seguimento de projetos políticos e filosóficos que se pode desdobrar esta reflexão sobre "a busca de justiça e de paz".[30]

Nos tempos de João Batista e de Jesus, o mundo conhecido era marcado pela presença do Império Romano. Desde os tempos do Imperador Otaviano Augusto, estabelecera-se o que o império chamava de *pax augusta*.[31] Trata-se de uma autoproclamada situação de paz imposta pelo Império Romano. A imposição era pela força da espada que conquistava e estabelecia-se com direitos ditatoriais. Uma paz alcançada pelo medo, não por uma escolha livre e responsável. Paz imposta brutalmente.

O povo da Judeia, nas primeiras décadas do primeiro século da presente era, estava refém de um sistema opressivo e desgastante. A justiça era a observância da lei romana, o acatamento da autoridade imperial expressa no poder militar, constante e violento. Isso gerava paz! Como indicado anteriormente, tratava-se da *pax augusta* ou *pax romana*. Seria essa a melhor solução?

Os sistemas políticos apresentam-se também como caminhos para paz. Esta se alcançava pelas conquistas de terra; pela posse de bens e pelo consumo; pela presença e imposição da vontade de alguns sobre outros. Isso tudo com ares de justiça. Sim, pois o paradigma ou fundamento é o projeto político ou ideológico de fundo.[32] Tais propostas reeditam, cada uma a seu modo, o sistema romano.

---

[29] São interessantes e perturbadoras as páginas de ARENDT, *Eichmann em Jerusalém*. Nesse relato a filósofa política judia, de profunda orientação heideggeriana, analisa, ultrapassando o papel profissional de jornalista correspondente, o julgamento do carrasco alemão nazista, quando julgado em Jerusalém.

[30] As possibilidades do argumento são múltiplas. O debate pode ser enriquecido pelas ciências sociais, pela história, psicologia, filosofia e tantos outros saberes. Edgar Morin propõe o conceito de "complexidade". Parece ser necessário um diálogo da teologia com esse conceito. São instigantes os ensaios publicados em: MORIN, *Religação dos saberes*.

[31] Trata-se do período iniciado com César Augusto, Imperador, que sucedeu Júlio Cesar. Ele declarou o fim das guerras civis, isto é, conflitos bélicos internos na sociedade romana. O período durou de 29 a.C. a 180 d.C.

[32] Não é preciso ir até a China de Mao Tsé-Tung para encontrar os projetos escatológicos políticos que matam milhões de seus próprios cidadãos, sob a alegação de justiça. Basta procurar os políticos dos interiores e das capitais que encontram a "paz" em suas eleições comprada pela "justiça" da propina. Com isso, também eles matam milhares pelo desvio de verba, corrupção, mensalão e roupas de baixo cheias de dólares. Tudo isso pode muito bem se esconder debaixo de belos projetos políticos que elegeram e elegem salvadores da pátria.

Outros sistemas, ligados a expressões religiosas e concepções de mundo e de vida, propõem caminhos de paz à medida que os diferentes sejam calados e até eliminados. Sob alegadas opções de fé, praticamente todos os sistemas religiosos já impuseram sofrimento e destruição.[33] Isso não legitima, em absoluto, a situação: antes, cria escândalo. E, segundo o texto evangélico, conforme a afirmação de Jesus, "ai do mundo por causa dos escândalos!" (Mateus 18,7).

O mesmo anúncio evangélico recorda também que o seguimento da justiça em busca da paz não é algo tranquilo e sereno, mas provoca a divisão e o confronto: "Não penseis que vim trazer paz *à* terra. Não vim trazer paz, mas espada. Com efeito, vim contrapor o homem ao seu pai, a filha à sua mãe e a nora à sua sogra. Em suma: os inimigos do homem serão os seus próprios familiares" (Mateus 10,34-35).[34]

6. Justiça: caminho. Paz: situação

A paz é fruto da justiça. Esta é o caminho que se faz a partir de um fundamento ou paradigma, um ponto de referência. O Decálogo é isso tudo no tempo do Antigo Testamento. No cristianismo, a referência e o fundamento passam a ser a pessoa de Jesus Cristo e sua missão.

É difícil, para muitos teóricos da política e das relações humanas, aceitar que uma situação de paz possa ser alcançada pelo retorno aos valores bíblicos. É certo que muitos irão fixar suas críticas nas ambiguidades do texto da Bíblia, no qual se encontram agressões e violências valorizadas como atos heroicos, ações covardes vividas por personagens fundamentais dos relatos.

Para eles fica clara a prudente observação de que o texto bíblico não apresenta, a princípio, modelos éticos irrepreensíveis. O que ele propõe é a justiça como caminho para a paz. E justiça nele é a adesão ao Deus Único, que recria para a paz do homem. Este Deus está presente no anúncio de Jesus Cristo, que o propõe como origem de relações novas entre as pessoas.

Nesse ponto se insere um texto que parece ser a síntese de toda a questão. A prece do Pai-Nosso, conhecida e repetida em tantos momentos da vida, até por quem não

---

[33] Acusações feitas unilateralmente ao cristianismo e à Igreja Católica em dados períodos da história são desleais. Assim, também as modernas acusações ao islamismo são muito parciais. Todos os sistemas religiosos, exatamente por serem compostos por pessoas limitadas ao seu tempo e às suas impressões, são passíveis de erros e abusos. O grande problema é quando tudo isso é assimilado na estrutura teológica (ou algo similar) do sistema religioso.

[34] Observe-se que o texto joga com as palavras "paz" e "espada". Considerando o que fazia o império, que se impunha como paz pela espada, o Evangelho recorda que também no caminho de justiça proposto por Jesus a paz é fruto de lutas, de resistências e coragem perante um mundo adverso. Não se pense aqui em luta armada e agressão física ou psicológica. Este tipo de leitura deve ter causado muita violência em alguns momentos, legitimando tais atos em nome da fé.

tem fé, é significativa.[35] Em Mateus 6,9-13, encontra-se uma versão dessa oração.[36] Ela parece ser a reedição do Decálogo. O que este propunha como caminho de justiça para a paz o Pai-Nosso apresenta, de modo renovado, com a imersão na história e sem ilusões a respeito da ação humana. Esta ideia parece estar expressa na constatação do perdão necessário, em Mateus 6,14-15.

O Pai-Nosso é estruturado em duas partes bem distintas, a primeira nos versículos 9-10 e a segunda em 11-13. O paradigma ou fundamento é o mesmo Deus que tem o Nome santo. Ele é Pai e, portanto, todos são filhos, com direitos e deveres iguais. A vontade de Deus Pai deve ser o desejo de quem o segue de perto. O pão é sinal não apenas de alimento para o estômago, mas de alimento enquanto metáfora do conjunto das necessidades humanas e do mundo. O pedido de perdão pessoal, mas no plural, feito sob a condição do modo de perdão de quem o pede, é um compromisso ético de grande importância.

Muitas questões podem ser levantadas aqui. O que se segue são apenas algumas propostas de reflexão para debate:

- Por que esta oração não está no centro da experiência política e histórica humana ou por que, mesmo fazendo-a, o homem não encontra paz?

- Será porque não segue seu paradigma, que é Deus como Pai?

- Será esta uma questão puramente religiosa? Não pode e deve ultrapassar os limites de uma confissão religiosa e entrar no centro da experiência humana?

- O ato de perdoar não é a chave para a compreensão disso tudo?

- Do contrário, por que a insistência na necessidade de perdoar e ser perdoado?

São pistas que o Pai-Nosso propõe. Isso tudo à luz do que o Decálogo e as palavras iniciais de Jesus em sua pregação pública já haviam indicado. A busca pela justiça e pela paz será tanto mais decisiva na história pessoal e estrutural de cada pessoa e sociedade quanto mais os particularismos deixarem de ser a norma e a adesão a um projeto, um fundamento ou paradigma for feita.

É significativo que o encerramento do texto do Apocalipse[37] seja feito com um tom de paz: "A graça do Senhor Jesus esteja com todos. Amém!" (Apocalipse 22,21). Graça é a situação de quem está na paz.

---

[35]   Existem muitos textos que abordam, de diversas maneiras, o tema do Pai-Nosso. Alguns fazem uma análise do próprio texto. Três deles que se propõe como leitura: BOFF, *O Pai-Nosso*; BARTH, *O Pai-Nosso*; MEIER, *Um judeu marginal*.

[36]   A outra versão está em Lucas 11,2-4.

[37]   O Apocalipse é o último livro da Bíblia, mas não é o mais recente como poderia ser imaginado, pois ele fecha, conclui o volume bíblico. A despeito disso, esse último versículo não deixa de ser um belo e significativo encerramento para o conjunto dos textos bíblicos.

7. Referências bibliográficas

ABBAGNANO, Nicola. *Dicionário de filosofia*. Trad.: Alfredo Bosi. São Paulo: Martins Fontes, 1998.

A BÍBLIA DE JERUSALÉM. 6. reimpressão. São Paulo: Paulinas, 1993.

ARENDT, Hannah. *Eichmann em Jerusalém*. Trad.: José Rubens Siqueira. São Paulo: Cia. das Letras, 1999.

BARRERA, Julio Trebolle. *A Bíblia hebraica e a Bíblia cristã*; introdução à história da Bíblia. 2. ed. Petrópolis (RJ): Vozes, 1999.

BARTH, Karl. *O Pai-Nosso*; a oração que Jesus ensinou aos seus discípulos. Rio de Janeiro: Fonte Editorial, 2003.

BOFF, Leonardo. *O Pai-Nosso*; a oração da libertação integral. Petrópolis (RJ): Vozes, 2009.

CRÜSEMANN, Frank. *Cânon e história social*; ensaios sobre o Antigo Testamento. Trad.: Milton Camargo Mota. São Paulo: Loyola, 2009.

FOHRER, Georg. *História da religião de Israel*. Trad.: Josué Xavier. São Paulo: Paulinas, 1982.

GRENZER, Matthias. *O projeto do Êxodo*. São Paulo: Paulinas, 2003.

HARRIS, R. L.; ASCHER, G. L.; WALTER, B. K. *Dicionário Internacional de Teologia do Antigo Testamento*. Trad.: Márcio Loureiro Redondo. São Paulo: Vida Nova, 1998.

HOUAISS, Antonio; VILLAR, Mauro de Salles. *Dicionário Houaiss da língua portuguesa*. Rio de Janeiro: Objetiva, 2009.

JOÃO PAULO II. *Fides et Ratio* [Carta Encíclica *Fides et Ratio* do Sumo Pontífice João Paulo II aos Bispos da Igreja Católica sobre as relações entre a Fé e a Razão]. 8. ed. São Paulo: Paulinas, 1998.

KESSLER, Rainer. *História social do Antigo Israel*. Trad. Haroldo Reimer. São Paulo: Paulinas, 2009.

LIVERANI, Mário. *Para além da Bíblia*; história antiga de Israel. Trad.: Orlando Soares Moreira. São Paulo: Paulus; Loyola, 2008.

MARTINS TERRA, J. E. *Elohim, Deus dos Patriarcas*. São Paulo: Loyola, 1987.

MEIER, John P. *Um judeu marginal*; repensando o Jesus histórico. Vol. 2, Liv. 1. Trad.: Laura Rumchinsky. Rio de Janeiro: Imago, 1997.

MORIN, Edgard. *Religação dos saberes*. Trad.: Flávia Nascimento. Rio de Janeiro: Bertrand Brasil, 2001.

NOGARE, Pedro dalle. *Humanismos e anti-humanismos:* Introdução à antropologia filosófica. Petrópolis (RJ): Vozes, 11. ed., 1988.

REALE, Giovanni; ANTISERI, Dario. *História da filosofia*; do romantismo até nossos dias. Vol. 3. Trad.: Álvaro Cunha. São Paulo: Paulinas, 1991.

SCHÖKEL, Luis Alonso. *Dicionário bíblico hebraico-português*. Trad.: Ivo Storniolo; José Bortolini. São Paulo: Paulus, 1997.

WÉNIN, André. *O homem bíblico*; leituras do Primeiro Testamento. Trad.: Maurilo. Sampaio. São Paulo: Loyola, 2006.

CAPÍTULO XV

Pastoral da Igreja: necessária ou supérflua?

Sérgio Conrado

1. Introdução

A grande questão que se coloca para a pastoral, desde o início do cristianismo e da vida da Igreja, não é se ela é necessária ou não, mas como apresentar a fé em um determinado contexto social e cultural. A pastoral não é optativa, é intrínseca à Igreja, é uma mediação para responder às diferentes demandas religiosas nos diferentes tempos. Certamente, qualquer resposta que se der não será definitiva, mas sempre deverá ser reformulada, reinventada. Isto é exigido pela dimensão histórica da fé e da missão da Igreja.

Devido à natureza multifacetada do ato pastoral ou da comunicação da fé, sempre haverá práticas pastorais diferentes e diversificadas, ainda que provenientes de um mesmo centro gerador. O êxito de cada ação pastoral, seja em relação à própria mensagem, seja em relação aos destinatários sempre será medido pela comunicação do Senhor Jesus crucificado e ressuscitado ao homem contemporâneo.

Portanto, um primeiro momento da nossa reflexão é o de reafirmar a premente necessidade da pastoral eclesial, proveniente da própria missão de Cristo delegada à Igreja, conforme a Sagrada Escritura. O segundo momento recairá sobre a pastoral na vida da Igreja delineando os diferentes tipos de ação, conforme o contexto vital e teológico da Igreja. Finalmente, esclarecer que não está em causa a pastoral, se é necessária ou supérflua, mas sim como fazer com que as pessoas se deixem tocar pela mensagem da Boa-Nova de Jesus que é justiça, solidariedade, comunhão e salvação do homem e da mulher na sua integridade.

Daí a insistência do magistério em manter viva na Igreja a necessidade do agir eclesial, isto é, a pastoral:

A apresentação da mensagem evangélica não é para a Igreja uma contribuição facultativa: é um dever que lhe incumbe, por mandato do Senhor Jesus, a fim de que os homens possam acreditar e ser salvos. Sim, essa mensagem é necessária; ela é única e não poderia ser substituída. Assim, ela não admite indiferença nem sincretismo, nem acomodação. É a salvação dos homens que está em causa; é a beleza da Revelação que ela representa; ela comporta uma sabedoria que não é deste mundo.[1]

O nosso objetivo, pois, com essa reflexão é dar algumas indicações teológico--pastorais para que, de modo objetivo e amplo, se possa entender que a pastoral, isto é, o agir da Igreja, é inerente ao seu ser. É que o agir eclesial, bem diferenciado, foi e é capaz de se adequar, sem falsear o conteúdo da mensagem evangélica, às diferentes épocas e contextos específicos.

2. Aspectos bíblico-teológicos da pastoral

A palavra "pastoral" é uma das mais usadas na linguagem teológica atual. Há, na realidade, disputas e pareceres em torno do caráter pastoral dos diferentes tipos de metodologias teológicas. No entanto, o termo pastoral está presente não só na teologia, mas se derrama com facilidade no linguajar eclesial. Para verificar tal realidade, basta estarmos familiarizados com a prática eclesial, suas distintas dimensões e diferentes membros para utilizar assiduamente tal palavra.

O uso do termo "pastoral" é tão amplo e frequente que, muitas vezes, não sabemos exatamente a que se refere, já que é aplicado seja no âmbito teológico, seja na prática do dia a dia. Quase toda e qualquer ação se torna pastoral.

Não há dúvida de que é preciso aclarar o que entendemos por pastoral. O uso do termo pastoral, ultimamente, está caracterizado pela ambiguidade e pela falta de precisão, de tal maneira que se torna confuso e complexo. "Pastoral" é uma palavra cujo significado variou muito no decorrer da história da Igreja e, sobretudo, nos dois últimos séculos, ampliando cada vez mais o seu raio de ação e, portanto, o seu conteúdo referindo-se em primeiro lugar ao trabalho dos pastores, depois às ações ao interno da Igreja e hoje ao diálogo com o mundo e ao compromisso de mudança de suas estruturas.

---

[1] PAULO VI, Exortação Apostólica *Evangelii Nuntiandi.*

a) Antigo Testamento

É na Sagrada Escritura que encontramos a ideia e a realidade do pastoreio profundamente arraigados na cultura de Israel. Não há dúvida de que a profissão mais difundida entre as tribos era a de pastor, caracterizado como chefe e companheiro.[2]

Essa terminologia se torna referência religiosa, tanto em relação a Deus como Pastor, como em relação ao povo como rebanho. É altamente compreensível, pois, que um povo de origem pastoril faça uso de sua experiência cotidiana para exprimir simbolicamente outras realidades, sejam políticas ou religiosas.

O nome "pastor" é utilizado para ilustrar a história de Israel a partir do amor que Deus sempre lhe demonstrou. Israel chama Deus de pastor (Gênesis 48; 49,24;) que o conduz pelo deserto (Salmo 78,52), guia (Salmo 80,2) e o faz pastar na relva fresca e abundante (Salmo 22; Miqueias 7,14), e o trata com amor e solicitude (Isaías 40,11).

Por outro lado, a constituição do povo converteu Israel em propriedade pessoal, reino de sacerdotes, nação santa (Êxodo 19,5-6). A ação de Deus encontra resposta no povo que se confessa rebanho e chama de pastor o seu Senhor (Salmo 22,1-6).

Essa forma de se referir a Deus e ao povo cala tão profundamente na vida de Israel que atinge o passado e o presente, no exílio e na volta dele como um novo momento de reunir as ovelhas dispersas e conduzi-las à terra dos antepassados (Isaías 49,1-26; Zacarias 10,8-10).

A imagem do pastor também é utilizada para designar aqueles que, em nome de Deus, estão à frente do povo. Este é pastoreado por Deus através de pessoas escolhidas por Ele. Entre estes, temos o grande Moisés (Salmo 77,21), Josué (Números 27,17). Quando é o tempo da monarquia, Davi é também escolhido para apascentar o povo (2 Samuel 5,2).

O pastoreio realizado pelos homens escolhidos por Deus é avaliado pela fidelidade ao pastoreio do Senhor. Por isso, na Sagrada Escritura se fala de bons e maus pastores. São os profetas que lançam as mais duras recriminações aos maus pastores, pois, em vez da tarefa encomendada, se valem da missão para benefício próprio, abusam da sua autoridade, abandonam o seu rebanho e o deixam se dispersar (Jeremias 23,1-2).

Nesse sentido, é muito oportuna a intervenção do profeta Ezequiel (597-571 a.C.), que clama:

> Recebi de Javé a seguinte mensagem: Criatura humana, profetize contra os pastores de Israel, dizendo: Assim diz o Senhor Javé: Ai dos pastores de Israel que são pastores de si mesmos. Não é do rebanho que os pastores deveriam cuidar?

---

[2] LÉON-DUFOUR, *Vocabulário de Teologia Bíblica* (verbetes: Pastor e Rebanho).

> Vocês bebem o leite, vestem a lã, matam as ovelhas gordas, mas não cuidam do rebanho. Vocês não procuram fortalecer as ovelhas fracas, não dão remédio para as que estão doentes, não curam as que se machucaram e não procuram aquelas que se extraviaram. Pelo contrário, vocês dominam com violência e opressão. Por falta de pastor, minhas ovelhas se espalharam e vagaram sem rumo pelos montes e morros. Minhas ovelhas se espalharam por toda a terra, e ninguém as procura para cuidar delas (Ezequiel 34,1-6).

É importante ressaltar que os tempos messiânicos anunciados pelos profetas se desenvolvem na mesma terminologia, e o tema pastoril se aplica ao anúncio da salvação. A infidelidade dos que deveriam agir bem em nome de Deus é tão grande que, diante da ameaça da perda do rebanho, o próprio Deus se coloca à frente, anunciando novos tempos para o seu povo:

> Por isso, pastores, ouçam a palavra de Javé! Assim diz o Senhor Javé: Vou me colocar contra os pastores. Vou pedir contas a eles sobre o meu rebanho, e não deixarei mais que eles cuidem do meu rebanho [...]. Eu mesmo vou procurar as minhas ovelhas. Como o pastor conta o seu rebanho, quando está no meio de suas ovelhas que se haviam dispersado, eu também contarei as minhas ovelhas, e as reunirei de todos os lugares [...]. Eu mesmo conduzirei as minhas ovelhas para o pasto e as farei repousar (Ezequiel 34,9-13).

Não há dúvida de que no Antigo Testamento a temática pastoril se desenvolve sem problema, uma vez que se trata do universo concreto e religioso do povo de Israel. A ação salvadora de Deus para com o seu povo foi apresentada em Israel através de termos pastoris e esta ação se desenvolveu por mediações humanas, nem sempre fiéis, conforme pudemos constatar. A fidelidade de Deus em relação ao povo supera toda ação humana e o seu pastoreio exige algo novo no comportamento de seus pastores que expresse radicalmente a ação de Deus. Esta situação nova vai se identificar com o tempo messiânico na pessoa de Jesus Cristo, o bom pastor.

b) Novo Testamento

Cristo se mostra, no Novo Testamento, realizando sua missão a partir do âmbito religioso-cultural do seu povo e também manifesta sua obra mediante a terminologia pastoril. Jesus se apresenta como o pastor esperado.

Os Evangelhos Sinóticos mostram que as profecias messiânicas sobre o pastor se realizam plenamente em Cristo Jesus. Ele é apresentado como o pastor (Mateus 2,6) enviado para reunir as ovelhas dispersas da casa de Israel (Mateus 15,24; Marcos 6,34): "De fato, o Filho do Homem veio procurar e salvar o que estava perdido" (Lucas 19,10). Os seus discípulos são um pequeno rebanho indefeso que vive em meio aos lobos (Mateus 10,16) que travestidos de cordeiros (Mateus 7,15) matarão o pastor e dispersarão as ovelhas (Mateus 26,31). O pastor, no entanto, ressuscitará e resgatará o seu rebanho, graças à sua ação (Mateus 25 e 1 Pedro 2,25).

As imagens de pastor, pastoreio, ovelhas e rebanho presentes nos sinóticos atingem o seu ápice na perícope joanina (João 10) na qual Jesus se apresenta como o bom pastor anunciado pelos profetas. É interessante que o evangelista João, sob o tema do pastor, trabalha com outras imagens e ideias que o esclarecem; por exemplo, Jesus é a porta do redil, caminha à frente do rebanho, está atento às suas necessidades, conhece a todos e, finalmente, dá a vida pelo seu rebanho (João 10,13). É de notar que a perícope joanina se inicia com uma breve descrição de alguns hábitos pastoris e, depois, é colocada como suporte para que Jesus dê o seu ensinamento nos versículos seguintes.

Por outro lado, a dimensão amorosa direta do pastor para com o seu rebanho é a mesma existente entre Jesus e o Pai e vice-versa. Essa identificação se dá através do amor, pois só ele é capaz de superar todas as fragilidades encontradas no seio do rebanho.

Jesus, para que a sua identificação de bom pastor não se restrinja ao povo judeu, mostra a novidade do universalismo para o seu rebanho. Afirma claramente que há outras ovelhas que ainda não pertencem ao seu redil e a um só pastor (João 10,16). Com isso, não há dúvida: o messias pastor, anunciado pelos profetas, não pode ser senão Jesus, enviado para resgatar o rebanho de Javé, e conduzi-lo com amor para as eternas e verdes pastagens (João 10; Apocalipse 7,17). Jesus será confessado pelos que virão depois; através da fé, como o grande pastor das ovelhas (Hebreus 13,20).

Assim como Deus no Antigo Testamento escolheu pessoas para que agissem em seu nome, Jesus também o fez. Embora Jesus não use abundantemente a terminologia pastoril para denominar os seus discípulos, fica claro que ele os elege com liberdade (Marcos 3,1-19) e os mantém junto a si durante a sua vida, até que, depois da Páscoa, os envia em missão para continuar a sua obra (Mateus 28,18-20). Jesus passa para os seus discípulos o modo de pastor que com eles viveu. Em relação a Pedro, a incumbência missionária é feita três vezes em termos pastoris; tríplice repetição que era um modo de se fazer solenemente um compromisso importante. E a distinção entre cordeiros e ovelhas não significa duas classes diversas, mas a totalidade do rebanho (João 21).

Em resumo, podemos dizer que tanto no Antigo como no Novo Testamento aparecem diversas atribuições dadas ao termo "pastor" e às suas funções. Uma das chaves para o entendimento da pessoa de Jesus está exatamente na missão de pastor anunciado, esperado e cuja tarefa é a fidelidade ao Pai para tornar possível sua obra como mediador. As diferentes conotações do significado atribuído ao termo pastoral convergem para a figura do pastor que realiza sua missão sob o tríplice ofício de profeta, rei e sacerdote. Por isso, a ação de Jesus tem sido chamada de ação pastoral e a ação posterior delegada à sua Igreja levou o mesmo nome, bem como são denominados pastores aqueles que a dirigem.

Daí a pastoral, ação proveniente da pessoa de Jesus, que institui a Igreja e lhe dá a missão de continuar a sua ação, ser um elemento constitutivo do ser da própria Igreja.

3. A pastoral na vida da Igreja

Ao falarmos da ação ou pastoral da Igreja, temos de afirmar que o seu ser depende do acontecimento total de Cristo.[3] Ela faz parte do mistério de Cristo, fora do qual não tem razão de ser.[4] Jesus se torna presente no mundo através da Igreja de forma nova, não encarnada, mas pneumática. A ação de Cristo tem sua continuidade na ação de uma Igreja que surge do resto de Israel, do grupo dos discípulos de Jesus e da recepção do Espírito Santo, em Pentecostes, fruto da Páscoa.

A partir dessa realidade, da pregação apostólica, da interpretação da história de Jesus desde sua ressurreição, vai surgindo uma comunidade eclesial cujas características e modalidades pastorais sempre foram consideradas normativas para a Igreja de todos os tempos.[5]

a) A ação pastoral na Igreja primitiva

A Igreja primitiva ou apostólica, do primeiro ao terceiro século, se edifica mediante o Espírito Santo que o Colégio Apostólico recebe, e que se manifesta através das funções e dos carismas.

A atividade pastoral em sentido amplo recebeu forte influência da concepção que se tinha da Igreja nos três primeiros séculos: Igreja mãe, isto é, guardiã, protetora da fé e geradora de cristãos. Convertida em mãe fecunda, a Igreja exerce sua ação pastoral como mediadora de verdade e de vida. Assim, brotam as três grandes ações pastorais: a pregação (proclamação) da fé, a celebração sacramental e o serviço à comunidade (solicitude) (Atos 2,22-36; 4,9-12.29-32). Mas, para que isso acontecesse realmente, era preciso que todo o povo crente e batizado colaborasse como membro ativo da Igreja. Daí o pensamento já encontrado na Patrística de que deve haver uma correspondência fraterna entre o ministério hierárquico e a comunidade dos fiéis.

---

[3] ALFARO, Cristo, sacramento de Dios Padre: la Iglesia, sacramento de Cristo glorificado, pp. 5-27.

[4] LUBAC, *Paradoja y misterio de La Iglesia*, pp. 34-35.

[5] SCHNACKENBOURG, *La théologie du Nouveau Testament*, p. 43.

b) A ação pastoral na Época Patrística

Os séculos IV a VII vão apresentar ações pastorais diversificadas devido à nova fisionomia que a Igreja adquire a partir da paz de Constantino (313) e dos primeiros concílios. A pastoral eclesial exprime uma preocupação do anúncio centrado nos valores éticos e antropológicos da fé. Entre os séculos IV e V, convertem-se ao cristianismo grandes populações. Por isso, o acento da pregação recai sobre a fé, a conversão e subsequente mudança de vida. Além do uso da catequese da Didaqué, vários outros escritos marcaram época: as catequeses mistagógicas de São Cirilo de Jerusalém, as Constituições Apostólicas e a Tradição Apostólica. Em vista da situação da época, há o combate às heresias como o fazem Santo Irineu, São Cipriano e Santo Agostinho, e a exposição da doutrina da salvação segundo a narração bíblica.

Por outro lado, são formadas as escolas de catequistas: Alexandria, Antioquia, Jerusalém, Roma e Cartago. Em meio ao crescimento e estabilização da Igreja, desenvolve-se o catecumenato com a finalidade de uma iniciação cristã muito concreta unindo palavra e ação.[6] O catecumenato se desenvolveu e se modificou em dois períodos: do início do cristianismo até o ano 215 e o segundo período nos séculos IV e V.

Na Época Patrística, a Igreja é concebida como mediadora da salvação, como mãe que cuida dos filhos que gerou com sua palavra e sacramentos. Contribuem com essa concepção os escritos, do final do terceiro século, de Santo Irineu, Santo Hipólito de Roma, Tertuliano, São Cipriano, São Clemente de Alexandria, Orígenes. A organização pastoral da Igreja foi influenciada pela administração civil do império. Assim, surgiram as dioceses, as províncias eclesiásticas. As paróquias nasceram por necessidades rurais. A partir do século V e VI, muitos países europeus adotam a paróquia com sacerdote próprio.

Os primeiros cinco séculos do cristianismo realizam a primeira evangelização pela ação pastoral de Cristo, dos apóstolos e dos padres da Igreja. É um período inicial, vivo, basilar, rico de formas de anúncio, isto é, diferentes modalidades pastorais. Daí surge a figura do catequista que vai perdurar para sempre na pastoral eclesial.[7]

Enquanto durou a Época Patrística, o cristianismo se manteve em alta com um caráter profundamente missionário, na proclamação da fé e na manutenção do catecumenato.[8] No entanto, pouco a pouco decai o ministério profético, a liturgia se torna muito paralisada desde o século VIII em uma língua, o latim, que o povo já não entendia bem; as insígnias e os gestos imperiais passam para as mãos dos bispos

---

[6] DATTRINO, Epistemologia e didattica teológico-pastorale nei padri, p. 89.

[7] MAGGIONI, *La vita delle prime comunità cristiane.*

[8] HAMMAN, *Le radici della fede.*

e do papa, e as relações entre o clero e os leigos perdem o seu caráter religioso e adquirem uma marca jurídica. Contudo, permanecem algumas formas pastorais do laicato como o catecumenato familiar, a confissão feita pelos leigos e a pregação. Desse tempo em diante, há uma excessiva intromissão dos poderes políticos nos assuntos eclesiásticos, o catecumenato é reduzido a alguns dias e diminui o conteúdo querigmático da proclamação da palavra.

Do final do século VII até o início do século VIII, há uma modificação na pastoral da Igreja. Ela não deixa de existir, mas assume novos aspectos: o jurídico e o *modus vivendi* do império. Estes elementos refletiam dentro da Igreja e na sua relação com o mundo Nesse período nascem as primeiras escolas para a formação ao sacerdócio. A pastoral, nessa época, se deixa levar pelo recurso à autoridade, à repressão e à coerção. A piedade popular cresce incontroladamente eivada pelas superstições e magia.[9]

c) A ação pastoral na Idade Média

A Idade Média (séculos VIII-XV) normalmente é subdividida em alta (séculos VIII-XI) e baixa (séculos XII-XV). Apesar das interferências imperiais e o desaparecimento do catecumenato, a Igreja se volta para a pregação da Palavra de Deus através da homilia celebrativa, embora as dioceses e paróquias tenham se tornado centros administrativos de benefícios, mais do que lugares de evangelização no seu todo; as escolas teológicas se distanciam um pouco da difusão da mensagem evangélica e se dão ao trabalho de disputa do pensamento por elas elaborado. Nessa fase, consuma-se a ruptura entre os teólogos e pastores e cada qual, na paz, desconhece o outro.

Apesar disso, inicia-se na Igreja uma perspectiva pastoral um tanto diferente, isto é, ela não é só prerrogativa do pastor mas começa a envolver a vida cristã, e, portanto, os cristãos, em duas dimensões: o desenvolvimento da atividade cultual e a organização da liturgia; a adequação de algumas estruturas da Igreja e serviços da pastoral.[10]

Além disso, na segunda metade do século XI, surgem duas linhas temáticas que vão ocupar futuramente a teologia com repercussão na pastoral: a *cura animarum*, isto é, o cuidado das almas, o zelo pastoral e a ideia de Igreja como corpo místico. No século XIII, por influência de Santo Agostinho, se busca ter uma visão de Igreja não tanto atada às estruturas jurídicas, mas mais próxima da *congregatio* ou *universalitas fidelium* ou seja, uma Igreja considerada a partir dos fiéis: aqueles que estão unidos a

---

[9]   RICHÉ, VI-X secolo – La pastorale popolare in occidente, p. 227.

[10]   VILLATA, *L'agire della Chiesa*, p. 26.

Cristo através da fé e do batismo. São Tomás retomará o tema do corpo místico à luz da cristologia e da salvação de todos os homens e mulheres.

A pastoral no Concílio de Trento (século XVI-XVII) inicia-se com a reforma do corpo episcopal, uma nova disciplina do clero e a reestruturação da paróquia. O concílio organiza e sistematiza a pastoral em torno de dois polos: o "zelo pelas almas" (*cura animarum*)[11] e a formação dos pastores. Embora Trento tenha respondido dogmaticamente à Reforma Protestante, a ação pastoral da Igreja na época cresceu na catequese com novos textos, seguindo a estrutura tradicional: credo, sacramentos, mandamentos e o Pai-Nosso. A liturgia ganhou também um grande impulso. Para que a pastoral tivesse um sentido de comunhão e de organicidade, foram publicados muitos manuais e também livros próprios da Igreja como o Breviário Romano para os clérigos (hoje, Liturgia das Horas), o Missal Romano para as celebrações e outros. Assim, mesmo em um contexto adverso, a Igreja procurou, por todos os meios, ser fiel à missão que Cristo lhe atribuiu. Naturalmente, em uma concepção de cristandade na época, a pastoral delineada por Trento sob um modelo de Igreja e de pastores – até discutíveis, hoje – era coerente e unitária.

No período sucessivo a Trento – do século XVIII ao XIX – no contexto do iluminismo, do barroco e do romantismo, a literatura pastoral se concentra na figura do pastor e dos seus deveres no cuidado dos fiéis.

Ao falar de pastoral necessária ou supérflua, percebe-se que sempre a Igreja agiu, nunca deixou de realizar a sua missão. Claro está que as perspectivas eclesiológicas mudam, os diferentes contextos exigem permanentemente uma adequação da pastoral às diferentes realidades. Mas a pastoral é inerente ao ser eclesial.

Não é o caso de tratarmos profundamente dos elementos teológico-pastorais dos dois séculos em foco (XVIII-XIX), mas apenas mostrar que a ação eclesial reflete a noção de Igreja da época e a teologia vigente: a teologia se limita a repetir os tradicionais conteúdos sem levar em conta as mudanças sociais e culturais em ato; a formação pastoral dos sacerdotes, apesar do esforço de Trento, continua inadequada e construída sobre manuais apologéticos; da Igreja é cultivada a visão jurídica, levando muito em conta a autoridade do magistério, as leis canônicas e a hierarquia.[12]

d) A pastoral no século XX e na atualidade

Aos poucos, no entanto, com G. A. Mölher, Congar, Dedrey, Graf, a eclesiologia é pensada em relação com a fé cristã, com a redenção em Jesus Cristo, e a pastoral

---

[11] O conceito de "zelo pelas almas", muito usado na época, hoje não é mais aceito, pois privilegia uma ação de salvação individualista, espiritualista (longe dos problemas da vida) e dualista (exprime a contraposição entre natural e sobrenatural, espírito e corpo) de ascendência aristotélica e platônica.

[12] FLORISTÁN, *Teologia dell'azione pastorale*, p. 63.

é recolocada sob o plano bíblico-profético, contribuindo assim para superar uma pastoral demasiadamente ligada ao espiritual, carregada de conceitos filosóficos e empíricos. Devagar vai sendo superada a imagem de Igreja pensada sob o conceito de sociedade perfeita e resgatada aquela bíblica de povo de Deus que será proposta com muita força pelo Vaticano II, sobretudo na constituição dogmática sobre a Igreja *Lumen Gentium*. Ainda como consequência da escola de Tübingen, por volta da metade do século XX, concebe-se a pastoral fundamentada nos tratados teológicos e eclesiológicos formulados no esquema da tríplice missão: profética, sacerdotal e real.

Entre 1880 e 1890, florescem seja a renovação bíblica, litúrgica e patrística, seja a renovação do pensamento social. Trata-se de um verdadeiro retorno às fontes. Após a Primeira Guerra Mundial, intensifica-se na Europa a renovação teológica (Barth, Gogarten, Brumer), a filosófica com o existencialismo (Heidegger), a fenomenologia (Husserl), a pesquisa histórica (Dilthey) e a filosofia da vida (Bergson e Blondel). A pastoral é desafiada por novos fenômenos, diante dos quais é preciso traçar novos caminhos, como a relação com os migrantes, os operários nas periferias das grandes cidades. Trata-se na realidade de uma pastoral em tensão entre a preocupação com a salvação das almas nos seus aspectos mais nobres, mas também nas suas consequências humanas mais problemáticas.

No século XX, embora não mudando globalmente a concepção de pastoral baseada no tríplice múnus, no entanto, acrescenta-se a ela uma visão de Igreja menos institucional e mais comunitária, embora ainda muito clerical, amparada pelas três grandes encíclicas de Pio XII: a *Mystici Corporis* (1943) sobre a Igreja, a *Divino afflante Spiritu* sobre a Escritura (1943), e a *Mediator Dei* (1947) sobre a liturgia, que vão influenciar sobremaneira a pastoral.

O Concílio Ecumênico Vaticano II assume a pastoral advinda de Trento, mas amadurecida pelos anos precedentes ao próprio Concílio.

Como consequência, no Concílio afloram duas tendências em relação à pastoral: a tendência tridentina e aquela expressa pela *Gaudium et Spes*. A primeira é reproposta na *Lumen Gentium*, que apresenta uma visão de pastoral baseada nos deveres do pastor, sobre o cuidado dos fiéis e sobre o tríplice múnus. A estrutura eclesial é pensada conforme o esquema pastor-rebanho e é configurada principalmente como hierarquia e instituição. A tendência nova que se encontra na *Gaudium et Spes* descreve a pastoral como ação da Igreja no mundo, dentro da vida cotidiana dos cristãos os quais, juntos, anunciam, testemunham e celebram. A Igreja tomada como comunidade cristã é tida como sujeito de pastoral empenhada, pela complementação dos ministérios e serviços, a acolher os sinais dos tempos e a dialogar com o mundo no qual é reconhecida sua própria dignidade. O Concílio diz:

> Tendo uma estrutura social visível, sinal de sua unidade em Cristo, a Igreja pode enriquecer-se e de fato se enriquece também com a evolução da vida humana social, não porque lhe falte alguma coisa em sua constituição que lhe foi dada por Cristo, mas para conhecê-la mais profundamente, melhor exprimi-la e adaptá-la de modo mais feliz aos novos tempos. Ela compreende de bom grado que recebe, na sua comunidade, não menos que em cada um de seus filhos, auxílio variado dos homens de todas as classes e condições (GS, 44).

Assim, a base do diálogo entre a Igreja e o mundo e consequente pastoral daquela estão na dignidade da pessoa humana, da comunidade de homens e mulheres, do significado profundo da atividade humana.

Essa segunda tendência da pastoral, menos dogmática e absolutamente não contraposta à primeira, parece recolher melhor a intencionalidade pastoral do concílio convocado pelo Papa João XXIII, que convidava a Igreja a renovar-se a partir do seu interior para poder colocar-se de modo correto na história do mundo.[13]

Fica claro que se prospecta com o concílio uma nova concepção de pastoral, tendo como fundamento uma eclesiologia de comunhão própria do Vaticano II, que inspira uma nova pastoral mais orgânica, participada. Assim sendo, a Igreja se orienta na direção da corresponsabilidade pastoral entre ministros e fiéis cristãos fundamentada no batismo comum e na própria historicidade eclesial.

4. Conclusão

Podemos dizer, pois, que mesmo nos momentos mais tensos da história da Igreja, bem como nos dias pacíficos, a pastoral sempre esteve presente, de um modo ou de outro. Daí podermos afirmar que a pastoral eclesial não só não é supérflua, como é imprescindível para a Igreja ser fiel à missão que Cristo lhe outorgou. A pastoral muda sua orientação de acordo com o teor eclesiológico da época, mas não deixa de existir e o agir é sempre o mesmo, isto é, o anúncio da Boa-Nova de Jesus Cristo.

No período pós Concílio Vaticano II, sem dúvida, a pastoral, apesar das dificuldades ao interno da Igreja, ganha uma nova atribuição: de dever do pastor passa para a ação da comunidade missionária que se torna sujeito da pastoral. Sobretudo no período imediatamente depois do Concílio verificam-se muitas tentativas de renovação da pastoral e que atingiram o seu objetivo, sobretudo na América Latina com as Conferências Episcopais, os planejamentos pastorais e, sobretudo, a nova eclesiologia fazendo sujeitos da pastoral todos os batizados. Ainda mais, com a disciplina "teologia pastoral" presente em todas as universidades católicas, faculdades e institutos de teologia, bem como nas escolas da fé e nos cursos teológicos mais próximos

---

[13] SEVESO, Teologia pastorale fondamentale, pp. 226-242.

dos leigos, sem dúvida, a pastoral tem-se mostrado mais atuante, flexível, oportuna e sem dúvida, necessária.

Daí termos hoje uma gama imensa de maneiras de agir pastoralmente para que a Boa-Nova do Evangelho atinja todas as pessoas e ambientes. As pastorais permanentes como a catequese de iniciação cristã para as crianças, os adolescentes, os jovens e adultos; a pastoral dos ministérios não ordenados exercidos pelos leigos e leigas; a pastoral litúrgica, a pastoral bíblica e a pastoral sacramental. Sobretudo após o Concílio Vaticano II foram criadas novas pastorais chamadas orgânicas que, à luz dos ensinamentos conciliares, vieram de encontro às necessidades de hoje: pastoral das comunicações, hoje com as redes sociais; a pastoral da cultura; a pastoral do diálogo inter-religioso; a pastoral do ecumenismo; a pastoral da educação; a pastoral familiar; a pastoral da juventude; a pastoral vocacional; a pastoral social. Tais pastorais têm dimensões próprias mas visam à soma de forças, comunhão e uma pastoral de conjunto. Além das pastorais permanentes e orgânicas, existem as pastorais conjunturais, isto é, são pensadas a partir da situação sócio-político-cultural e econômico--religiosa da população e de determinados grupos, por exemplo: pastoral da mulher marginalizada, do menor abandonado, dos sem-terra, dos sem-teto, dos moradores de rua e a própria pastoral social que engloba tantos outros grupos, associações e movimentos eclesiais. São diferentes modalidades de pastoral para atingir o maior número de pessoas dentro do seu próprio contexto vital. A esse respeito o Papa João Paulo II afirma:

> As diferenças de atividade, no âmbito da única missão da Igreja, nascem não de motivações intrínsecas à própria missão, mas das diversas circunstâncias onde ela se exerce. Olhando o mundo de hoje, do ponto de vista da evangelização, podemos distinguir três situações distintas. Antes de tudo, temos aquela à qual se dirige a atividade missionária da Igreja: povos, grupos humanos, contextos socioculturais onde faltam comunidades cristãs suficientemente amadurecidas para poderem encarnar a fé no próprio ambiente e anunciá-la a outros grupos. Esta é propriamente a missão *ad gentes* ("para os povos"). Aparecem, depois, as comunidades cristãs que possuem sólidas e adequadas estruturas eclesiais, são fermento de fé e de vida, irradiando o testemunho do Evangelho no seu ambiente, e sentindo o compromisso da missão universal. Nelas se desenvolve a atividade ou cuidado pastoral da Igreja. Finalmente, existe a situação intermédia, especialmente nos países de antiga tradição cristã, mas, por vezes, também nas Igrejas mais jovens, onde grupos inteiros de batizados perderam o sentido vivo da fé, não se reconhecendo já como membros da Igreja e conduzindo uma vida distante de Cristo e de seu Evangelho. Nesse caso, torna-se necessária uma nova evangelização, ou reevangelização (*Redemptoris Missio*, 33).[14]

---

[14] JOÃO PAULO II, Carta Encíclica *Redemptoris Missio*, n. 33.

Portanto, não se coloca em dúvida a necessidade ou não da pastoral eclesial, mas como dinamizá-la de acordo com as necessidades do tempo. A Conferência Episcopal Latino-Americana realizada em Aparecida afirma com muita ênfase:

> A Igreja é chamada a repensar profundamente e a relançar com fidelidade e audácia sua missão nas novas circunstâncias latino-americanas e mundiais. Ela não pode fechar-se diante daqueles que só veem confusão, perigos e ameaças ou daqueles que pretendem cobrir a variedade e complexidade das situações com uma capa de ideologias gastas ou de agressões irresponsáveis. Trata-se de confirmar, renovar e revitalizar a novidade do Evangelho arraigada em uma história, a partir de um encontro pessoal e comunitário com Jesus Cristo (n. 11).[15]

A pastoral eclesial é a continuação da ação do Mestre Jesus Cristo. Assim, sendo, deixemos que o próprio Jesus, de onde partiram nossas reflexões, expresse a palavra final sobre a necessidade permanente da pastoral:

> Os onze discípulos foram para a Galileia, ao monte que Jesus lhes tinha indicado. Quando viram Jesus, ajoelharam-se diante dele. Ainda assim, alguns duvidaram. Então Jesus se aproximou, e falou: "Toda autoridade foi dada a mim no céu e sobre a terra. Portanto, vão e façam com que todos os povos se tornem meus discípulos, batizando-os em nome do Pai, e do Filho, e do Espírito Santo, e ensinando-os a observar tudo o que ordenei a vocês. Eis que eu estarei com vocês todos os dias, até o fim do mundo" (Mateus 28,16-20).

5. Referências bibliográficas

ALFARO, J. Cristo, sacramento de Dios Padre: la Iglesia, sacramento de Cristo glorificado. *Gregorianum* 48, 1967.

CELAM. *Documento de Aparecida*. Brasília/São Paulo: CNBB/Paulus/Paulinas, 2007.

DATTRINO, L. Epistemologia e didattica teológico-pastorale nei Padri. In: MARINELLI, F. (ed.). *La teologia pastorale natura e compiti*. Bologna: s.n., 1980.

FLORISTÁN, U. *Teologia dell'azione pastorale*. Roma: Mulino. 1985.

HAMMAN, A. G. *Le radici della fede*; i grandi catechisti dei primi secoli della Chiesa. Torino: LDC. 1999.

JOÃO PAULO II. Carta Encíclica *Redemptoris Missio*. São Paulo: Paulinas, 2001.

LÉON-DUFOUR, X. *Vocabulário de teologia bíblica*. Petrópolis: Vozes, 1982.

LUBAC, H. *Paradoja y mistério de la Iglesia*. Salamanca: Sígueme, 1987.

MAGGIONI, B. *La vita delle prime comunità cristiane*; riflessioni bibliche e pastorali. Roma: Borla. 1993.

---

[15] CELAM, *Documento de Aparecida*.

PAULO VI. Exortação Apostólica *Evangelii Nuntiandi*. São Paulo: Paulinas, 2001.

RICHÉ, P. VI-X secoli – La pastorale popolare in occidente. In: DELUMEAU, J. *Storia vissuta del popolo cristiano*. Torino: DEL, 1985.

SCHNACKENBOURG, R. *La théologie du Nouveau Testament*. Bruger: s.n., 1981.

SEVESO, B. Teologia pastorale fundamentale. *Teologia* XV, 1990.

VILLATA, G. *L'agire della Chiesa*; indicazioni de teologia pastorale. Bologna: EDB, 2009.

Autores

Agenor Brighenti

Doutor em Ciências Teológicas e Religiosas pela Universidade Católica de Louvain, Bélgica. Professor de Teologia da PUC-PR; professor visitante na Universidade Pontifícia do México e no Instituto Teológico-Pastoral do Celam, em Bogotá.

Antonio Carlos Alves dos Santos

Doutor em Economia pela Fundação Getúlio Vargas. Professor do Departamento de Economia e coordenador do curso de Ciências Econômicas com Ênfase em Comércio Internacional da PUC-SP.

Edelcio Ottaviani

Doutor em Filosofia pela Universidade Católica de Louvain, Bélgica. Mestrando em Teologia Sistemática pela PUC-SP. Professor na Faculdade de Teologia da PUC-SP.

Gabriel Frade

Mestre em Teologia Dogmática com Especialização em Liturgia pela PUC-SP. Professor no UNISAL (Campus Pio XI) e na Faculdade de Filosofia e Teologia Paulo VI, em Mogi das Cruzes – SP.

Gilvan Leite de Araujo

Doutor em Teologia Bíblica pela Pontifícia Universidade S. Tomás de Aquino – Angelicum de Roma, Itália. Professor na Faculdade de Teologia da PUC-SP.

João Décio Passos

Livre-docente em Teologia e doutor em Ciências Sociais pela PUC-SP. Professor no Departamento de Ciências da Religião da PUC-SP.

José Roberto Abreu de Mattos

Doutor em Filosofia pela Pontifícia Universidade S. Tomás de Aquino – Angelicum de Roma, Itália. Professor na Faculdade de Teologia da PUC-SP.

Luiz Alexandre Solano Rossi

Doutor em Ciências da Religião pela Universidade Metodista de São Paulo. Professor de Teologia da PUC-PR.

Maria Freire da Silva

Doutora em Teologia Dogmática pela Pontifícia Universidade Gregoriana de Roma, Itália. Professora na Faculdade de Teologia da PUC-SP.

Matthias Grenzer

Doutor em Teologia pela Faculdade de Filosofia e Teologia Sankt Georgen em Frankfurt, Alemanha. Mestrando em História na PUC-SP. Professor na Faculdade de Teologia da PUC-SP e na Faculdade de Filosofia e Teologia Paulo VI, Mogi das Cruzes – SP.

Mauro Negro

Doutorando em Teologia pela PUC-Rio. Mestre em Teologia Dogmática com Especialização em Bíblia pela PUC-SP. Professor na Faculdade de Teologia da PUC-SP.

Ney de Souza

Doutor em História Eclesiástica pela Pontifícia Universidade Gregoriana de Roma, Itália. Professor na Faculdade de Teologia da PUC-SP.

Pedro K. Iwashita

Doutor em Teologia pela Universidade de Friburgo, Suíça. Graduado em Psicologia Clínica pela Universidade São Judas Tadeu. Professor na Faculdade de Teologia da PUC-SP.

Sérgio Conrado

Doutor em Teologia Pastoral pela Pontifícia Universidade Lateranense de Roma, Itália. Professor na Faculdade de Teologia da PUC-SP.

Tarcísio Justino Loro

Doutor em Geografia pela USP. Doutor em Teologia pela Pontifícia Faculdade de Teologia Nossa Senhora da Assunção, São Paulo. Professor na Faculdade de Teologia da PUC-SP.

Impresso na gráfica da
Pia Sociedade Filhas de São Paulo
Via Raposo Tavares, km 19,145
05577-300 - São Paulo, SP - Brasil - 2012